다시 이어지다:
궁극의 욕망을 찾아서

다시 이어지다:
궁극의 욕망을 찾아서

1판 1쇄 발행 2017. 4. 7.
1판 2쇄 발행 2019. 10. 10.

지은이 한바다 · 성해영

발행인 고세규
편집 황여정 | 디자인 · 사진 조명이
발행처 김영사
등록 1979년 5월 17일(제406-2003-036호)
주소 경기도 파주시 문발로 197(문발동) 우편번호 10881
전화 마케팅부 031)955-3100, 편집부 031)955-3200 | 팩스 031)955-3111

저작권자 ⓒ 한바다 · 성해영, 2017
이 책의 저작권은 위와 같습니다. 저작권자와 출판사의 허락 없이
내용의 일부를 인용하거나 발췌하는 것을 금합니다.

값은 뒤표지에 있습니다. ISBN 978-89-349-7770-4 03200

홈페이지 www.gimmyoung.com   블로그 blog.naver.com/gybook
페이스북 facebook.com/gybooks   이메일 bestbook@gimmyoung.com

좋은 독자가 좋은 책을 만듭니다.
김영사는 독자 여러분의 의견에 항상 귀 기울이고 있습니다.

이 도서의 국립중앙도서관 출판시도서목록(CIP)은 서지정보유통지원시스템 홈페이지
(http://seoji.nl.go.kr)와 국가자료공동목록시스템(http://www.nl.go.kr/kolisnet)에서
이용하실 수 있습니다.(CIP제어번호 : CIP2017006809)

명상가
한바다와
종교학자
성해영의
만 남

다시 이어지다:
궁극의 욕망을 찾아서

김영사

여는 글

 뒤늦게 종교학을 시작했지만, 그 전부터 나는 종교와 명상에 관심이 많았다. 유년기부터 여러 종교를 기웃거렸고, 직장 생활 중에도 여전했다. 그러다가 한바다 선생의 이름을 알게 되었다. 직장을 그만두고 종교학을 시작하면서는 더욱 만나고 싶었다. 우주가 내 목소리를 들었을까? 뜻하지 않게 만남의 기회가 주어졌다. 유명한 명상가나 종교인이 많은데도 나는 왜 하필 한바다 선생을 만나고 싶었을까? 그 답은 명료했다. 선생의 삶이 참으로 인간적으로 보였기 때문이다.
 종교학자로서 종교의 최종 목적은 삶의 궁극적인 진실을 발견해 타인과 나눔으로써 기쁨을 배가시키는 것이라 믿는다. 예수와 붓다의 삶이 생생하게 증언하듯이. 그러나 우리는 종교가 불행의 원인이 되는 현상을 흔하게 목격한다. 왜 그럴까? 종교나 명상이 우리를 온전하고 나아지게 만들기는커녕 오히려 이상하게 만드는 걸까?

나에게 한바다 선생은 명상으로 인간적인 매력을 덧붙여나가는 것처럼 보였다. 더 편안해지고, 더 자유로워지는 거 말이다. 선생과의 대담은 기대했던 것보다 훨씬 더 즐거웠다. 선생은 마치 오랫동안 알아온 '동네 형'처럼 편안하고 유쾌하게 있는 그대로를 보여주었다. 또 꾸밈없는 진솔함으로 나 자신을 드러나게 도와주었다.

대담의 요지인즉슨 모든 것이 변화하는 이 시기는 우리에게 거대한 기회라는 것이다. 한반도는 더더욱. 하지만 변화는 무한한 선택의 자유와 더불어 불확실성과 공포도 준다. 그 자유를 기쁨의 씨앗으로 틔워내기 위해서는 우리를 둘러싼 모든 것들과 진정으로 만나야 한다. 그리고 진정한 만남은 모든 존재의 모습을 있는 그대로 볼 때 가능하다. 그러니 본연의 모습에 깨어나도록 돕는 명상은 이 시기에 더욱 필요하다는 결론이다.

이제 우리는 종교, 정치, 경제, 교육 등 모든 분야에서 다른 이들을 더욱 많이 만나게 되었다. 만남은 이어지고 연결되는 것이다. 폭발적으로 증가한 '이어짐' 속에서 기쁨을 찾지 못한다면 개인과 공동체의 행복은 불가능하다. '참된' 명상과 종교는 본디 하나였던 우리 모두를 다시 이어지게 해, 궁극적인 행복의 상태를 '지금 이곳'에서 구현하게 만든다. 한바다 선생과의 유쾌한 이어짐이 김영사의 도움에 힘입어 대담집으로 탄생했다. 깊이 감사드린다. 이 책을 접하는 모든 이들이 우리가 맛보았던 기쁨에 접속하길 희망한다.

행복을 찾으려는 우리의 끈질긴 욕망이 우리 손 안에 얌전하게 앉아 있는 파랑새를 마침내 발견하게 만들기를.

2017년 3월
성해영

차례

여는 글 성해영 · 5
서론 의식의 혁명: 마음의 가능성에 눈뜨다 · 10

하나	지혜: 삶의 본질을 회복하는 살아 있는 언어 · 55
둘	명상: 모름에 관한 가장 혁명적인 탐구 · 89
셋	실체: 지금 여기를 소외시키는 관념들 · 109
넷	만남: 나와 너라는 의식 너머 · 127
다섯	물음: 오직 나만이 답할 수 있다 · 153
여섯	물신: 자본주의는 인류의 사춘기 · 165
일곱	스승: 가슴의 스승, 지혜의 스승 · 183

여덟	종교: 죽은 언어로 쌓은 성벽 · 205
아홉	경험: 삶의 부름에 응답하라 · 225
열	일체: 고대 종교의 힐링 파워 · 253
열하나	관계: 진정한 만남 속에 깨달음이 있다 · 273
열둘	신명: 한국인의 영성 · 287
열셋	미래: 새로운 시대의 종교성 · 305
열넷	행복: 지금 여기에 깨어 있기 · 327

닫는 글 한바다 · 357

서론

의식의 혁명:
마음의 가능성에 눈뜨다

성해영 드디어 선생님을 뵙게 되었군요. 인간의 종교성에 관심이 많은 저로서는 한국의 명상계에서 빼놓을 수 없는 인물인 선생님을 직접 만나고 싶었습니다. 이렇게 뵙게 되었으니 그간 궁금했던 많은 이야기들을 함께 나누고 싶습니다. 명상의 의미를 비롯해 새로운 시대의 종교성, 그리고 우리 공동체가 처한 현실과 미래의 비전 등이 주된 궁금증들입니다. 명상을 렌즈 삼아 살펴본 우리 사회의 비전vision이라고나 할까요. 물론 개인적인 삶의 이야기도 듣고 싶고요.

한바다 반갑습니다. 저도 가슴이 설레는군요. 성 교수님과 오강남 교수님의 공저《종교, 이제는 깨달음이다》를 보고 '이거다!' 하고 공감을 하던 터에 이런 좋은 자리에서 대화를 나누게 되어 기쁩니다. 평소 신비주의에 관심이 많던 저도 교수님의 통찰이 단순한 지적 비교가 아닌 입체적인 차원의 이해에서 나온다는 인상을 받았습니다. 명상을 평생 벗삼아온 저와는 입장이 좀 다르겠지만, 대화가 진행되다 보면 좋은 이야기들이 많이 나올 거라 믿습니다. 명상과 삶, 만남 등에 관해 자유롭게 탐구해 나가보지요.

성해영 네. 대담의 서론에서 가장 먼저 묻고 싶은 질문은 '비전'에 관한 겁니다. 2002년 월드컵 4강 진출을 미리 보신 것부터 시작해 범상치 않은 예견으로 우리를 놀라게 하셨는데요.(웃음)

한바다 비전은 사람들의 내면에 잠재되어 있는 가장 선한 창조력, 즉 마음속에 숨어 있는 우주적인 '시선seeing'을 끌어내는 작업입니다. 마음 깊은 곳에 있는 인간의 가능성은 일상적인 생각을 통해서는 잘 드러나지 않고 보이지 않지요. 대부분의 사람들이 바깥의 힘든 현실을 만났을 때 표면적 사고가 만들어내는 마음의 패턴에 빠지고 맙니다. 몇천 년 주기로 진행되는 큰 역사의 사이클로 보았을 때 현재 한국은 상승 곡선을 타며 세계의 중심으로 나아가고 있는 형국입니다. 하지만 많은 서민들이 자신들이 경험하는 물질적·경제적 현실이 그와는 너무 큰 차이가 나서 희망을 잃고 좌절에 빠져 있어요. 한국 전체의 비전을 그들의 삶과 연결시켜주는 작업이 필요합니다. 그러한 작업을 통해 마음속 심연에 잠재되어 있는 가능성과 지혜가 드러나면서 개인들은 물론 한국 전체가 새로운 세상으로 나아갈 수 있어요. 비전은 바로 그러한 역할을 해주는 겁니다.

성해영 다시 말해 비전이란 우리 내면 깊숙이 숨어 있는 새로운 가능성을 구현하고 보여주는 지표가 된다는 말씀이신가요?

한바다 그렇습니다. 인간의 현실을 지구 전체의 집단적 현실과 그 안에서 펼쳐지는 각 개인의 구체적인 삶의 현실 두 방면으로 볼 수 있습니다. 먼저 인류 문명의 흐름이 어떠한지를 간파하는 것이 중요하고, 그 흐름과 각 개인의 현실이 긍정적으로 연결될 수 있는 총체적인 방향성이 하나의 비전으로서 제시되어야 한다고 봅니다. 사실 문명이란 인간의 집단적인 마음이 바깥으로 펼쳐진 것이지요.

성해영 개인과 공동체, 나아가 인류 문명 전체가 그 어느 때보다 촘촘하게 연결되어 있다는 말씀에 전적으로 동의합니다. 현대에 들어서는 인류의 문명 전체를 단일한 공동체로서 이해해야 공동체를 이루는 개인들의 삶 역시 제대로 알 수 있을 것 같습니다. 더구나 개인의 잠재적인 가능성을 구현시켜 우리의 현실을 함께 바꾸어나가겠다는 의도를 가졌다면 더더욱요. 그렇다면 문명 혹은 집단으로서 인류 전체가 겪고 있는 현실의 특성을 무엇이라고 생각하시는지요?

한바다 현재 지구 전체의 문명은 인간의 모든 가능성을 시험하는 하나의 장場 역할을 하고 있습니다. 앞으로 이 문명은 조금 더 확대될 수 있습니다. 예전에는 생각으로만 존재하던 것이 현재 우리 문명에서는 비즈니스라는 형태로 물현화物現化되어 있어요. 인간의 내면에 억눌려 있어 현실에서는 결핍으로 경험되었던 모든 욕망들이 정신적인 것이든 물질적인 것이든 비즈니스라는 형태로 나타나고 있다는 것이지요. 하지만 동시에 이 문명은 비즈니스적이지 않은 것들, 즉 예술이나 만남, 공동체 등을 향한 열망을 자유롭게 실현해볼 수 있는 무대입니다. 개인의 입장에서 보면 잘살거나 못살거나 행복하고 불행한 것이 어쩔 수 없는 운명으로 느껴질 수 있지만, 인류라는 종 전체의 입장에서 보면 모든 가능성을 실험해볼 수 있는 장이 주어져 있는 겁니다. 우리에게는 삶의 방향이나 체험을 다양하게 선택할 수 있는 자유가 있어요.

성해영 현대 문명의 가장 특징적인 모습의 하나로 '비즈니스'를 언급해주셨는데요. '비즈니스 측면'이라는 건 개인의 삶, 그리고 그 가능성의 구현이 화폐로 상징되는 자본주의적 경제 시스템과 어느 때보다 밀접하게 연관되어 있다는 말씀이시지요?

한바다 일단 돈에 투사되어 있는 많은 상념들을 떼어내고 순수하게 돈이 존재하게 된 이유를 생각해본다면, 돈이란 인간이 발명해낸 가장 창조적인 시스템 중 하나입니다. 돈의 부정적인 면은 돈의 획득 자체에만 지나치게 집중할 때 타인과는 물론 자신을 소외시킬 수 있다는 점이지요. 소수의 개인에게 너무나 많은 재화가 집중되면 다른 사람의 기회를 막거나 빼앗게 되어 많은 이들을 무기력하게 만들기도 하고요. 하지만 긍정적인 시선으로 본다면 돈은 나를 모든 존재와 연결시켜주는 매체이자 풍요의 경험을 실현시켜주는 도구입니다. 현재 자본주의에서는 풍요의 느낌을 돈이라는 형태로 경험해보는 것이 하나의 기회로 주어져 있다는 겁니다.

성해영 돈이 창조적인 시스템이라. 평생 명상을 해오신 분이 하셨다고 보기 어려운 말씀이네요.(웃음) 그렇지만 돈의 부정적인 측면뿐만 아니라 긍정적 차원을 고려한다면, 돈은 분명히 현대 사회의 풍요와 뗄 수 없는 관계를 가진다고 생각합니다. 특히 소유의 자유라는 관점에서요.

한바다   그렇습니다. 자본주의 이전에는 고된 노동을 해도 재화를 자유롭게 소유할 수 있는 기회가 애초부터 허락되지 않았던 사람들이 많았습니다. 예컨대 고대인은 이러한 소유를 상상하기 힘들었을 겁니다. 하지만 그들도 마음 심층에는 그러한 욕망이 씨앗으로 잠재해 있었을 것이고, 그 씨앗이 현대에 이르러 문명의 형태로 드러나고 있는 것이지요. 지금의 문명에서는 모든 것의 상상이 가능하잖아요.

성해영   결국 자본주의라는 화폐 중심의 경제라는 관점에서 보아도, 현대 문명은 굉장한 가능성을 개인에게 부여해줄 수 있다는 뜻이네요. 물론 그 가능성을 구성원 모두가 구현할 수 있는가는 엄연히 다른 문제이지만요.

한바다   전체적인 차원에서 봤을 때는 가능성으로 충만해 있다고 생각할 수 있는 것이지요.

성해영   그렇지만 사회의 대다수는 여러 가지 이유 때문에 풍부한 가능성들을 인식하지 못하고, 자신의 구체적인 삶 속에서 그 가능성을 구현하지 못하지 않습니까? 물론 소수를 제외하고요.

한바다   그렇지요. 전체적으로 고대에 비해 훨씬 살기가 좋아졌음에도 불구하고 개인들이 경험하는 자신의 현실은 여전히 어렵게 다가올 수 있습니다. 그런데 현실 경험에만 너무 고착되어 있으면 힘든 감정과 부정적인 생각에 너무 매몰된 나머지, 문명 전체가 나아가는 방향이나 그 흐름 안에서 자신이 펼쳐낼 수 있는 기회와 가능성이 무엇인지에 대해 눈을 뜨기가 어려워요. 그래서 비전을 통해 이 문명 전체가 우리에게 어떤 기회를 제공하고 있는지 상상해볼 수 있다는 겁니다. 동시에 마이크로적인 관점에서 자신의 마음이 작용하는 방식을 들여다볼 필요도 있습니다. 가능성을 막는 내부적 요인은 트라우마의 경험과 관념의 결합에서 비롯되지요. 그 경험으로 인해 세상에 대한 비관적인 관점이나 자신에 대해 열등의식과 같은 부정적인 관점이 마음 안에 형성되면, 그것은 삶에 투영되어 두려움이나 실패와 같은 경험으로 드러나게 됩니다. 이 메커니즘을 이해하고 그 흐름에서 벗어나 자신의 가능성을 펼쳐내려고 하는 것이 명상의 핵심이지요.

성해영   이 대목부터 명상과 가능성의 구현이라는 두 측면이 만나는 것 같은데요. 트라우마의 경험과 관념의 결합을 조금 더 자세하게 말씀해주시겠습니까?

한바다   관념은 사회적인 경험과 지식에 의해 형성되어 마음속에 자리를 잡게 되는데, 이때 사람들은 있는 그대로 보지 못하고 관념의 틀을 통해 세상을 보게 됩니다. 이것은 다시 자신을 바라보는 틀이 되어 자신의 아이덴티티를 고정시켜버리지요. 예를 들어 '나는 이것밖에 안 되는 사람이다', '나는 할 수 없다'는 생각이 들게 되는 겁니다. 과거에 경험했던 트라우마는 감정적인 그림자로서 잠재의식이나 무의식에 숨어 있게 되지요. 트라우마는 쓰리고 아프기 때문에 마음은 그 둘레에 단단한 생각의 벽을 치게 되고, 그 보호막 안에서 세상을 바라보고 해석하며 자신을 보호하려고 합니다. 이것이 굳어지면 관념이 되는 겁니다. 사람들은 이 관념의 상자 안에서 살아가다가 어느 날 또 다른 상황으로 인해 관념이 충격을 받으면 그 트라우마가 다시 건드려지면서 현실을 어둡게 해석하게 됩니다. 그러고는 트라우마 너머에 존재하는 자신의 가능성들을 외면하게 되는 것이지요. 그러한 삶의 패턴이 지속적으로 반복되면서 삶이라는 게 굉장히 어렵고 외면해야 되는 것으로 인식되고, 그것은 그 사람의 오라 장aura field 안에 남게 됩니다. 이 에너지는 현실을 인식하는 하나의 틀이 되기 때문에 비전을 보기가 어려워지지요. 그러한 관념과 트라우마를 걷어내고 본래의 존재가 가지고 있는 웅혼한 힘을 회복할 때 지금의 문명이 제시하는 가능성에 눈을 뜰 수 있습니다.

성해영   아! 이해가 됩니다. 제가 다시 정리하자면, 문명이라는 것 자체는 현대에 들어 굉장히 큰 가능성의 장으로 펼쳐졌지만, 개인의 의식 구조나 관념, 그리고 개인이 살아오면서 겪었던 트라우마적 경험이 결합되면서 아주 소수의 사람들을 제외하고는 대다수가 삶 속에서 그런 가능성을 구현시키지 못한다는 것이군요. 그렇다면 선생님이 말씀하신 이런 내용을 인식하는 것이 새로운 가능성을 구현하는 동기 혹은 추동력이 된다는 견해로 자연스럽게 이어지겠네요.

한바다   그렇습니다. 그것은 개인의 삶에 있어서 국가라든가 세계가 어떤 작용을 하느냐에 대한 인식을 필요로 합니다. 동시에 그러한 인식은 트라우마가 없는 곳에서 가능하고요.

성해영   트라우마가 없어야 새로운 가능성이 인식된다는 말씀은 개인 스스로가 가능성 구현의 전제 조건으로 트라우마가 없는 마음 상태를 먼저 만들어야 한다는 걸로 이해하면 될까요?

한바다   네. 각 개인이 인식하는 '이 세상'이라는 건 인간의 마음이 투영해낸 것입니다. 문명도 마찬가지이고요. 문명은 인간의 전체의식이 투영해낸 것이지요. 그래서 그 문명의 가능성을 향유할 수 있으려면 인간이 먼저 자기 마음 안에 있는 가능성을 볼 수 있어야 한다는 겁니다. 한 개인의 현실이란 한 개인이 가지고 있는 마음의 가능성이 펼쳐진 것이니까요. 다들 똑같은 현실의 삶을 살고 있지만 각 개인이 처한 삶의 조건이나 경험이 다 다르게 인식되는 건 그 때문이지요. 그래서 자기 안에서 천국을 발견하기 전에는 문명이 바뀌고 세상이 바뀐다 할지라도 개인에게는 보이지가 않는 겁니다. 가능성이 이미 있음에도 불구하고 그 가능성을 다 향유하지 못한다는 거예요.

성해영   선생님의 말씀을 들으니, 우리 모두는 같은 공간에 살고 있는 것처럼 보이지만 개인은 저마다 다른 우주 속에서 산다,라는 주장이 떠오릅니다. 이 주장은 결국 개인이 어떤 방식으로든 자기 안에 숨어 있는 가능성들을 먼저 발견해야지만 자신의 삶도, 그리고 전체 문명도 실제로 변화시킬 수 있다는 것이겠네요.

한바다 좀 전에도 말씀드렸지만 개인은 자기가 처한 생존의 문제와 경험이 주는 고苦에 압도당하면 그러한 가능성을 잊어버리기 쉽습니다. 그래서 선배가 됐든 멘토가 됐든 스승이 됐든 그 가능성을 일깨워줄 수 있는 존재와의 만남이 필요하지요. 현재 학교나 공립 기관에서 이루어지는 교육을 넘어 삶 자체에 대한 가르침, 인생의 지혜를 전해줄 수 있는 만남이 사회적인 차원에서 필요하다는 거예요. 앞으로의 문명에서는 인간의 마음을 이해하고 삶의 전환이 될 수 있는 가르침의 시스템이 다양하게 필요해질 것이고, 그래서 그 시대의 스승들은 학교에서 가르칠 수 있게 될 겁니다.

성해영 미래 시대에는 교육의 패러다임도 전적으로 변화해야 하고, 그 방향은 개인의 가능성을 발견하고 이를 구현하는 것에 초점을 맞추어야 한다. 그러니 '깨우침'과 '지혜'라는 개념이 중요해지는 거군요.

한바다 네. 미래의 시대에는 지식이 아니라 자신의 삶을 통해서 생생하게 발견해낸 지혜를 깨친 자들, 인간 마음의 가능성에 대해 깨친 자들, 즉 인생의 지혜를 가진 자들이 선생이 될 겁니다. 그리고 제도적으로 그러한 시스템을 포용하는 국가는 굉장히 발달하게 되고 세계를 주도하게 될 겁니다.

성해영   그런 관점에서 보자면, 인간의 가능성을 구현하는 일에 초점을 맞추는 교육의 도입 여부는 곧장 우리 사회의 미래와도 연결될 수밖에 없겠습니다.

한바다   그렇습니다. 교육의 혁신과 내용의 질의 방향이 굉장히 중요해지겠지요.

성해영   이 대목에서 '비전'의 문제를 조금 더 깊게 다루었으면 하는데요. 선생님은 인간이 품고 있는 내면의 지혜와 비전이라는 개념을 긴밀하게 연결시키는 걸로 보입니다. 그런데 미래의 가능성을 담는 측면을 비전이라고 표현한다면, 우리가 익히 알고 있는 예언과는 어떤 차이가 있을까요? 두 개념을 비교해서 살펴보면 비전의 의미도 더 분명해질 것 같습니다만.

한바다   비전이나 예언은 언어에 있어서는 거의 같은 내용일 수 있습니다. 하지만 언어를 받아들이는 측면에서 인간의 관념은 그 둘을 다르게 인식해요. 비전은 가능성을 내포한 소통의 언어이고, 예언은 가능성을 고착하는 언어예요. 그래서 예언이라고 할 때는 과정은 생략되고 결론만 생각하게 됩니다. 한 인간 존재의 내면에 대한 통찰은 없이 외부적인 현상으로만 생각하기 때문에, 예언이 맞았다 틀렸다 하는 시비 관념이 서게 되는 것이지요. 하지만 비전은 가능성의 언어이기 때문에 한 개인이 열려나가는 과정을 중시합니다.

성해영 아. 요지인즉슨 예언은 미래 시점에서의 하나의 완결된 결과만이 가능하다는 식의 사고방식을 뜻한다면, 비전은 개인이 큰 흐름과 상호작용하면서 개인의 가능성을 어떻게 구현하고 전체적인 흐름을 엮어나가는가에 초점을 둔다고 볼 수 있겠네요.

한바다 그렇기 때문에 비전은 한 개인의 삶에 있어 굉장히 중요한 가능성을 끌어올리는 하나의 길이지요. 이때 스승의 역할이란 학생의 내면에 숨어 있는 '잠재력의 코드 Life Code'를 읽어내는 일입니다. 고대에는 그런 스승을 '덕德 있는 자'라고 불렀지요. '德'이라는 한자는 '道[나아감]+目[눈]+心[마음]'으로 이루어져 있잖아요. 그러니까 '사람의 마음이 나아가야 할 방향을 끌어내주는 시선'을 뜻합니다. 한 사람의 내면에 숨겨져 있는 생명의 가능성과 방향성의 코드를 해독해줄 있는 힘, 이것이 바로 비전이에요. 내재한 가능성은 곧 미래일 수 있지요. 미래를 미리 본다는 측면에서는 예언과 겹칠 수도 있겠네요.

성해영 그렇게 본다면 비전은 개인과 공동체의 가능성을 발견하는 일이네요. 교육 역시 공동체가 개인의 가능성을 발견하고 구현하도록 동기를 부여하거나 도와주는 일로 정의될 수 있겠고요. 그런데도 불구하고 왜 자꾸 우리는 맞고 틀림이 분명하게 결정되는 예언에 더 집착하는 걸까요?

한바다 깨달음이 없기 때문입니다. 비전에는 깨달음이 있습니다. 비전은 통찰이에요. 예언에는 깨달음이 없지요. 깨달음이 없는 마음은 항상 에고의 관점에서 시비 관념에 묶여 있게 됩니다. 하지만 비전에는 깨달음이 있어요. 비전은 옳고 그름이나 틀림과 맞음의 문제가 아니라, 비전의 내용을 어떻게 삶에 구현시키고 그것이 삶에서 어떻게 만나질 수 있는지에 초점을 둡니다. 그래서 삶의 과정을 중시하게 되는 것이지요.

성해영 비전은 유연한 것이군요. 예언과 달리 미래의 가능성을 훨씬 더 넓혀준다는 점에서요. 더구나 개인과 집단의 차원을 불문하고 말이지요.

한바다 그렇습니다. 한 개인이 트라우마와 에고에 묶여서 보지 못하는 자신의 잠재력을 볼 수 있도록 더 넓고 높은 차원, 온전한 차원에서 도와주는 것이지요. 인간이 가지고 있는 이 시선, 즉 '바라봄'의 힘이라는 것은 굉장히 심원하고 위대하며, 일반적으로 생각하는 것보다 훨씬 더 큰 우주적인 힘 그 자체입니다. 인간의 바라봄은 깨달음이에요. 그리고 바라봄은 창조적이지요. 바라봄은 새로운 삶을 만들어냅니다. 바라봄은 사람들에게 힘을 부여해줘요. 그래서 더 넓고 온전한 바라봄을 선사해줌으로써, 더 많은 가능성과 자유를 한 사람과 세상 전체에 제공해줄 수 있습니다. 그것이 비전의 즐거움입니다. 비전의 아름다움은 유연성에서 나오지요. 자유에서 나옵니다.

성해영 그러니 인간의 가능성이 온전하게 구현되려면 스승이라 불릴 수 있는 소수는 물론이거니와 사회 전체가 개인이나 문명이 가진 가능성, 잠재력, 생명력을 명확하게 인식해야 한다는 요청으로 귀결되겠군요.

한바다 그렇기 때문에 나라가 됐든 단체나 그룹이 됐든 그런 눈이 열리는 사람들이 중심에 놓여 있는 곳은 흥하게 되고, 반대의 경우에는 쇠락하게 됩니다.

성해영   좀 전에 말씀해주신 덕 있는 자들이 사회를 형성하는 중심에 있으면 그 사회가 흥하고, 중심에 서지 못하거나 그 수가 적다면 사회는 개인과 문명의 가능성을 크게 구현할 수 없기 때문에라도 필연적으로 쇠락하겠군요.

한바다   바로 그렇습니다. 문명과 국가는 결국 존재의 목적이 같습니다. 많은 사람들의 삶을 구현시켜주고, 그들을 꽃 피워주고, 더 높은 곳으로 나아가게 하는 데 국가와 문명의 의미가 있지요. 만일 그것이 사람들의 삶을 억압하는 쪽으로 간다면 우주적인 위치에서 그것은 흥할 수 없고, 결국은 사라지게 됩니다.

성해영   그렇다면 인류사에서 이렇게 가능성이 풍부한 현대에 심각한 양극화 문제가 발생하는 현상 역시 더 이해하기 쉬울 듯합니다. 가능성을 발견해 마음껏 구현하는 사람과 그러지 못한 사람 사이의 격차를 현대 문명이 훨씬 더 증폭시킨다고 말이지요. 그리고 그 격차는 화폐라는 상징으로 쉽사리 측정될 수 있고요. 그런 데다 심대한 격차 자체는 많은 이들을 깨어나지 못하게 만드는 악순환을 다시 빚어내고요.

한바다   그것이 현 문명의 모순점입니다.

성해영 풍요 속의 빈곤이네요.

한바다 그래서 소외와 자학이라는 새로운 고苦가 생겨났지요. 매스미디어를 통해 성공한 사람들의 삶의 형태를 접하면서 삶에 대한 기준이 높아졌는데, 그걸 경험하고 구현하지 못하니까 자기 자신이 모자라 그렇다는 자학이 일어나는 겁니다.

성해영 크게 성공한 사람들의 존재가 오히려 대다수의 자학을 키울 수 있다는 거네요.

한바다 그래서 그런 마음이 어떻게 생겨나는지에 대한 깊은 이해와 따듯한 시선이 필요합니다. 또한 나보다 더 잘난 사람을 봤을 때는 분별에 빠져 그 존재를 나의 마음에서 소외시킬 것이 아니라, 무엇을 배울 수 있는가 하는 점에 집중하면 긍정적인 흐름으로 변하게 됩니다. 잘난 사람을 또 다른 나의 모습으로, 즉 나의 가능성을 미리 구현한 존재로 봐줘야 되고, 국가나 집단이 성공했을 때도 마찬가지이지요. 더 나아간 존재에 대해 나와 남을 나누는 관점으로 돌아가면, 곧바로 마음 안에서 소외와 자학의 경험이 일어나게 돼요. 그러면 점점 긍정적인 미래의 가능성을 부정하게 되고, 그러한 심리적 현상 때문에 점점 힘든 삶이 경험되게 돼 있습니다. 그러나 그것은 외부에서 온 것이 아니라 모두가 마음이 만들어내고 있는 겁니다. 관념은 마음의 시선에 의해 창조된 것이라는 걸 깨달아야 해요.

성해영 풍부한 가능성이 역설적으로 자학이나 소외와 같은 불능 상태를 강화시킨다고 말씀하셨지만, 다른 한편으로는 스승, 국가, 문명 전체가 개인들의 잠재적인 가능성을 구현하도록 도와야 한다는 주장도 거듭하시잖아요. 그런 점에서 개인이 자신의 마음을 바꿔야 하는 문제로만 받아들여질 게 아니라 집단 혹은 공동체의 역할, 특히 미리 비전을 본 '덕 있는 사람'의 역할이 대단히 중요한 것 같습니다.

한바다 그것이 사회의 건전성을 담보해줍니다. 외적인 팽창만 추구하느라 분열된 모순적 현실에 눈을 뜨지 못한 채 그것이 오래갈 때, 사회의 건전성은 극히 떨어지고 소외된 사람들의 외침 소리가 가득 차게 되지요. 그러면 사회는 큰 충격을 받고 해체되기 시작하고, 대다수 민중들의 집단적 잠재의식은 또 다른 국면으로 넘어갑니다. 사회의 온전함을 유지하려면 눈뜬 사람들이 전체적으로 많아져야 된다는 거예요.

성해영   민중들의 집단적 잠재의식이 다음 국면으로 넘어간다는 말은 무슨 뜻인가요?

한바다   그 공동체의 삶은 지속될 수가 없다는 겁니다. 집단적 잠재의식은 또 다른 사회 형태를 추구하게 되잖아요.

성해영   아. 문명이 문명 자체로서 기능을 하지 못한 탓에 다른 형태의 문명으로 대체된다는 의미이군요. 혁명과 같은 급격한 방식 등으로요.

한바다   병이 들거나 쇠퇴해서 추동할 수 없기 때문에, 내면에 잠자고 있는 집단적 생명력이 다른 쪽으로 흘러가게 되고, 결국 새로운 문명을 만들어내는 싹이 트는 것이지요.

성해영   방금 언급하신 '새로운 문명의 싹'은 지금 국면에서는 단순히 한 나라의 차원이 아니라, 전 지구적 차원의 변화와 연결되었다는 느낌이 듭니다. 지구 대변혁이라고 표현해야 될까요. 전 지구적 차원에서의 변화에 대해 조금 더 다루어보면요?

한바다   문명은 바로 인간의 마음이기 때문에, 지구 대변혁이란 인간의 마음이 전체적으로 변화하는 걸 뜻합니다. 사람들이 집단적으로 깨어나는 체험인 것이지요. 땅이 깨어지고 하늘이 무너진다는 건 인간의 마음속에 있는 체험이 상징화된 겁니다. 물질적 지구의 변혁을 말하는 것이 아니에요. 지구는 인간의 마음 안에 있습니다. 인간의 의식이 곧 지구이지요. 지구가 인간 밖에 있었던 적은 한 번도 없었어요. 그렇기 때문에 인간이 바뀌지 않는 지구 대변혁이란 아무런 의미도 없습니다.

성해영 지구가 인간의 마음속에 있다는 표현을 좀 더 구체적으로 설명해주시지요. 생소한 표현이어서요. 인간의 마음과 유리된, 다시 말해 인류의 집단적 인식 상태와 무관한 물질적·물리적 현상은 존재할 수 없다는 뜻으로 들립니다만.

한바다 오로지 물리적인 현상만이라면 '지구 대변혁'이라는 용어를 쓸 수가 없다는 것이지요. 지구의 물리적 변화는 항상 존재했습니다. 그 변화가 인간의 의식을 바꾸기도 했고요. 하지만 지구 대변혁이라는 말은 지구가 뒤집히는 것이 아니라 인간의 의식이 뒤집히는 것이고, 만약 인간의 의식이 고도로 진보하지 못하면 그것이 불균형을 일으켜서 지구에 참사나 재앙이 올 수도 있겠지요. 그러나 그것은 지구 대변혁이라고 하지 않습니다. 지구

멸망이라고 합니다. 지구의 불행인 겁니다. 지구 대변혁이란 인간의 희망이에요. 인간 의식의 집단적 대화를 뜻합니다. 그 대화가 만들어낸 문명을 뜻해요.

성해영   그럼 지구 대변혁을 다루는 예언들이란 지구의 물리적 변화만을, 더구나 파국적인 결과에만 초점을 맞추어 파악하기 때문에 본질을 놓치는 것으로 볼 수 있겠네요.

한바다   오해가 일어난 것이지요.

성해영   오해에 대해 더 설명을 해주시면요?

한바다   오해가 일어난 원인에 대해서는 '우리가 왜 비전이나 예언을 원하는가'라는 물음으로 돌아갈 때 생각되고 이해될 수 있습니다. 우리는 왜 예언이나 비전을 원할까요? 왜 사람들이 예언을 원합니까? 왜 예언을 들으러 갑니까?

성해영   예언이라는 관점에서 보자면 결과에 대한 두려움이나 공포 때문에도 그럴 것이고, 비전의 경우라면 자기에게 내재한 새로운 가능성들을 구현하고 싶은 열망 때문이 아닐까요?

한바다   그렇습니다. 그 모든 것은 인간의 마음속에 있어요.

성해영   네. 그렇게 본다면 마음속에서 출발한 것이지요.

한바다   바로 그 출발점을 이해할 때 우리가 왜 오해를 하게 되는지 알게 됩니다.

성해영   중요한 대목이니만큼 다시 정리해보자면, 지구의 대변혁은 인간의 집단적 대각성을 의미한다는 거네요. 또 앞선 논의들과 자연스럽게 연결시키려면, 각성을 먼저 이끌 수 있는 '덕 있는 자' 혹은 비전에 눈뜬 자들에 대해 더 다루어야 할 것 같습니다.

한바다   현재 지구에 필요한 의식은 나라, 종교, 인종을 넘어 지구 전체를 하나로 생각할 수 있는 보편적인 초의식, 지구적인 빛의 의식, 광명의 의식입니다. 새로운 의식은 국가를 넘어섭니다. 그것이 인류가 이루어나가야 될 방향이지요. 덕 있는 자란 그러한 의식과 지성을 가지고 있는 존재들입니다. 삶의 경험도 필요하고 마음에 대한 통찰력도 필요합니다. 그러한 존재들, 즉 비전을 가진 자 혹은 멘토와 같은 존재들을 옛날에는 예언자라고 불렀어요. 어느 한 시대에는 샤먼이라고 불리기도 했고, 어느 한 시대에는 현자라고 불리기도 했고, 깨달은 자라고 불리기도 했고, 지역과 문화에 따라 여러 가지 이름으로 불려왔어요. 현재는 그러한 존재들이 권위로서가 아니라 진정한 예절과 존경심으로 다가가는 친구가 되어야 합니다. 그런 시대로 접어들었어요.

성해영 그렇다면 지구 대변혁, 즉 의식의 대변환이란 덕 있는 자와 그렇지 않은 사람들 사이의 상호작용이 어떻게 이루어지는가에 따라 성패와 시기가 결정될 것 같은데요.

한바다 현재 굉장히 빠른 속도로 인간의 의식이 회전하고 있습니다. 인터넷이나 모바일 등의 수많은 매체를 통해 회전 속도가 엄청나게 빨라진 인간의 의식 에너지는 현 지구에서 가장 강력한 에너지예요. 그 의식은 신의 에너지이며, '바라봄'의 에너지이고, 생각의 에너지이자, 의식의 에너지입니다. 인류 역사상 인간의 의식이 이렇게 빨리 지구 전체를 회전한 적이 없었습니다. 그걸 대변혁이라고 부를 수 있는데, 여기에 어떠한 콘텐츠와 에너지를 집어넣느냐에 따라서 지구의 운명도 많이 바뀔 수 있겠지요.

성해영 듣다 보니 대변혁이란 우리에게 익숙한 '혁명revolution'이라고도 부를 수 있을 듯싶네요.

한바다   맞습니다. 혁명이 전 세계적으로 일어나고 있는 것이지요. 그리고 새로운 의식을 가진 존재들이 많이 태어나고 있습니다. 새로운 가능성의 사고를 가지고 태어난 존재들이지요.

성해영   그 존재들은 사회가 주입하는 관념을 포함해 선생님이 언급하신 개인의 트라우마와 같은 것으로부터 더 자유로운, 그러기에 자신의 가능성을 발견하고 구현하는 더 큰 힘을 가진 세대라고 보아야겠네요.

한바다   그들은 자유로운 존재들이기 때문에 앞선 세대들에게는 조금 위험하게 보이는 측면도 있습니다. 그러한 아이들을 특수한 용어로 '인디고 차일드Indigo Child'라고 부르기도 하지요. 진화된 영성spirituality을 가지고 태어나는 이 아이들은 직관이 뛰어난 데다 서열적인 질서를 거부하고 자신만의 생각을 가지고 행동하는 경향성이 있어서, 사회에 잘 적응하지 못하기도 합니다. 그런 아이들보다 더 고밀도의 의식을 가진 존재들도 많이 태어나는데, 이들은 사람들의 삶을 힐링하는 역할을 하기도 하지요. 이들을 '골든 차일드Golden Child' 또는 '레인보우 차일드Rainbow Child'라고 부르기도 합니다. 레인보우 차일드는 붓다 시대의 아라한에 근접하는 통찰과 이해를 가진 존재들이에요. 에고적인 트라우마

의식의 혁명: 마음의 가능성에 눈뜨다   33

의 영향을 안 받고 이미 본성이 상당히 꽃피워진 채로 태어나는 존재들이지요. 이들은 인디고 차일드보다 사람과의 관계를 조화롭게 할 수 있는 존재들입니다.

성해영   그러한 세대의 교체가 전반적인 의식 혁명과 맞물려 빠르게 진행되고 있다는 거지요? 그렇다면 이러한 흐름 속에서 한국은 어떤 상황에 처해 있을까요? 현재 지구 문명 속에서 한국만의 특수성이랄까 고유한 역할은 무엇일까,라는 질문이지요.

한바다   굉장히 심원한 에너지 속으로 빨려드는 느낌이군요.(웃음) 이 느낌을 말로 옮겨보면, 이 한국이라는 나라는 아주 고도로 개화된 고대의 지혜가 곧바로 현실 속으로 연결돼 있는 나라입니다. 표면적으로 아주 혼돈스럽게 갈라져 싸우고 있지만, 또 다른 차원에서는 깊은 가능성을 가지고 있다는 뜻이지요. 마치 로마 치하의 변방 이스라엘에서 예수의 지혜가 나오고, 대제국 옆의 소국 카필라에서 붓다가 탄생했듯이 말입니다. 두 나라 모두 엄청난 모순과 갈등에 시달렸지만, 붓다와 예수의 가르침은 지금도 세계인의 절반에 영향을 미치고 있잖습니까.

성해영   고대의 지혜란 구체적으로 무슨 의미인가요?

한바다   고대 동북아 일대에 걸쳐 존재했던 문명의 지혜를 말합니다. 그들 중 영적인 리더들은 실제로 우주적인 진리를 깨닫고 우주적인 마인드가 열려 있던 존재들이었습니다. 그들은 개아個我를 넘어선 참나의 세계를 깨닫고 있었으며, 지혜가 무한하게 열려 있어서 고도로 정신적인 문명을 일구었지요. 그런 정신적 유전자들은 아직도 사람들의 깊은 내면에 흐르고 있습니다. 사람들 내면에 그 청사진이 감추어져 있어요. 다수로부터 이해받지 못해서 소외를 받기도 했지만, 그것은 시대를 초월하여 면면히 흘러 내려오고 있습니다. 현재 이 나라가 여러 가지 문명의 비빔밥이 되어가는 현상은 거시적인 차원에서 보면 보편성을 획득하려는 집단의식의 전략입니다. 실제로 중요한 것은, 그런 수평적 다양성의 비빔밥 안에 고대에 존재했던 순도 높은 영원한 생명의 메시지가 담겨져야 한다는 점이지요. 바로 이것이 한국이라는 나라가 세계와 공유해야 할 지혜입니다.

성해영   언뜻 민족주의적인 소망으로 들리기도 합니다만, 말씀처럼 고대의 지혜가 한반도에서 면면히 흘러왔다면, 그 지혜가 역사적으로 표출되어 확인된 적이 실제로 있겠네요.

한바다   그것은 제 개인적인 의견이 아니라 현재 접촉되는 에너지의 메시지입니다. 3000년 전의 이야기이지요. 후대에 '널리 인간을 이롭게 하리라[弘益人間]'라고 알려진 메시지는 결국 우주적 의식에 도달한 존재들, 각성된 존재들의 이야기입니다. 국가를 초월해 세계 전체를 하나의 놀이터, 하나의 공부의 동산으로 보는 존재들이 메시지를 직접 받고, 그 메시지를 내면에서 발견한 것이지요. 그들은 우주적인 차원에 눈이 떠 있었습니다. 그것을 표현하는 말이 바로 '개천開天'입니다. 내면의 하늘이 열린 자들, 의식의 지평선이 열린 자들을 표상하는 말이지요. 인간 마음의 극치에 도달해서 보편적인 순수의식, 그 진리에 도달한 현자들을 뜻하는 상징적인 언어입니다. 인간 속에 하늘이 있기 때문이지요. 그 때 묻지 않은 하늘의 순수하고 무궁한 가능성의 세계의 열림을 '하늘이 열렸다'라고 하는 겁니다.

성해영 우리나라 사람이라면 교과서에서 누구나 배웠던 홍익인간과 개천절 이야기네요. 이 이야기 역시 그저 우리의 뿌리를 신성하게 만들려는 틀에 박힌 시도라고 받아들이는 사람들이 적지 않은데요. '개천'이란 고대에는 가능성의 열림을 뜻했다는 거네요.

한바다 국수주의적인 편견에 물들지 않은 채 이 땅의 가능성이 뭔지를 순수하게 탐구해보아야지요. 고대에 성인들이 도달했던 열림은 수직적이었습니다. 이제 현대에 사는 이 땅의 사람들은 그 수직적인 지혜를 수평적인 다양성과 융화시킬 소명을 가지고 있습니다. 수평적인 다양성은 모든 문명을 따듯하게 바라보는 태도에서 생겨나지요. 고대에 존재했던 영적인 깨달음과 현대 문명의 다양성을 하나의 비빔밥으로 만들어내는 것이 한국이 세계에 내놓을 수 있는 선물이에요. 그러한 시선은 모든 것을 가능성의 영역으로 바라봅니다.

그 시선으로 보면 현재 이 사회가 겪고 있는 양극화라는 고통 또한 더 큰 사회적 지혜를 일구어내라는 큰 화두이기도 합니다. 이 땅에 주어진 이 밀도 높은 양극화를 생각해봅시다. 남과 북으로, 동과 서로, 잘사는 사람과 못사는 사람으로, 남자와 여자로 등등 이 모든 양극화의 고苦가 이 작은 나라에 몽땅 집약되어 있지 않습니까? 그러나 이 나라 사람들이 하늘의 사랑에 눈뜰 때, 그 모든 문제를 풀어낼 수 있는 지혜를 갖게 되고, 그 지혜를 세상 사람들에게 나누어줄 수 있습니다. 이 나라가 존재하는 이유는 여기에 있습니다. 세계 전체를 위한 우리의 미션에 눈을 떠야 합니다. 우리 내면에서 그렇게 외치는 소리가 들려오고 있어요. 적어도 사회적인 리더에 있는 분들이라면 이 나라가 어떠한 역할을 해야 되는지에 대한 깊은 통찰과 자각이 있어야 하지 않을까요?

그들이 받았던 혜택을 지키고 향유하는 데만 급급한 삶은 후퇴하게 되어 있습니다.

성해영 '수직적 열림'과 '수평적 다양성'의 비빔밥이라. 정말 멋진 표현입니다.(웃음) 그런데 듣다 보니, 구한말이라는 혼돈의 시기에 후천개벽이라는 이름으로 새로운 시대가 한반도에서 열릴 것을 강조했던 동학을 포함한 민족종교가 떠오르네요. 서로를 하늘처럼 존귀하게 여기라는 보편적인 메시지를 강조하고, 실제로 현실에서 구현하려 노력했던 흐름 말이지요.

한바다 그 메시지가 당대에는 굉장히 절실했고, 옳았고, 아름다웠고, 감동적이었습니다. 하지만 그것은 역사 속에서 소외되었고, 마침내 잊히고 말았어요. 잊혀서 왜곡되어버린 그 메시지들의 본질을 다시 찾아내 순도를 높이고 새로운 그릇에 담아내야 합니다. 보편적인 소통법을 배워야 해요. 그때 더 보편적인 울림으로 세상에 도움을 줄 수 있습니다. 그래서 언어의 문제가 심각하게 중요합니다.

성해영 '순도를 높인다'는 말씀은 그 메시지들이 현대적 상황에 걸맞은 '새로운 언어'로 구현되어 사람들을 크게 각성시키고 깨어나게 만들어야 한다는 뜻인가요?

한바다   그렇습니다. 메시지를 전달하는 언어가 너무 구식이어서는 안 되지요. 새로운 언어 감각에 눈을 떠야 됩니다. 고대 현자들의 지혜이든, 동학이든, 민족종교든, 불교든 모두 현대의 트렌드에 맞도록 보편적인 삶의 메시지로 전환시켜야 합니다. 그리고 민족종교의 메시지 또한 우리만의 것이 아니라 세계 사람들과 공유할 수 있는 메시지가 되려면, 세계의 보편적인 소통 수단인 영어로 번역되어 세계 전체로 뿌려져야 합니다. 그 메시지들이 반향이 깊다면 여러 사람들의 마음 안에 살아남게 되고, 다른 여러 나라 언어로도 번역될 것입니다.

성해영   조금 전에 한국의 엘리트들이 그들이 누렸던 혜택에 걸맞은 각성을 하고, 그들의 새로운 책무에 눈떠야 된다고 말씀하셨지요.

한바다   미션인 겁니다. 그 미션에 눈뜰 때 새로운 지혜를 들을 수 있고, 미래를 볼 수 있는 문이 열리게 됩니다. 지금이 바로 정점이에요. 정점이란 건 그 영화가 오래갈 수 없다는 뜻이지요.

성해영   위기가 곧 기회라는 말씀이시군요.

한바다   거꾸로 말하면 현재 지금의 영화나 기득권이 기회가 아니라 파멸의 씨앗이라는 뜻이기도 합니다. 그것은 공짜로 주어진 것이 아닌데, 지배층이 이것은 내 것이니 빼앗기지 않도록 지켜야겠다고 말할 때 그는 악마로 변합니다. 하지만 만약 세상 전체와 내 주변을 위해 뭔가를 기여해야겠다고 하면, 그 사람에게는 하늘의 의식이 들어가게 돼요. 새로운 양심과 새로운 생명의 흐름이 들어갑니다. 거기에서 새로운 직관이 나오고, 그 직관으로 세상을 위해 일할 수 있게 되지요. 현재 한국의 리더들에게는 그것이 절실히 필요해요. 그렇게 되지 않는다면 이 나라는 여기까지가 정점입니다.

성해영   그 말씀은 오늘 우리가 인류 문명의 관점에서도 굉장히 중요한 임무를 부여받았는데, 이를 인식하고 현실에서 제대로 구현해 그 메시지를 정확하게 전달하지 못하면, 도리어 파국이나 파멸을 맞을 수도 있다는 뜻이네요.

한바다   쇠퇴하는 것이지요.

성해영   그렇게 보면 논의가 다시 예언과 비전으로 돌아갑니다. 사람들은 예언이라는 이름으로 고정 불변의 미래상을 바라지만, 비전은 새로운 가능성에 눈을 떠 개인과 집단의 드러나지 않은 잠재력을 구현하는 것과 연관된다고 주장하셨잖아요.

한바다   그런데도 사람들은 예언을 더 즐겼지요. 예언을 가십거리로 써버렸어요. 예언이나 비전이 갖는 무게는 방대한 것인데, 가십거리로 써버렸기 때문에 진화를 방해하는 것이지요.

성해영   임무에 내포된 심대한 의미를 알아차리지 못했기 때문에 생긴 후유증 같은 걸로 들립니다. 그렇다면 덕 있는 자, 비전에 눈뜬 자가 공동체 형성에 중심 역할을 해낼지가 공동체의 운명에 더욱 결정적일 터인데, 그 점에서 지금 한국은 어떤 상황이라 보시는지요?

한바다   엄청난 가능성과 위험이 절묘하게 공존하고 있습니다. 정확히 태극 모양과 같은 상황이에요. 너무나 위대한 가능성이 세계 전체로 열려 있어요. 하지만 안타깝게도 너무나 큰 위험 또한 나라 안의 밑바닥에서 지뢰밭처럼 존재하고 있습니다. 참으로 기묘한 공동체이지요. 양극화 문제를 해결하고 세계 전체를 포용하는 새로운 에너지가 흘러 들어와야 합니다. 그렇지 않으면 이 나라는 앞으로 힘을 잃고 시들어버릴 거예요. 이 위기를 이겨낼 수 있는 것은 큰 비워냄입니다. 나라의 운명을 가로막고 있는 사특한 기득권과 구부러진 관념들이 정화되고 비워져야 해요. 노블레스 오블리주noblesse oblige가 부재한 갑질 의식, 가진 자와 못 가진 자에게 불공정하게 적용되는 법, 상명하달식 소통, 뇌물, 편법, 독점 지배, 단기적 사유 패턴, 지방 차별 같은 것들 말이에요. 그런 것들을 비워낸 공간에만 새로운 생명의 바람이 불어올 수 있습니다. 각자가 새 에너지를 자기 내면으로부터 받아들일 수 있도록 마음의 문을 열어야 해요. 이 일을 해내면 이 나라는 인류사에 없었던 굉장한 미래가 열리게 돼 있어요. 보랏빛의 미래가 하늘 꼭대기 위에서 기다리고 있습니다. 그러나 아직은 그것을 받아먹을 자가 부족해 보입니다.

성해영 가능성은 있지만 현재 상황이 그리 낙관적으로만 들리지는 않군요.

한바다 하지만 위대한 미래가 기다리고 있는 것 또한 사실이에요. 그 미래가 현실이 되기 위해서는 치유가 일어나야 합니다. 소외된 존재들에 대한 치유와 돌봄, 그 따뜻함이 필요해요. 그리고 각성해야 합니다. 사람들의 마음에 무궁화가 다시 피어나야 해요.

성해영   말씀하신 무궁화는 말 그대로 무궁한 가능성을 의미한다고 보시는 건가요?

한바다   그렇습니다. 사랑과 신명이 넘치는 위대한 삶을 꽃피어내는 일이지요.

성해영   말씀을 듣다 보니 홍익인간, 개천절, 무궁화와 같은 애국이나 민족을 강조하는 자칫 구태의연하게 들리는 개념들이 새로운 의미를 부여받게 되는군요. 그런데요, 눈을 조금 돌려볼까요? 현재 세계적으로 기축 통화라는 점에서 달러화가 권위를 급격히 잃어가고 있고, 대안이라고 할 수 있는 유로나 엔화도 마찬가지로 힘을 잃고 있는 상황입니다. 자본주의의 모든 힘이 화폐에서 나온다는 관점에서 봤을 때 구심점이 점점 없어지는 상황에서 이를 대체할 수 있는 새로운 경제 시스템이 나올 가능성이 있을까요? 현대에서 자본주의가 인간의 가능성 구현과 밀접하게 연관되어 있다고 말씀하셔서 드리는 질문입니다.

한바다   사실 경제적으로만 생각하면 답이 잘 안 나옵니다. 경제라는 건 인간이 먹고사는 문제잖아요. '사람들은 먹기 위해서 살지만 나는 살기 위해서 먹는다'는 소크라테스의 말처럼 먹고사는 건 인간이 더 높은 의식을 만들어내기 위한 거예요. 그걸 가능하게 해주는 삶의 공간이 문화이고요. 새로운 변화는 바로 문화를 중심으로 일어날 겁니다. 문화의식이 달라진다는 것이지요. 경제를 넘어 이 민족 전체가 힐링이 되면 그 흐름 안에서 새로운 사상이나 의식, 비전이 나오게 될 거예요. 그건 어마어마한 가치를 지니게 될 겁니다.

성해영 힐링이나 비전을 언급하셨는데, 그거야말로 종교의 영역으로 간주되어왔지 않습니까? 종교와 영성의 문제를 묻지 않을 수 없는데요. 그렇다면 미래 사회의 종교는 어떻게 되리라 보시는지요?

한바다 종교도 마찬가지이지요. 원래 예배라는 건 인간 내면에 있는 근원, 즉 '참나' 그 자체를 향한 것입니다. 그런데 그 신성이 자기 안에 있다는 걸 잘 느낄 수 없으니까 바깥에 투영해서 동질감을 느끼는 거잖아요. 부처님한테 절을 한다든가, 성당에서 기도를 한다든가. 하지만 새로운 시대의 종교는 본질적인 것으로, 순수의식pure awareness으로 복귀되어야 합니다. 그것이 종교의 근본 목적이지 않나요? 그런데 인간 내면에 대한 경이감을 불러일으킬 수 있는 매체가 음악이나 미술, 즉 예술이잖아요. 그래서 새로운 시대의 종교에는 예술이 들어갈 거라고 봅니다. 예술이라는 형태를 통해 문화와 종교, 삶에 대한 통찰력 등이 결합되는 것이지요. 미美를 통한 의식 고양과 아름다움의 체험, 그리고 그것과 일상생활의 조화가 중요해질 거예요.

성해영   좋은 말씀입니다. 예전의 선사禪師들은 고통을 통해 궁극으로 가는 길을 찾고 깨달음을 얻으려 시도했다면, 미래에는 종교와 예술이 결합해 영혼의 신명나는 에너지가 분출되면서 치유도 일어나고 집단적으로 깨우치는 현상이 등장하리라는 주장이시네요.

한바다   그렇습니다.

성해영   뒤집어 보자면, 현재는 종교라는 게 재미도 없고 영성은 너무 먼 이야기로 보여서, 더욱 돈이나 물질에만 집착한다고 말할 수 있겠습니다.

한바다   앞에서도 말했지만 물질적 풍요에 대한 경험이 돈의 지구적 차원의 목적입니다. 그런데 그게 또 인간 전체를 행복하게 해주지는 못하고 있지요. 그러니 새로운 바람이 또 불어올 겁니다. 결국 자본주의라는 것도 인간이 경험해볼 수 있는 수많은 경험 중 하나일 뿐이에요. 그 경험의 본질은 우리 마음속에 있었던 것입니다. 돈으로는 아름다움이 나눠지지 않지요. 그 아름다움을 통해 의식을 고양시켜주는 게 새로운 시대의 비전입니다.

성해영 그런 관점에서는 사회주의 혁명의 실패 이유를, 인간 이해를 포함해 온전하지 못한 접근 방식 때문이었다고 볼 수 있겠네요.

한바다 사회주의자들의 원래 목적은 순수했어요. 하지만 인간 안에 있는, 통제받지 않고 욕망을 마음껏 실현해보고 싶어 하는 마음이 이긴 것이지요. 시기가 일렀던 겁니다. 인간의 진화 수준에 비해 일렀기 때문에 관료주의로 변해버린 거예요. 그래서 진정한 변화가 일어나지 않은 겁니다. 그런데 인간에게 자본주의와 사회주의가 같이 왔다는 것은 축복이기도 하지요. 그 두 개가 서로 음양으로 작용을 했으니까요. 그런 의미에서 사회주의 또한 영적인 의미가 있었던 겁니다. 인간 마음속에 있는 보편적인 사랑과 평등의 원리가 드러난 거거든요. 자본주의는 창조와 풍요,

자유의 욕구가 드러난 것이고요. 그래서 현재는 사회주의가 사라진 게 아니라, 자기표현을 하고 더 큰 형태로 자본주의에 통합됐다고 볼 수 있습니다.

성해영 북유럽과 같은 자본주의 역사가 오래된 곳일수록 복지와 의료를 포함해 사회주의적으로 보이는 정책들을 많이 펴고 있습니다. 물론 적지 않은 갈등과 혼란을 겪은 후에 도입되었지만 말입니다.

한바다 그런 점에서 우리는 순전한 자본주의가 아니라 사회적 자본주의 안에 살고 있는 것이지요. 그래서 자본주의가 너무 한쪽으로만 과도하게 몰릴 때 민중들 속에서 사회주의적 욕구가 등장하게 돼 있어요. 자본주의와 사회주의는 인간 마음의 양면이기 때문입니다. 그런데 이제 거기에 문화와 의식이 포함되어야 한다는 겁니다. 사회주의가 절반의 성공밖에 하지 못했던 건 내면을 혁명시키지는 못하고 외면적인 혁명만 했기 때문이에요. 그리고 새로운 자본주의는 사회주의를 흡수했지만, 다시 인간이 봉착한 것은 '여전히 나는 행복하지 않다'는 생각이지요. 행복이란 마음 안에서 오는 것인데, 그러려면 트라우마와 관념에서 벗어나야 하고 의식의 혁명이 필요합니다. 관념과 트라우마 안에서는 행복이 피어나기 힘드니까요.

성해영 결국 행복은 의식의 혁명을 요청한다는 주장이시군요. 그런 관점에서 새로운 시대의 영성은 당연히 개인의 전체성과 행복을 회복시키는 힐링을 필요로 하겠군요.

한바다 잘 말씀해주셨어요. 새로운 영성은 힐링이라는 단계도 거쳐 가야 됩니다. 상처나 트라우마는 단절이거든요. 그게 치유되었을 때 온전한 회복이 가능해집니다. 온전히 회복되었을 때 우리의 미래와 가능성, 그리고 세상 전체에 대한 가능성이 더 잘 보이게 되고 믿게 돼요. 치유가 안 됐을 때는 부정적인 걸 더 믿게 되지요. 우리의 의식이 가지고 있는 '바라봄'이라는 기능은 단지 보는 것으로 끝나는 게 아닙니다. 보는 것은 힘을 주지요. 그래서 온전한 것을 보는 사람은 온전한 데 힘을 줍니다. 반대로 온전하지 않은 걸 보는 사람은 온전하지 않은 데 힘을 줘서 그걸 자꾸 크게 만들어버려요. 힐링을 통해 마음의 온전함을 다시 회복했을 때 새로운 비전으로 나아갈 수 있습니다.

그렇지만 상처를 꼭 나쁘게 볼 것만은 아닌 것 같아요. 그것도 이 지구에 와서 우리가 겪을 수 있는 또 하나의 경험이니까요. 이 상처를 치유하는 과정이 인류에게 어떤 도움을 줄까를 생각할 때, 그것은 온전한 시각으로 바뀌게 돼 있습니다. 상처에서 빠져나오는 법을 배울 때 사랑이 나올 수 있고, 사랑이 공유되면 새로운 만남을 일으킬 수도 있다는 겁니다.

성해영　상처의 긍정적인 효과에 주목하라는 주장에 전적으로 동의합니다. 그런데 말씀하신 힐링은 언뜻 보기에 주로 마음이나 정신의 측면으로 들리는데요, 육체적 측면과 영성적 힐링을 연결시켜 파악하는 문제는 어떻습니까?

한바다　힐링이 두 차원을 다 포함하지만, 현재로서는 육체적인 것보다는 마음의 상처가 더 큽니다. 육체는 스스로를 치유하는 자생력을 가지고 있어요. 그런데 마음의 상처가 육체에 영향을 미치는 것이지요. 그래서 마음이 먼저 치유되어야 합니다. 무엇보다 '나'라는 생각이 상처를 만들어내요. '나'라는 자의식과 연계된 상처가 트라우마의 무의식에 있을 때 그 삶은 꼬이게 돼 있습니다. 그걸 넘어선 세계를 발견하는 것이 힐링의 목적이고, 힐링이 목적을 다하면 그다음부터는 자기 내면의 진정한 가능성을 펼쳐내는 삶이 있게 됩니다.

성해영　동의가 되면서도, 현대 의학이 질병의 정신적인 측면보다는 철저하게 물질적이고 육체적인 차원에 집중하고 있다는 점에서는 그런 주장이 현실에서 얼마나 영향력을 가질 수 있을지에 대해서는 여전히 의문이 있습니다.

한바다 지금까지는 인간을 하나의 물질적 기계로 보는 시각이 주류였지요. 현대 서양 의학이 형성되는 과정에서, 물질과 마음을 분리시킨 데카르트의 이원론과 우주를 하나의 완전한 기계 장치로 바라보는 뉴턴주의로부터 영향을 크게 받은 겁니다. 초기 미국에서는 자연치유법이나 영적인 치유법들이 서양 의학과 나란히 성행하고 있었다고 해요. 그런데 카네기 같은 부호들이 오직 서양 의학에만 엄청난 돈을 대주면서 다른 치유법은 법적으로도 소외시켜버린 것이지요. 그 결과 현재 우리가 알고 있는 의학이나 치료 시스템이 기계를 고치듯 인체의 병든 것은 잘라내고 새로운 것으로 대체하는 식으로 발전하게 된 겁니다. 그러다 보니 인간의 마음과 영성은 소외된 것이고요. 병은 실제로 마음에서 오는 경우가 많은데, 그 부분이 무시된 것이지요. 그래서 심리학이라든가 정신의학 같은 분야가 새로 나와서 어느 정도 간격을 메워주기는 했지만, 그것만으로는 온전한 치유가 이루어지기는 힘들어 보입니다. 중요한 건 전체가 고려되어야 한다는 겁니다. 영혼의 목적도 고려되어야 해요. 그랬을 때 치유가 온전해집니다. 힐링healing이라는 말은 '온전함'이나 '전체'를 뜻하는 'whole'과 같은 뿌리에서 나온 단어잖아요. 그러니까 힐링의 개념 속에 인간의 마음과 영성과 사회성까지 다 포함시켜야 한다고 봅니다. 병원 치료는 육체의 단순 치료 과정이지만, 힐링은 마음과 영혼까지 생각하게 됩니다. 좀 더 포괄적이고 근원적이지요.

성해영 그렇게 본다면 의학의 형태 역시 새로운 시대가 전개되면서 크게 바뀔 수밖에 없겠습니다. 특히 마음과 정신의 측면을 많이 반영해서요. 심신 상관설을 포함해 우리의 마음 상태가 신체의 면역 체계에 영향을 미친다는 주장이 이전보다 널리 받아들여지는 현상도 의학의 패러다임 변화를 예고하는 것 같습니다. 마음과 육체 사이의 보다 밀접한 상호 관계를 파악하려는 시도 말이지요.

한바다 마음이 중요하다는 인식을 갖게 됨에 따라 많은 변화가 오겠지요. 그리고 단순히 물질 레벨이 아니라 에너지 레벨과 마음과 영성 레벨에서도 뭔가가 필요하다는 걸 알게 되겠지요. 육체에는 뼈와 근육과 신경을 이루는 현대 의학의 외과적 치료와 카이로프랙틱chiropractic이 적합합니다. 하지만 인간이란 존재는 육안과 과학 기계가 포착하는 차원보다 훨씬 정묘한 에너지 의식의 통합된 장으로 이루어져 있어요. 육체보다 더 미세한 에너지 레벨은 심리적 차원과 육체적 차원의 중간에 있는 생기 통로인데, 현대 의학보다는 한의학의 경락 체계와 인도의 나디nadi 체계, 그리고 동종요법 치유가 더 도움을 줍니다. 표층적 마음은 현대 심리학이 많이 연구했고, 심층 심리는 근원적인 정묘 레벨에 존재하는 것으로 불교의 통찰이 크게 앞서 있지요. 극도로 정묘한 파동으로 이루어진 영적 차원에서는 요가의 차크라chakra 비전과 베단타Vedanta, 기독교 신비주의, 현대 채널러channeler들의 전생 리딩 등의 직관지直觀知가 도움이 됩니다.

그렇지만 이런 것들이 서로 분리되어 있는 것이 아닙니다. 인간은 육체와 에너지, 마음과 영성이 다차원적 연속체를 이루는 조화체이니까요. 이처럼 인간이란 실로 이 모든 차원에 서로 통합되어 하나의 전체적 장을 이루는 우주적 존재입니다. 인간의 전체를 다 고려해야 된다는 관점이 전체성 통합 의학이지요. 인간의 이 모든 측면들이 고려되고 치유되었을 때 인간은 더 완전한 건강과 행복을 실현할 수 있고, 사회는 통합적으로 진화하게 될 것입니다. 현재 우리는 이런 모든 치유가 통합적으로 이루어질 수 있는 시대를 목전에 두고 있습니다. 앞으로도 많은 우여곡절이 있겠지만, 지구 문명의 흐름은 이 모든 통합을 이루는 방향으로 흘러갈 것입니다. 한정된 시각과 한정된 자아 정체성에 빠져나와 이 넓은 세상을 가슴에 품고 더 확장되어 조화된 삶을 향해 걸어갈 것입니다.

하나

지혜: 삶의 본질을 회복하는 살아 있는 언어

성해영   본격적인 대담 전에 이 시대의 특징을 정리할 필요가 있는 것 같습니다. 무엇보다 이 시대는 누구도 예측할 수 없을 정도로 엄청난 변화가 일어나고 있습니다. 인류 역사상 이렇게 급속한 변화가 일어난 적이 없었다는 겁니다. 그래서 우리는 예전에는 경험하지 못했던 이질적인 것들을 일상에서 참으로 많이 접하고 있는데요. 예컨대 기존의 교육이나 경제 시스템, 종교, 철학 등으로는 스마트폰과 같은 첨단 매체가 야기한 변화를 제대로 설명하기도 이해하기도 어렵습니다. 인류 역사가 항상 새로웠던 것은 맞지만, 현대는 그야말로 전례가 없었던 시대임에는 분명합니다. 요즘 많이 회자되는 4차 산업혁명이란 결국, 향후 엄청난 변화가 오지만 그 내용을 쉽사리 알기 어렵다는 역설적 앎이 핵심이 아닐까요?(웃음) 기술 발달은 말할 것도 없고요. 오늘 선생님과의 대담에서 주로 다루게 될 종교와 영성의 영역을 보더라도 변화는 엄청납니다. 예전에는 종교가 삶의 궁극적 의미를 포함해 확고한 답을 주었는데, 이제는 서로 다른 종교들이 난무하다 보니, 종교가 도대체 무엇인지를 물어보지 않으면 안 됩니다. 한편으로 종교적 세계관을 거부하는 유물론자들도 엄청나게 늘어나서, 종교인들과 어떻게 대화할 수 있는가,라는 문제 역시 심각하게 제기되고 있지요.

한바다 스마트폰이나 인터넷 등 소통의 방법이 발전되고 다양해졌지만, 사람들은 소외나 외로움을 더 많이 느끼는 시대인 것 같습니다. 말씀하신 대로 서로 만나면서도 각자 스마트폰을 하고 있어요. 이것은 이중적 만남입니다. 만나고 있지만 만나고 있지 않는 겁니다. 그래서 항상 공허한 것이지요. 누구를 만나도 자신의 마음이 소외되어 있고 분열되어 있습니다.

성해영 네. 소외와 분열이 가속화되리라는 사실도 미래 사회의 특징으로 많이 지적됩니다. 그래서 종교와 영성을 더 크게 필요로 하리라는 견해도요.

한바다   그렇지요. 소외를 치유하고 만물과 조화를 이루는 삶을 제시하는 것이 종교나 영성이지요.

성해영   그런데 종교사에는 절대적 신념 체계의 충돌로 인한 부작용이 훨씬 더 많이 목격되는 게 사실입니다. 현대에 이르러 종교나 영성의 근본적인 기능이 회복될 수 있는가,라는 물음은 이전보다 더 절실해진 것 같습니다. 현대에는 누구나 삶의 궁극적인 의미를 직접 찾고자 하니까 말이지요.

한바다   맞습니다. 현대는 '내가 누구인가'라는 정체성에 대한 물음을 누구나 심각하게 묻게 된 시대입니다. 참된 인간성이란 무엇인지, 어떻게 살아야 하는지에 대한 지혜도 필요하고요.

성해영   평생 명상을 해오신 선생님과, 종교를 연구하고 있는 제가 왜 이런 대담을 하려는지를 간명하게 말씀해주셨는데요. 명상가는 전통적인 의미에서 종교인이 아니라고 봅니다. 오히려 명상은 종교적인 테두리 이전의 근원적인 영성을 다룬다고 봐요. 다른 맥락이기는 하지만 저 같은 종교학자도 종교인은 아니지요. 종교학자는 종교의 비교 연구를 통해 보편적인 종교성 그 자체를 이해하고 싶은 사람들이거든요. 그 점에서 제도 종교를 벗어난,

혹은 제도 종교 이전의 근원적인 차원에서 종교가 무엇인지를 묻는다,라고 볼 수 있습니다. 전통적인 정체성의 경계를 무너뜨린다고나 할까요. 종교와 학문의 엄밀한 경계를 넘어서 양자가 만나는 것이 현대에 어떤 의미를 지니는가를 꼼꼼하게 되짚어보자는 것이지요.

한바다　'어떻게 만날 것인가?' 하는 것이 우리 대담의 가장 핵심적인 키워드가 될 것 같습니다. 특히 진정한 만남, 즉 삶의 의미라든가 가치가 살아날 수 있는 만남은 언제나 우리에게 요구되는 덕목이지요. 진정한 만남을 위해서도 종교성이나 명상의 지혜가 필요하다고 봅니다. 종교나 명상은 인간의 가장 깊은 층에 있는 열망이나 욕구를 탐구하는 것이고, 그 탐구를 통해 또 다른 차원의 만남이 열리기 때문이지요. 결국 종교 자체보다는 종교를 통해 인간 자신의 가장 깊은 욕망이 무엇인가를 알아보자는 것입니다.

성해영　전통적인 방식으로는 우리 자신과 오늘을 온전히 이해할 수 없기 때문에, 경계를 넘어선 만남을 통해 새로운 시대에 걸맞은 새로운 정체성을 모색해보자는 것이지요? 명상가와 종교학자의 만남을 통해서요.

한바다   네, 맞습니다. 오늘 이 만남은 결론을 내리려 하는 것이 아니고, 우리 삶의 새로운 가능성을 함께 탐구해보는 과정입니다. 그 자체가 새로운 만남의 경험이기도 하고요. 어떤 것도 정해지지 않은 만남이지만, 우리 안의 가능성을 탐색하는 여정에 독자들을 함께 동승시켜서 어떤 결론이 나오는지 함께 알아보고 싶습니다. 우리는 어떤 고정된 신념이나 관념을 가르치거나 전달하고자 하는 것은 아닙니다. 우리 안에 있는 영성이 어떻게 삶을 행복으로 이끌어가는지, 우리의 마음이 다른 사람과 만날 때 어떻게 작용하는지에 대해 함께 물어보자는 겁니다. 신앙이나 신념 체계와는 다른 접근 방법으로 인간의 가장 중심에 있는 열망들을 탐구해가자는 것이지요.

성해영   확정된 하나의 해답에 경도되지 않는 유연한 만남을 도모하자는 선생님의 말씀은 경계를 넘어 유연한 정체성을 강조하는 요즘 정서와도 부합합니다. 4차 산업의 특성 중 하나로 이른바 '하이퍼커넥션hyper-connection', 즉 초超연결성이라는 특징이 많이 제시되잖아요. 과거에는 좁은 공간에 함께 사는 일부 지인들과의 관계가 전부였다면, 지금은 지구 반대편의 사람과도 아무 때나 교류할 수 있습니다. 이렇게 폭발적으로 늘어난 연결이 현대 사회의 가장 큰 특징이라는 것이지요. 전체성을 내부에 포함한 개체들이 촘촘하게 연결되어 있다는 '인드라망Indra's net'의 비유가 과학 기술의 발달에 힘입어 현실에서 실제로 구현되는 시대가 왔다는 뜻입니다.

한바다 그렇게 본다면 고대 종교가 주장했던 인간과 우주의 본질, 특히 모든 것들이 하나로 연결되어 있다는 사실이 현실로 다가온 것이지요. 또 그 연결망은 사물인터넷이라는 개념이 보여주듯 기계에까지 확장됩니다. 결국 사물인터넷이라는 것도 만물과 연결된다는 뜻이지요. 그러니까 영적으로 민감한 옛날 사람들, 예컨대 샤먼 같은 존재들이 경험한 초연결성을 현대인 모두가 겪게 되는 시대인 겁니다. 우주적 본질을 포착했던 인류의 가장 심오한 꿈이 물질적으로 실현되고 있다고 할까요. 반半 의식을 가진 기계들에서도, 옛날 스승들이 발견했던 자비로움과 친절함 같은 성향이 나타나도록 해야겠지요. 동시에 기계와 인간의 차이가 뭘까, 라는 인간성에 대한 새로운 정의가 필요하고 인간의 존엄성에 관한 질문도 꼭 필요합니다. 특히 그런 탐구는 과학기술의 발달이 가속화될 미래에 긴요하지요.

성해영 네. 인간의 정체성 확장은 필연적입니다. 동시에 개인의 의지가 구현되는 범위 역시 과거와는 참으로 달라졌습니다. 가능성의 문이 활짝 열렸다고 할까요. 개인이 수십조를 한평생에 벌 수 있는 시대가 된 것이지요. 개인의 정체성과 자기실현 가능성이 비례해 확장된 것이고, 이는 고정적인 경계가 통합되는 현상과 궤를 같이합니다. 아울러 선생님 말씀처럼 고대 종교가 주장했던 심층적 진리가 현실 세계에서 구현된 것 같고요.

한바다 고대의 영적인 경험이나 세계관이 뜻밖에도 현대에 잘 부합할지도 모르겠다는 생각이 듭니다. 물론 4차 산업혁명이 주는 불확실성이 무력감이나 공포로 이어질 수도 있겠지요. 특히 과거의 패러다임으로 자기 정체성을 확립했던 사람들은요. 그렇지만 새로운 정체성 확립을 해야 할 수밖에 없다는 점에서 성장의 기회가 될 수도 있다고 봅니다.

성해영 그런데 그러한 확장의 가능성이 구현되는 과정에서 반드시 지켜야 할 규칙이 있는 것 같습니다. 전통 종교들은 개인의 정체성이 확장될 때 발생하는 위험을 잘 인식하고 있었죠. 그래서 윤리적으로나 지적으로 준비될 것을 늘 강조했습니다. 윤리적 측면은 타인을 존중하고 사랑과 자비로 대해야 한다는 주장이고요. 지성적 준비란 냉철하고 명료하게 사고하라는 조언입니다. 그래야지만 개인의 정체성이 확장되는 사건이 자신과 주변 사람들에게 위험을 주지 않는다는 지혜인 것이지요. 그 어느 때보다 많은 정보를 접하게 된 현대에 이런 덕목들은 더욱 중요해졌습니다.

한바다 그렇습니다. 종교나 영성의 지혜가 오히려 더 필요해졌어요.

성해영 오늘 이 대담이 종교와 영성의 새로운 의미를 찾기를 희망합니다. 선생님 말씀처럼 종교가 근원적인 통찰에 입각해 우리 삶의 모습을 바꾸려는 지혜를 추구한다면, 어느 때보다 예측 불가능한 미래에는 그러한 지혜가 더더욱 필요할 테니까 말이지요.

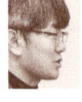

이제 본격적인 대담을 시작해야겠군요. 지금 우리가 유례없는 변화를 겪고 있다는 사실은 누구도 부정할 수 없을 겁니다. 특히 개인적인 삶에서부터 공동체에 이르기까지 말이지요. 또 그 변화의 주요한 흐름 중 하나가 인간의 마음에 주목하는 것이라 생각합니다. 심리학의 인기가 보여주는 것처럼요. 그런데 종교야말로 인간의 마음이나 정신에 주목해 온 대표적인 분야 아닙니까? 또 요즘은 '영성'이라는 명칭이 정신의 깊은 차원을 다루려고 하고요. 하지만 이런 변화를 어떻게 적절하게 이해할 수 있을지는 여전히 모호해 보입니다. 옛날의 언어가 아닌 '새로운 언어'를 모색

해야 한다는 건 많은 사람들이 동의하겠습니다만. 여기에서부터 이야기를 시작해볼까요?

한바다   먼저 언어와 영적 체험의 관계에 대해 이야기를 드리고 싶군요. 언어나 생각으로는 가 닿을 수 없는 공간이 있습니다. 말로 다할 수 없는 그 상태를 굳이 언어로 표현하자면, 지극한 평화와 기쁨이겠지요. 그런 순수하고 투명한 의식이 맑게 빛나는 공간이 우리 안에 있습니다. 그 공간을 되찾을 때 인간은 다시 본연의 온전함과 지혜를 회복하고 새로운 삶으로 나아갈 수 있지요. 명상은 그 신성한 공간으로 직접 탐구해 들어가는 학문이며, 언어와 생각이 만들어낸 중독에서 벗어나게 하는 해독제입니다. 어떤 이름으로 불리든지 간에 인간은 누구나 이런 '깨어남'의 경험을 할 수 있습니다. 이른바 신과의 합일이라든가 기쁨과 은총의 경험, '나'라는 의식의 경계가 사라지고 세상 만물과 하나가 된 듯한 충만함의 경험, 세상이 사랑으로 가득 차고 가슴이 뜨거워지는 종교적인 체험 또한 언어나 생각을 초월하지요. 그 경험은 너무나 생생하고 밝고 아름다워요. 저는 이런 일이 종교의 다름을 초월하여 그 누구에게나 일어날 수 있는 깨어남의 경험이라고 봅니다.

성해영   그렇지요. 종교는 그런 체험 없이는 성립할 수 없지요.

신과의 합일 체험을 포함해 비일상적인 의식 상태에서 발생하는 경험을 집중적으로 추구하는 움직임을 종교학에서는 신비주의라고 부릅니다.

<u>한바다</u>　그런데 이 생생한 영적 경험도 언어로 표현하는 순간부터 문제가 발생합니다. 처음 그 경험을 이야기할 때는 완전하게 표현할 수는 없어도 감동의 울림이 있고, 언어가 살아서 맥동 칩니다. 그 상태를 처음 경험한 사람에게 다른 이들이 감동하여 비슷한 변화가 일어나면 그는 스승이 됩니다. 그러다 그 스승이 가고 나면 전달되는 과정에서 에고적으로 재해석되어 오해가 일어나고, 원래는 없던 내용이 들어가고, 정치적으로 악용되기까지 해요. 본래는 인간을 우주와 조화시키고 사람들을 큰 사랑으로 거듭나게 한 지복의 경험이, 빛이 바래면서 죽은 관념이나 습관으로 바뀌는 겁니다. 그리고 사람들은 그 가르침 안에서 더는 진정한 자신을 찾지 못하게 되지요.

　더 나쁜 경우는 권력과 결탁할 때입니다. 그것은 이데올로기로 변질되어 사람들을 억압하고, 심지어 갈등과 전쟁을 불러일으키는 폭력적인 신념 체계로 변합니다. 억압 기제는 그것을 추종하는 사람들의 마음 안에서 심한 분열증을 일으키기도 하고요. 실제로 이런 일들이 여러 종교에서 일어났지요.

성해영   종교 창시자의 경험이 제도화되면서 일어나는 여러 문제들을 베버Max Weber는 예언자와 사제라는 구분을 통해 제기한 바 있습니다. 예언자의 경험은 어떻게든 사제에 의해 제도화될 수밖에 없다는 것이지요. 그리고 제도가 인간의 근원적인 종교성과 상충할 수 있다는 사실도 근대 이후에 본격적으로 관찰되고 있고요.

한바다 전체 맥락을 이해할 수 있게 해주는 재미있는 이야기군요. 사제가 있어야 종교가 후대로 전승될 수 있을 테니까요. 기존 종교를 떠나 새로운 영적 추구를 시도하는 사람들이 점점 많아지는 것도 진정한 종교성을 찾아보려는 시도일 겁니다. 또 현재 인류는 역사상 유례없는 변화의 도정에서 불확실한 미래의 도래를 불안하게 기다리고 있지요. 이런 불안이 상대방에게 투사될 때 언어적 폭력으로 나가기 십상이고, 이는 결국 관계를 갈등과 파국으로 몰아가게 됩니다. 오직 우리의 '깨어남'만이 문제를 해결하고 관계를 회복시킬 수 있습니다. 종교나 경전에서 하고자 했던 이야기의 근원도 실은 '의식의 새로운 차원으로의 깨어남'일 겁니다. 그런데 언어라는 것이 실재가 아니라 실재를 가리키는 여러 수단 중 하나라는 것을 이해하기 전에는 언어도 불화와 폭력의 수단으로 변질될 수 있지요. 그러니까 경전이나 텍스트북에 나왔던 기존의 표현들을 그냥 글자대로 따라갈 것이 아니라, 현재를 살아내고 있는 우리들 삶의 맥락 안에서 직접 실천해볼 수 있는 표현들로 바꾸어보는 것이 지혜일 것입니다.

성해영 경험이 언어로 표현될 수밖에 없다는 점에서 우리의 언어에 주목하는 것은 자연스럽습니다. 날 때부터 착용한 컬러 콘택트렌즈의 색을 그 렌즈를 벗기 전에는 알 수 없는 것처럼요. 즉 언어로 구성되는 우리의 사유 체계가 특정한 사회문화적 맥락을 반영해 만들어졌다는 것은 분명합니다. 그러니 언어는 여러모로 중요할 수밖에 없어 보입니다. 비록 비범한 종교 체험의 내용을 있는 그대로 전달할 수는 없더라도 말이지요.

한바다 그래서 언어라는 게 삶을 도와줄 수 있어야 하지 않나, 서로의 마음에 가 닿을 수 있고 자기를 표현할 수 있는 언어 체계, 사유 체계가 필요하지 않나, 하는 생각이 듭니다.

성해영 이 대목에서 선생님의 개인적인 삶, 특히 수행자로서의 삶을 듣고 싶습니다. 물속에서 일생을 마치는 물고기는 물의 존재 자체를 인식하기 어렵잖아요. 물 밖으로 나가야만 '내가 그동안 물속에만 있었구나'라고 알게 되니까요. 그 점에서 언어와 사유 체계를 포함해 자신이 처한 일체의 맥락을 벗어나게 만드는 게 일종의 종교 체험이라고 믿는데요. '엑스터시'라고도 표현되는. 선생님은 수행 과정에서 여러 가지 강렬한 종교 체험을 하셨고, 그 체험들로 인해 우리가 처한 맥락 바깥에서 실상을 바라보는 경험을 가졌다고 믿습니다. 그러니 선생님의 이야기는 지적인 추론을 거쳐 나온 것이 아닌, 삶의 실제 경험에서 비롯된 것으로 여겨집니다. 삶과 유리되지 않은 삶의 경험에 근거한 언어 말이

지요. 어렵긴 하지만 언어가 삶과 유리되어서는 안 될 것 같은데요. 특히 영성이나 종교의 영역에서는요.

한바다 언어와 생각, 그리고 자아의 틀을 벗어나게 하는 것이 종교 체험이라는 말씀이 가슴에 크게 와 닿네요. 이게 한 예가 될지 모르겠습니다만, 제가 국민학교 다닐 때 체육 시간이었어요. 운동장에는 늑목이라는 운동 기구가 있었습니다. 목재로 우리 키의 세 배 정도 높게 짜진 구름다리 같은 것이었는데, 당시는 경제가 열악하여 늑목이 많이 삭았고, 약간 삐걱거리기까지 했어요. 그날은 우리 반 학생들이 늑목을 처음으로 해보는 날이었지요. 담임선생님이 '늑목 꼭대기에 올라 회전을 하고 내려올 사람 손 들어보라'고 하셨고, 평소 책 속에만 파묻혀 살던 저는 그 장면을 상상하는 것만으로도 아득해졌습니다. 다른 친구들이 손을 들어주기를 바랐는데, 아무도 손을 안 드는 거예요. 낭패라 생각하는 순간 뱃속에서 어떤 힘이 쑥 느껴지더니 갑자기 내 손이 저절로 들리는 겁니다. 머리로는 '큰일 났다!'라는 생각이 들었는데, 이상하게도 몸은 저절로 움직여 늑목 꼭대기로 올라갔습니다. 그야말로 아무 생각도 없었고, 한 손으로 꼭대기의 나무틀을 잡고 한 바퀴 돌고는 뛰어내렸어요. 내려오고 나자 나 자신이 생생한 생명의 기운에 가득 차 있다는 것을 깨달았습니다. 너무 어릴 때라 언어나 마음에 대한 성찰을 하지도 못하고 기억으로 파묻혀버렸지만, 아마 그 일이 진리를 찾아 나서게 된 동기가 되지 않았나 싶어요.

성해영 놀라운 이야기네요. 누가 시키지도 않았는데, 의식적인 마음으로는 도무지 하기 어려운 일을 했다는 점에서요. 마치 또 다른 힘에 사로잡힌 것처럼 말이지요.

한바다 대학 시절에는 요가 명상에 심취하게 되었지요. 처음에는 몸 전체를 던져 명상하는 개인적 신비 체험에 전념했는데, 요가의 용어 자체들이 신비로워서 듣기만 해도 좋았고, 그 단물을 죽죽 빨아먹기에 바빴습니다. 그때도 언어에 대한 성찰은 없었어요. 나중에 신지학이나 대승 불교 등 여러 종교와 신비주의 전통을 섭렵하는 도중에 용어의 문제에 크게 부딪혔지요. 불교에서 말하는 깨달음과 해탈, 보살의 단계, 요가의 삼매三昧, 기독교에서 말하는 구원과 은총, 주역이나 도가에서 말하는 도道라는 용어가 각자 다른 데다 현대의 스승이라고 하는 오쇼Osho Rajneesh나 크리슈나무르티Jiddu Krishnamurti, 그리고 라마나 마하리시Ramana Maharishi가 말하는 세계가 각기 다르게 보여서 무척 혼란스러웠습니다.

저는 대승불교가 마음에 와 닿았기 때문에 사회적 봉사를 강조하는 인도의 카르마 명상 단체에 가입해서 열성적으로 그들이 하는 일을 도우고 있었는데, 그 단체의 교사들이 불교나 다른 종교를 비난하는 것을 보고 큰 충격을 받았지요. 이것 또한 도그마가 아닐까 하는 의구심과 함께, 인도 스승들의 현란한 산스크리트어 용어들과 우주에 대한 강의가 숨 가쁜 현재를 살아가는 현대인들에게 무슨 의미가 있을까, 하는 회의도 들더군요. '헌신'이나 '봉사'라는 이념적인 말을 많이 하지만, 예를 들어 현재 우울증을 겪고 절망에 빠진 내 누이에게 어떤 구체적 도움을 줄 수 있을까 심각하게 고민하게 되었습니다.

성해영 말씀해주신 대목은 종교학, 특히 신비주의의 비교 연구라는 분야에서도 심각하게 제기되는 물음입니다. 동일한 궁극의 체험을 달리 표현한 것인가, 아니면 체험 자체가 아예 다른가, 라는 물음이지요. 물론 쉬운 답은 없지만, 서로 다른 종교 전통이 본격적으로 만나면서 등장한 질문입니다.

한바다 신비주의 연구를 해오신 성 교수님께서 나중에 그 이야기들을 좀 더 상세하게 해주시면 흥미진진할 것 같습니다. 제 이야기로 돌아가서, 대학 졸업을 앞두고 사랑니를 빼는 바람에 설사가 계속되어 고생을 한 일이 있어요. 어느 날 힘이 빠져 관악구청 근처의 선배 집에 잠깐 누워 있게 되었지요. 순간 몸이 풀리더니 아파트와 물질세계가 사라지고 경계가 없는 무한한 세계, 신이라고 부를 수밖에 없는 세계로 빠져들었습니다. 그곳에는 '나'라는 존재감이 사라지고 역사나 시간도 다 사라져버린, 오직 무한한 의식과 공간, 무한한 은총과 자비만이 존재했어요. 모든 종교의 가르침은 궁극적으로 언어를 초월한 이 세계를 가르치고 있다는 자각이 일어났고, 언어와 용어의 차이로 인한 분별과 혼란이 놓아졌습니다.

성 교수님께서도 고등학교 시절에 언어와 생각을 초월하여 무한한 기쁨과 각성의 상태를 경험하신 것으로 알고 있습니다만,  영적인 체험이나 신비 체험이라는 게 언어로는 완전히 표현할 수 없는 세계이지 않습니까? 그 체험이 전달되는 과정에서 언어화될 수밖에 없는데, 언어로만 듣는 사람들은 자기도 모르게 기존의 틀 안에서 이미지를 그리게 됩니다. 이렇게 생겨난 틀과 왜곡을 깨려고 종교 자체 안에서 아주 창조적인 시도가 있었는데, 그게 바로 선禪이지요.

성해영 저는 선생님처럼 설사 끝에 무한의 공간을 만난 것은 아니고요.(웃음) 고등학교 1학년 수업 시간 때 창밖의 석양에 넋

이 나가 있다가 무한한 의식, 무한한 공간, 그리고 무한한 은총과 기쁨을 맛보았지요. 물론 그 체험의 내용이 실제로 어떠했는지는 도무지 말로 설명하기가 어렵고요. 저 역시 언어의 차이를 넘어서 체험의 동일성이 확인될 수 있을까,라는 물음이 절실하게 다가옵니다. 언어의 차이에 대해 조금 더 설명해주시지요.

한바다 놀랍군요!《요가수트라 Yoga-sutra》에 의하면 전생의 수행이 현생에 저절로 풀려나오는 희귀한 경우가 있다고 합니다. 분명 고도의 수행을 하신 요기이셨을 것 같은데요.(웃음) 언어 이야기로 돌아오면, 인도어는 논리적이고 복잡한데 중국어는 직관적이고 단순합니다. 고대 인도어인 산스크리트어는, 예를 들어 '깨닫다'라는 뜻의 동사 'bodhati'를 보면, 동사 하나가 시간과 수와 인칭에 따라 600개 이상으로 변화되는 까다로운 굴절어예요. 반면 중국어는 '覺'이라는 동사 한 글자로 아무 변화 없이도 이해할 수 있는 고립어입니다. 선禪을 처음으로 중국에 전한 달마는 이런 특성을 간파한 것이지요. '장황한 경전의 가르침을 정확하게 번역하려 하면 할수록 오히려 이들의 심성에 오해만 일으키고 독이 될 수가 있겠구나!'라고 말입니다. 명상이나 삼매는 말을 넘어선 고요한 의식 상태잖아요. 그는 아마 노자《도덕경道德經》에 나오는 첫 어구, "말할 수 있는 도는 도가 아니다[道可道 非常道]"를 읽고

힌트를 얻었겠지요. 간결한 한마디 말로 제자의 마음을 깨어나게 하거나, 머리가 관념을 따라가지 않도록 관념을 깨버리는 행동을 통해 단박에 제자를 관념의 지배에서 벗어나게 해주는 겁니다. 기발한 방법이지요. 첫 제자였던 혜가가 가르침을 얻기 위해 밤새 밖에서 눈을 맞으며 기다렸지만 달마는 위로 한마디 없이 '네 마음을 가져와봐라'라고 황당한 발언을 했다는 유명한 일화가 있지요. 재미있게도 이때 혜가가 생각의 흐름에서 분리되는 경험을 했다는 겁니다.

이처럼 중국의 선가 전통은 명상의 깨달음이 에고적 언어나 관념으로 전달될 수 없는 것임을 일깨우기 위해서 시작된 거라고 볼 수 있습니다. 그래서 '문자에 의존하지 않고 사람의 마음을 곧바로 가리켜 본성을 보게 하여 깨닫게 한다[不立文字, 直指人心, 見性成佛]'라는 기치를 내걸게 된 것이지요.

성해영   미국의 심리학자이자 평생 신비주의에 관심이 많았던 윌리엄 제임스William James는 신비적 합일 체험의 특성으로 '말로 표현할 수 없음ineffability'을 듭니다. 물론 체험이 체험적인 앎을 준다는 '앎의 특성noetic quality'을 동시에 제시하면서요. 신비주의자들에게 언어는 불완전하지만 불가피한 공유의 수단이었는데, 선불교는 언어를 매우 독특한 방식으로 사용하는 것으로 유명합니다. 언어를 통해 비범한 의식 상태를 유발하겠다는 것이지요.

한바다 살아서 움직이는 마음들이 전달되고 만나질 때는 그 풍요로움이나 감동이 그대로 전해지는데, 경직되면 감동이 식어버리지요. 영적인 체험이나 신비 체험이란 언어 너머의 어떤 울림이 내면에서 살아 움직이는 것인데, 말로 전하다 보니 그 말의 그림자에 잡히기 십상이에요. '아차, 내가 말에 잡혔구나!' 하고 깨닫고서 언어나 관념의 틀이 어떻게 작동하고 있는지를 자기 안에서 되돌아볼 때, 실재와 언어 사이의 차이를 자각하고 더 깊은 단계로 들어가게 됩니다. 물론 체험이 없는 사람들에겐 언어를 통해 다가간다는 것이 좀 어려운 일일 수도 있을 거예요. 하지만 그 언어가 뭔가를 불러일으킬 수 있는 말이 된다면, 그것으로도 충분히 사람들에게 다가갈 수 있겠지요.

성해영 언어가 잊고 있었던 걸 환기시켜 기억하게 만든다는 차원 말이지요?

한바다 네. 끄집어내주는 거지요. 그래서 그렇게 살아 있는 언어를 통해 우리 내면에 있는 순수하고 신성한 힘들이 접촉되면 좋겠습니다. 마음의 결들이 하나하나 온전하게 살아나도록 하는 마음에 관한 이야기가 필요하다는 겁니다.

성해영 전적으로 동의합니다. 결국 언어 자체에 대한 이야기를 통해 삶의 역동성, 즉 가슴이 살아 움직이고 마음과 마음이 만나서 진정한 관계를 맺는 것까지 포괄하자는 말씀이시지요?

한바다 바로 그 말입니다. 삶은 모두 관계로 이루어져 있는데, 요즘 대부분의 사람들은 관계 맺는 방법을 잘 몰라 고생을 하는 것 같아요. 어떻게 만나야 되는지, 어떻게 생생하게 살아 움직이며 만나야 되는지, 관계 속에서 자기를 어떻게 풀어가야 되는지 가르쳐주는 곳도 별로 없으니까요. 물론 우리에게는 인생이나 마음, 진리에 관해 이야기하는 위대한 경전들이 있습니다. 지금껏 그러한 경전이 품고 있는 어떤 아우라 때문에 신뢰를 가지고 읽어왔지만, 이제는 경전 속의 이야기가 자신의 현재 삶과 어떤 연관성을 갖는지, 그 메시지를 어떻게 실천적으로 살아내야 하는지 더 깊이 밀어붙이는 노력들이 필요할 것 같습니다. 그래서 새로운 논의와 언어가 필요하다는 겁니다.

성해영 그 역시 동의합니다. 삶의 본질을 회복하기 위해 만들어진 종교가 제도화되어 전해지는 과정에서 어느덧 삶의 실재성

을 간과하거나 제대로 반영하지 못하고 있다는 것 말입니다.

한바다 그래서 경전이나 종교의 가르침이 삶을 소외시키지 않는 언어, 일상적인 경험까지도 끌어안는 언어로 전달될 때 사람들의 마음속에 더 살아 있게 될 것 같습니다. 암호문이 아니라 삶에 닿는 언어들은 피가 되고 살이 되잖아요. 사실 지금 그런 책들이 많이 나오고 있긴 하지요. 너무 불교의 예로만 치우치는 것 같지만, '공空'이라 하면 그게 무슨 의미입니까? 의미를 줍니까?

성해영 쉽게 와 닿기 어렵지요. 불교 경전이나 전통에서 참으로 많이들 설명하지만요.

한바다 만약에 제가 스님이라면 '공'을 주장하기보다는 '공'이라는 게 일상생활에서 어떤 의미로 쓰여야 되는지 고민해볼 것 같아요. 티베트의 트롱빠라는 스승은 '공'을 '광대한 열려 있음'의 뜻으로 쓰더라고요.

성해영 그 말씀을 들으니, 이런 질문이 따라 나올 것 같습니다. 지금 이곳의 삶에 충실한가의 여부와 무관하게 여러 모습으로 전개되는 것이 우리네 실제 삶인데, 삶의 일상성에 충실하자는 것은 도대체 무슨 의미인가 하는.

한바다 저도 많이 고민해본 문제군요. 지금 여기에 충실할 때는 삶의 생명적인 측면, 곧 온전함과 빛이 드러날 것이고, 욕망으로 정신없이 살아갈 때는 삶의 빛이 사라지고 에고의 어두운 고통과 그을음을 더 많이 경험하겠지요. 우리의 마음에는 욕망과 불안, 두려움, 질투심 같은 것들이 끊임없이 일어나고 있습니다. 우리는 그런 마음을 직면하기 싫어해요. 그래서 우리는 천국, 열반, 깨달음이나 삼매와 같은 관념으로 달려가 그것만 생각하려고 노력합니다. 그러나 이러한 관념에로의 추구는 억압 기제가 되어 현재 일어나고 있는 그 마음을 바로 보지 못하게 합니다. 현재 일어나고 있는 마음 작용이 아무리 괴롭고 어려운 것일지라도 그것을 직면하고 직시할 때 근본적인 변형이 일어날 수 있지요.

성해영 결국 그 말씀은 어떠한 꾸밈이나 간섭 없이 자신의 삶을 있는 그대로 보자는 거네요. 그렇게 볼 수 있으면 삶의 실상 혹은 삶의 일상성에 있는 그대로 열려 있다는 거고요.

한바다 어김없이 그렇습니다. 어찌 보면 체험 자체보다 그런 태도가 더 중요할 수 있다고 봅니다. 그런 태도로 일상생활을 만나보면 자꾸만 발견을 해갈 수 있거든요. 마음에 대해서도 더 지혜로워질 것이고요. 현대적인 감각으로 보면 우리에게는 더 감성적이고 빛날 수 있는 언어들이 필요합니다. 우리말을 잘 살려내는 것이 중요할 것 같습니다. 생활 속에는 순우리말이 더 살아 있어요. 또 다른 예로 '보살'이라고 할 때 그것은 어떤 의미를 주나요? 일반 사람들이 '보살'이라는 단어를 읽을 때 '내가 보살이구나!'라는 느낌이 일어난다면 그 말은 살아 있는 거지요. 그렇지 않을 때는 죽은 언어인 거고요.

 **성해영** 단어 자체가 우리 마음에 혹은 우리 삶에 전해주는 생생한 느낌이 무엇보다 중요하다는 말씀이시군요.

한바다 어차피 언어는 소통의 수단이기에 현재의 삶에 적용시키고 우리 자신의 신명을 깨워내기 위해서는 그 느낌이 필요한 것이지요.

성해영 그 단어를 사용하는 사람에게는 더욱 생생해야 할 터인데, 경전이나 전통의 아우라는 미루어 짐작이 되지만, 일상적인 삶 속에서 느껴지는 생생함은 없다는 거군요.

한바다 한 문장으로 잘 설명해주셨네요. '보살'이라는 말을 듣고 우리에게 자비심이 일어나거나 깨달음의 열정 같은 것이 일어나야 제대로 살아 있는 말이 되는데, 그 말을 들었을 때 우리는 통상 '절에서 밥을 하는 공양주'를 떠올리게 되잖아요.(웃음) 우리에게 열정을 불러일으킬 수 있는 새로운 언어와 이야기가 필요한 겁니다. '보살'은 산스크리트어로 '보디사트바bodhisattva'인데, 그것은 '깨어서 사는 사람'을 뜻한다고 합니다.

성해영 아. 그러니까 '보살'이라는 전통적인 언어보다는 오히려 '깨어서 사는 사람'과 같은 일상적인 언어가 사람들 속에서 뭔가를 일깨우기 쉽겠네요.

한바다 그렇지요? 훨씬 새롭게 느껴지지요? 조금만 바꿔도 그 느낌이 전해집니다. 붓다나 예수의 말씀들은 모두 우리 인류 전체가 공유하는 지혜의 보고이지 않습니까? 다시 살려 써야지요.

성해영 그럼 선생님이 이야기하시는 '새로운 언어'의 핵심은 개인이 일상 속에서 그 단어의 힘을 생생하게 느껴 삶의 모양을 바꾸게 만드는 힘이겠군요.

한바다　바로 그게 살아서 소통하는 언어 아니겠어요? 그리고 그건 깨어 있는 의식에서 나올 때 더 강한 카리스마를 갖게 되고요. 생생한 자각으로 깨어 있는 사람들이 쓰는 언어는 그 자체가 힘을 가지면서 빛이 나잖아요. 깨어 있는 상태에서 쓴 언어, 배려하는 말이나 따뜻한 말은 상대방 마음에 가 닿습니다. 지금 우리가 쓰는 말들은 상처 주는 말들이 많잖아요. 말은 마음의 대변인이에요. 결국 마음의 상태가 중요하다고 할 수 있습니다. 내가 사랑의 상태에 있으면 그 상태에서 나오는 말이 있을 거예요. 그 말이 상대방 마음에 다가갈 수 있으면 그때 제대로 된 소통이 일어납니다. 만남이 일어나는 것이지요. 가슴에서 어떤 느낌의 말을 하고 있는지를 늘 자각하고, 거기에 관심을 기울여 가슴이 말을 하게 될 때 그 말은 상대방 마음에 들어가 사랑이 됩니다.

성해영　단어 혹은 말의 힘이 생생하게 우리에게 느껴지는 것이 중요하군요. 다시 말해 단어나 말이 갖는 힘에 우리가 전적으로 열려 있는 것, 즉 깨어나 있는 것 말이지요. 흔히 쓰는 '사랑'이라는 단어라면 우리에게 생생하게 살아 있어야 하고요.

한바다　네. 사랑 속에서 깨어 있음이지요.

성해영   사랑과 깨어 있음. 참으로 잘 어울리는 한 쌍처럼 들리는데요. 이 두 가지에 대해 좀 더 듣고 싶습니다.

한바다   사랑이라는 건 감각적으로는 '따뜻함'이라고 할 수 있겠지요. 내 마음 안에서 상대방이 뛰어놀 수 있도록 해주는 것.

성해영   그냥 상대방을 받아들이고 수용한다는 게 아니라, 상대방이 들어와서 즐겁게 지내고 내 마음속에서 행복을 찾아가도록 한다는 차원에서요?

한바다   여러 가지 의미가 있겠지요. 또한 나 자신도 내 안에서 뛰어놀 수 있도록.

성해영   그게 사랑이다?

한바다   여러 가지 정의가 있을 수 있는데, 그렇게도 표현할 수 있겠다는 겁니다.

성해영   그렇다면 '깨어 있음'은요?

한바다 '생각과 거리를 유지하기'입니다. 우선 의식을 가슴과 몸 전체로 내려서 자신의 몸에 대해 생생하게 느껴보는 것이 가장 기본적인 상태라 할 수 있어요. 그다음에는 자신이 현재 하고 있는 것을 주의 깊게 깨어서 알아차리는 상태, 그리고 자신이 어떤 일을 할 때의 의도라든가 판단 같은 마음 작용에 대해 민감하게 깨어 있는 것으로 나아갈 수 있습니다. 만남에서도 깨어 있음의 힘이 크게 필요하지요. 일단 내가 하는 말이나 행동이 상대방한테 어떤 의미를 주는지 민감하게 알아차리고 있는 상태라고 할 수 있어요. 또 상대방 마음에 가 닿으려고 할 때 언어도 공감하는 언어를 써야 될 거잖아요. 그런데 만나고 싶으면서 공감하는 언어가 아니라 소외시키고 배척하는 언어를 쓴단 말이에요. 그런 게 깨어 있지 못한 상태인 것이지요. 깨어 있다는 건 지금 이 자리로 돌아오는 것, 그리고 사람들과 있을 때는 그 사람들과 함께한다는 것입니다. 내 생각만 옳으면 사람들과 '함께'가 안 되잖아요. 그건 깨어 있는 게 아닙니다. 자기 생각 속에만 빠져버린 것이지요. 깨어서 '지금 여기here and now'로 돌아와야 함께 있음을 누릴 수 있습니다.

성해영 익숙한 사례이지만, 부모가 아이의 욕망이나 희망은 철저하게 무시하고 자기 입장만 고집하면서도 자식을 사랑한다고 주장하는 건 깨어 있음이 없는 걸로 볼 수 있겠네요. 있는 그대로의 상대에게 열릴 때에만 가능한 '함께'가 전혀 안 되니까요.

한바다   자기 생각에만 빠져서 소통이 안 되는 것이지요. 물론 걱정이 돼서 그런 측면도 있을 것 같습니다만. 아이의 욕망이나 희망을 들어보고 그것에 대해 공감해줄 때 대화의 실마리를 풀기가 쉽습니다. 그런데 공감해주어야겠다고만 생각하고 말로만 공감하다 보면 처음에는 실마리가 풀리는 듯하다가 다시 꼬여버리는 경우를 보았어요. 말로만 공감할 게 아니라 상대방과 내 마음이 진정으로 어디서 만나는지 그 만남의 지점을 경험하도록 하는 게 제일 중요하겠지요.

성해영   양자의 있는 그대로의 상호 관계에 열리고 깨어 있어야지만 사랑이라는 단어가 내포한 관계의 힘을 느낄 수 있다는 주장으로 되돌아가네요.

한바다   깨어 있음, 그러니까 자각이 진화의 가장 중요한 포인트입니다. 그것의 결론은 사랑이고, 또 사랑의 완성이겠지요. 즉 성숙한 사랑은 자각을 통해서 온다고 할 수 있습니다. 자각을 통해 사람들과 어떻게 만나야 되는지, 어떻게 소통해야 되는지 배워가다 보면 어떤 통합이 전체적으로 일어나겠지요.

성해영   이렇게도 볼 수 있을 것 같습니다. '사랑'이라는 감정적 측면과 '깨어 있음'이라는 지성적 측면이 균형 잡힌 방식으로 통합되어야 한다고요. 지성과 감성의 통합, 좀 더 육체적인 방식으로 표현하자면 뇌와 심장의 연결이라고 말할 수 있겠고요.

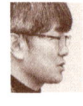

한바다   그렇습니다. 달리 표현하면 심장이 하는 일을 머리가 알고 머리가 하는 일을 심장이 알아야 된다는 것이지요. 그렇게 심장과 머리가 소통되어야 상대방하고도 소통이 됩니다.

성해영   주체성을 잃지 않은 '자기'라는 존재 안에서 말이지요.

한바다   네. 그런데 대부분의 사람들은 자기 가슴에서 원하는 것과 머리가 하는 말이 달라요. 스스로가 헷갈리기 때문에 다른 사람과 소통할 때도 혼란을 줍니다. 자기 안에서 머리와 심장이 소통하도록 하는 것이 요가의 본질이에요. 그러려면 머리는 심장이 뭘 원하는지 들어봐야 되거든요. 듣고 있는 상태, 잘 듣는 것, 그게 명상이기도 합니다.

성해영   자기 안에서 소통이 안 이루어지는 사람은 의미 없는 말을 하기 쉽겠네요.

한바다   표현을 달리해보자면 비효율적인 말이지요. 자신은 어떤 생각을 가지고 있지만, 그 의미가 상대방에게 정확하게 전달이 안 되는 거니까.

성해영   선생님 말씀은 요컨대 심장과 두뇌가 소통이 안 되면 자신이 진정으로 뭘 원하는지 알아차릴 수 없고, 그렇게 스스로에게 못 깨어 있으면 남한테 깨어 있을 수 없다는 거네요. 자기 자신도 있는 그대로 못 알아차리는데, 그런 사람이 타인을 알 수 있다고 하면 그게 더 이상하겠지요.

한바다   헷갈림과 오해가 일어나기 십상이겠지요. 죽어 있는 개념이나 이념에 살아 있는 내 마음을 억지로 맞추어 넣을 수는 없습니다. 우리에게 필요한 것은 살아 있는 명상이에요. 죽은 언어를 쓰지 말자고 한 건 바로 그런 이유 때문입니다. 죽은 언어들은 자학을 불러일으켜요. 명상법이든 종교적 진리든 자학 구조로 바뀌어버려요. '경전에서는 무아無我를 이야기했는데, 나는 왜 무아가 안 되지?', '원수를 사랑하라 했는데, 왜 자꾸 그 녀석이 미운 생각이 들까?' 하는 자책으로 가버린다는 겁니다. 그렇다고 옛날의 명상 체계가 잘못된 게 아니라 우리 현대인의 의식 환경이 그렇게 되어 있다는 거예요. 새로운 이야기와 언어가 필요합니다. 사람들에게 힘과 설렘을 줄 수 있는 언어가. 익숙한 곳을 벗어나 낯선 곳으로 여행을 떠날 때 마음이 설레잖아요. 또 다른 자기를 만나는 것도 여행이거든요. 미지에 대한 설렘이 깨어나는 여행이에요.

성해영 모르는 세계에 대해 설렌다는 것도 사실은 그 모른다는 것에 예민하게 깨어 있어야 '이런 게 있구나' 느낄 수 있잖아요. 그런데 깨어 있지 않으면 인식할 수 없으니, 그런 경우에는 자신과 타인이 이미 가지고 있는 매력조차도 알기 어렵겠네요. '지금 여기'라는, 우리를 둘러싼 환경 전체를 생생하게 느끼는 것은 말할 것도 없고요. 거기에다 두뇌와 지성만을 강조하는 태도도 문제일 것 같습니다. 가슴과 머리 혹은 심장과 머리의 단절이라고 하셨는데요, 우리가 두뇌를 과신하고 자신의 가슴은 믿지 않으니까 생생함과 힘을 잃어버린 단어만을 끝없이 읊조리게 된 것 같고요.

한바다 왜 아니겠어요! 서구의 학문이 논리성과 객관성을 추구하다 보니까 심장을 소외시켜버린 것이지요. 심장은 우리가 설렘과 행복, 자비와 평화라는 지극한 영적 풍요를 감지할 수 있는 자리입니다. 지금부터는 이 소중한 가슴의 울림을 다시 살려내어 뇌의 지혜와 통합시키는 쪽으로 나아가야 합니다. 진화된 문명이 자비롭고 깨어 있는 문명이라면, 분명 그것은 심장과 두뇌가 통일된 존재들이 내는 의식 파동과 행위에서만 만들어질 수 있습니다.

둘

명상: 모름에 관한
가장 혁명적인 탐구

성해영   깨어남의 문제는 종교가 강조하는 명상이라는 주제로 자연스럽게 옮겨 가는 것 같습니다. 앞서 개인이나 집단에게 깨어남이 대단히 중요하다고 이야기하셨잖아요. 저절로든 다른 사람의 지도를 받아서든 간에 깨어나지 않고는 참된 사랑도 알 수 없고, 삶을 변화시키는 새로운 언어도 만들어내기 어렵지 않습니까. 그 점에서 명상은 가장 중요한 돌파구잖아요. 그런데 명상이란 도대체 뭘까요? 오랫동안 명상 수행을 해오신 입장에서는 어떻게 정의하시겠습니까?

한바다   이런 물음에 선禪에서는 방바닥을 탁! 칩니다.(웃음) 명상은 존재의 중심으로 떠나는 여행입니다. 앎을 떠나 모름 속으로 여행하는 것이지요. 생각 너머의 공간으로 들어가 그 공간과 생각과의 관계를 탐구하는 겁니다. 또 명상은 구조화되고 조건화된 자기를 깨고 나와 새로운 관점으로 자기 자신과 세상을 바라보는 거라고도 할 수 있습니다. 일단 자신의 마음에 대한 돌아봄부터 시작합니다. 자신의 마음에 대해 '이미 알고 있어'라는 선입견이나 '싫다, 좋다'라는 판단을 갖지 않고 순수하게 마음의 공간 속으로 여행하는 겁니다. 모든 것을 새롭게 바라볼 때 새롭게 만나지고 새롭게 깨어나지요. 그리고 상대방도 깨워낼 수 있습니다. 깨어 있다는 건 미지에 대한 모름을 온전하게 받아들이는 마음이지요. 명상은 마음의 혁명입니다.

성해영 타성에 젖어 습관에 사로잡히는 마음을 깨뜨린다는 점에서 명상이 혁명적이라는 말씀이시군요. 그 점에서 명상으로 자신을 비워나가면 나의 새로운 가능성이 드러난다고 볼 수 있겠네요. 달리 말하자면 자신을 포함해 존재하는 모든 것을 '있는 그대로' 보자는 정신일 수도 있겠고요. 이야기해주신 것처럼 나를 조건화시키는 여러 관념에서 깨어나 '있는 그대로'를 보자는 시도가 명상이라면, '있는 그대로'란 도대체 뭘까요?

한바다 '있는 그대로'라…… 참 중요한 포인트인데…….

성해영 질문을 더 구체화시키면요. 우리는 누구나 '있는 그대로' 보고 있다고 생각하잖아요. 결사적으로 불행한 이들조차 자신이 처한 현실을 있는 그대로 보고 있다고 믿으니까 그 상황에서 벗어나기 어렵잖아요. 자신이 처한 상황이 미처 보지 못한 무엇을 담고 있다고 말하는 순간 다른 무엇을 볼 수 있는 가능성이 열렸다고 표현해야 되나요?

한바다 인식으로 알지 못했던 새로운 공간이 열리는 것이지요.
초심자라면 아직 '있는 그대로'를 생각할 필요가 없습니다. 이완이나 집중을 통해 깊이 휴식하고, 고요하고 평온한 마음의 상태를 맛보는 것만도 대단한 발견이에요. 판단하거나 저항하거나 변명하지 않고 '있는 그대로 본다'는 건 본격적으로 마음의 틀을 해방시키려 할 때 필요합니다. 인간의 고苦에는 대부분 약간의 자학 구조가 있거든요. 대개가 자신이 추구하는 '이상적인 나'를 가지고 있는데, 그 '이상적인 나'의 입장에서 현재의 나를 판단하게 되고, 그래서 현재의 나는 항상 못난 모습으로 경험됩니다. 이게 자학의 메커니즘입니다. 비슷한 맥락으로 인간관계는 고의 가장 큰 출발점이라고 할 수 있습니다. 특히 가장 문제가 되는 건 내가 보는 그 사람과 상대방이 믿는 자기가 다르다는 것이지요.

성해영   내가 보는 그 사람과, 그 사람 스스로가 보는 그 사람.

한바다   그렇지요. 마찬가지로 그쪽이 보는 나와 내가 생각하는 나가 다른 겁니다. 서로 간에 이런 마음의 갈등이 고의 대부분이 잖아요.

성해영   언뜻 보아 두 사람이 만나는 것 같은데, 사실은 네 사람이 만나고 있을 수도.(웃음)

한바다   네. 각자 다른 생각을 하면서 분열되는 겁니다. 그래서 마음이 서로 가 닿지 못하는 것이지요. 물론 가 닿지 못하는 대로 새로운 창조가 일어나지만, 거기엔 심각한 왜곡이 생깁니다. 나와 상대 사이에 진정한 만남이 없으면 피차 서로에 대해 안 좋은 점만 떠올리게 되거든요. 각자 안에 있는 부정적인 생각이 서로에게 다 투사되는 거예요. '저 사람은 약간 모자라서 싫어' 혹은 '저 사람은 너무 잘난 체해서 싫어'라고 슬며시 일어나는 판단들은 실은 자신의 욕구 불만이나 까다로운 성격에 의해서 상대방이 그렇게 보이는 것일 뿐이지요. 이게 모두 자신의 마음 작용이라는 것을 모른 채 상대방이 실제로 그러하다고 믿고 자꾸 상대방을 고치려고만 드는 것이 무지, 무의식입니다.

성해영   그러면 '있는 그대로 보라'는 조언은 자학을 만들어내는 구조에서 '이상적인 나'와 '현재의 나'가 부딪혔을 때 생길 수 있는 고통을 해결하는 데 꼭 필요하다는 말씀이시군요.

한바다   그 점을 잘 봐야 마음이 만들어내는 고통이 해결될 수 있습니다. 자기 안에 일어나는 불편한 감정이나 억울함 등을 부정하지 않고 솔직히 인정하는 것이 필요하지요. 그러고 나서 일어나는 그 마음을 일어나는 대로 인정하고 받아주면 치유는 저절로 일어납니다. 일단 자기 안에서 치유가 일어나면 상대방도 좀 너그럽게 봐줄 수 있고, 있는 그대로 볼 수 있게 됩니다.  하지만 상처가 치유되지 않았거나 욕구 불만의 꼬인 마음 상태에서는 자꾸만 부정적인 투사를 하게 돼요. 상대방에게 피해의식을 투사하거나 상대방의 작은 단점을 부풀린다거나 있지도 않는 것을 있다고 생각해버립니다. 어떤 사람들은 자신이 옳다고만 고집하고 상대방을 자꾸 고치려고 들기도 하지요. 어떤 사람들은 간섭하는 것을 사랑하고 있다고 착각하기도 합니다. 이러다 보면 필연적으로 갈등 관계가 되고 불화가 일어납니다. 자신의 생각만이 옳다고 고집하다 보면 해결점은 나오지 않아요. 이런 것들이 우리의 관계를 불행하고 고통스럽게 만들고 있습니다.

성해영   누구나 인간관계를 가장 중요한 것으로 여기고 있지만, 제대로 관계 맺는 방법을 모르기 때문에 오히려 관계에서 엄청난 고통을 맛보는 것이지요. 그 점에서 명상은 관계 이전에 자신과 타인을 올바르게 보게 만든다는 뜻이군요.

한바다   상대방을 내 뜻대로 바꾸려는 의지가 불화의 구조를 아주 많이 양산해내지요. 상대방을 바꾸려고 하지 말고 상대방에 대해 온전하게 봐주는 걸로 자기 마음을 바꿔야 됩니다. 바꾸려는 의지를 완전히 포기하는 게 노자의 무위無爲입니다. 그리고 상대방에 대한 따듯한 관심만 그대로 간직하는 것이지요.

성해영   그렇다면 스승이란 결국 남을 '있는 그대로' 볼 수 있는 자라고 정의해도 될 것 같습니다. 그 점에서 '있는 그대로'는 두 가지 의미를 가진다고 볼 수 있을 것 같은데요. 하나는 '현실의 자아로서도 나는 괜찮은 존재다'라는 있는 그대로의 사실을 알려줄 수도 있고, 또 하나는 '네 안에 이렇게 훌륭한 가능성이 있는데 왜 그걸 안 보는 거야?'라면서 가능성 차원의 있는 그대로를 찾아줄 수도 있고요. 즉 현실의 자기를 괜찮다고 수용하는 데에서 오는 안심도 있을 수 있고, 또 자신이 인식하는 것보다 더 대단하고 존귀한 존재라는 걸 알게 되어서 나아질 수도 있을 것 같습니다. 이런 과정을 거쳐 더 사랑받고 사랑하는 존재로 변모하게 되고요.

한바다 참 멋진 표현입니다. '있는 그대로'라는 말에도 입체적인 의미가 깃들어 있네요. 그러니까 있는 그대로 봐준다는 것 자체에서 창조가 일어나는 겁니다. 인간의 위대한 점은 의식이 창조를 일으킨다는 거잖아요. 봐주는 것만 해도 상대방한테 엄청 힘을 주는 겁니다. 문제는 제대로 안 봐줄 때 생기지요. 저 사람 잘못됐네, 하는 순간 부정적인 에너지가 발생합니다.

성해영 그럼 더더욱 우리가 있는 그대로의 자기를 보아서 이른 바 자학 구조를 생산하지 않는 상태에 도달하는 것이 중요해질 듯싶네요. 기존의 틀에 얽매이지 않고 자신을 있는 그대로 바라보지 않으면 온전한 자기 발견이 안 될 테니까 말이지요.

한바다 대상을 통해 잠깐의 환상적인 만족이나 기쁨을 경험하고 난 다음에는 불화와 갈등이라는 고를 어김없이 겪게 됩니다.

그러니까 무의식 상태에서는 어떤 관계도 자신이 원했던 지속적인 기쁨이나 행복을 줄 수 없어요. 결국 자신에 대한 진지한 탐구와 물음이 필요하다는 겁니다. 물음이 깊으면 분명히 답을 만나게 됩니다.

성해영   그런데 말씀해주신 그 중요한 것들을 우리는 어떻게 배울 수 있을까요?

한바다   결국은 인생이 가르쳐주고 내 마음이 가르쳐줍니다. 실제로 그렇잖아요. 가르쳐줬잖아요. 삶의 경험이 마음을 통해서 가르쳐줬잖아요.

성해영   그렇다면 실제로 겪기 전에는 이미 존재하고 있는 삶의 맥락에서 벗어날 길이 없을까요? 고苦든 뭐든 오로지 삶의 경험을 통해서만 자신을 진정으로 발견하게 될까요?

한바다   네. 어떤 상황에서도 자기 자신을 발견하게 돼 있지요. 만나게 되어 있습니다.

성해영   하지만 쓰라린 경험 때문에 남을 더 원망하는 사람이 될 수도 있고, 더 나빠지는 경우도 많이 목격하지 않습니까?

한바다   어쩔 수 없이 힘 빠질 때까지 남 원망을 해야지요. 그러면 그 고통의 끝에서 질문이 하나 떠오르게 됩니다. 과연 무엇 때문에 내가 이렇게 고통스러워하는 걸까, 하는. 그러다가 어느 순간 자신을 돌아보게 됩니다. 명상이 시작된 것이지요. 사실 자기가 내는 마음 때문에 경험하는 거거든요. 일체의 경험이 다 자기 마음 상태라는 겁니다. 그걸 인식하면 삶의 모든 상황이 영적으로 성장할 수 있는 기회가 됩니다. 영적으로 중요한 포인트는 '바깥에 어떤 일이 일어났느냐'가 아니라 '나는 이 상황을 어떻게 경험하느냐'입니다. 즉 '나는 이 순간에 어떤 마음을 낼 것인가'예요. 그건 결정된 게 아니에요. 현재 나한테 달린 것이지요. 가장 중요한 질문은 '삶이란 무엇인가, 마음이란 무엇인가, 나란 무엇인가'로 압축되게 돼 있어요. 어떤 질문도 그걸 벗어날 수 없습니다. 그 질문을 통해 설렘과 아름다움을 경험하고 계속 배워나가는 자유로움을 얻게 돼 있습니다.

성해영   그렇게 삶과 마음과 나란 존재에 대해 묻게 만든다면, 명상이란 결국 모른다는 사실을 전면적으로 받아들이는 것이겠네요. 다시 말해 중요한 문제들의 답을 모르고 있다는 사실을 명확하게 알아차린다는 말로도 바꿀 수 있을 것 같고요.

한바다 네. 삶의 내용이란 결국 세 가지로 말할 수 있을 것 같습니다. 물음, 감탄, 대화.

성해영 물음, 감탄, 대화라. 아주 멋진 단어들이네요. 명료합니다.

한바다 삶의 종교인 것이지요. 삶의 종교는 체계화되고 조직화된 종교나 어떤 조직을 구축하는 게 아니라 삶 자체를 온전하게 살아내려는 자세입니다. 종교성을 가지고 삶을 살아갈 수 있도록 하는 겁니다.

성해영 그 종교성이란 자기 속에 잠재돼 있는 가능성 혹은 기존의 내가 알고 있지 못하는 내 삶과 삶을 둘러싼 모든 것을 전면적으로 수용할 때에만 도달하게 되는 물음의 정신에 충실하자는 이야기로 들립니다.

한바다 그렇게 모름의 마음이 교류되다 보면 경이감으로 만날 수 있지요. 그래서 저는 종교적 체험이 경이로움의 체험이라고 봅니다. 종교적 체험이나 어떤 만남 혹은 열림을 통해 경이로움과 경외감을 체험할 수 있는데, 경외감이 더 많으면 자아가 오그라들 수 있어요. 그래서 경이로움이 경외감보다 더 중요합니다.

성해영 경이로움은 놀라워하는 마음이고, 경외감은 일종의 두려움과 맞닿아 있다는 말씀으로 들립니다. 어쨌든 모른다는 사실을 전면적으로 인식한다는 관점에서 보면, 명상이란 자기 내면에서 시작해 자신의 일상적인 삶, 자신을 둘러싼 모든 것 이면에 숨어 있는 것들을 다시 발견하고 경이로워하겠다는 시도라 정의할 수 있겠네요.

한바다 그게 바로 영성이 해주는 것입니다. 심층의 마음이 만나지면 그것이 의미를 다 드러내게 돼 있어요.

성해영 숨은 의미들을 말이지요.

한바다 그러니까 거기에는 영성의 힘에 대한 전적인 신뢰가 필요하지요. 신뢰를 통해 계속적인 체험을 하면서 성숙해가는 겁니다. 결국 경험에 대한 환영이 중요한 것 같아요. 어떤 의미에서는 일체의 경험은 나를 풍요롭게 하고 깨어나게 하고 많이 알게 해주잖아요. 감수성이 깨어나는 것이지요. 그러한 깨어 있음을 가지고 모름을 탐구해가는 것, 모름을 만나는 것, 이 정신이 필요한 것 같아요. 그게 명상입니다.

성해영 선생님 말씀을 따르자면 명상은 선방(禪房)이나 동굴에만 있는 게 아니고, 일상에도 얼마든지 있어야 하고, 존재할 수 있는 거네요.

한바다 그렇습니다. 사실 선방에서도 그 문제를 들고 있긴 해요. 다만 선방에서는 지극히 맑은 마음을 집중해서 가는 것이고, 일상생활에서는 그러한 '깨어 있는 모름'으로 모든 것을 만나면서 계속 뭔가를 발견하는 것이지요. 사실 마음은 언제나 발견할 준비가 돼 있어요. 깨우쳐질 준비가 돼 있습니다. 그 마음에 의식이 깨어 있는 상태로 다가가면 깊은 마음속 지혜들이 삶을 통해 펼쳐지게 됩니다.

성해영 '깨어 있는 모름'이라. 참 가슴에 와 닿는 표현이네요. 어쨌든 명상의 관점에서 바라보면 일상의 에고 의식은 깊은 마음이라는 것에 대칭되는 무엇이라 볼 수 있겠네요.

한바다 그래서 그 에고 의식을 빼주는 게 필요하겠지요. 약간

제쳐두는 겁니다.

성해영   그게 명상이다?

한바다   《도덕경》에서 '멈출 지止'가 나오고, 불교 명상법에도 '지관止觀'이라는 표현이 나오는데, 그것을 저는 '나'라는 생각을 빼고 다가가라는 뜻으로 받아들입니다. 사람과 사람의 만남에서 명상이 적용될 수 있는데, 그때는 눈을 감고 있는 것이 아니라 '나'라는 생각을 잠깐 옆으로 제쳐두고 상대에게 다가가는 겁니다. 그리고 진짜 목적은 에고의 개입 없이 서로 만나는 것이에요. 깊은 마음과 만나게 하는 것이지요.

성해영   물론 그 비우고 멈추는 과정을 통해 그저 남으로만 머물렀던 타인과 진정으로 만나게 하고요.

한바다   네. 그래서 결론적인 공식은 '나'라는 생각을 빼고 마음을 만나보라는 겁니다. 상대방에 대해서도 '너'라는 생각을 빼버리자는 거예요. '나'라는 것에 많은 생각과 판단이 들러붙어 있으면 마음이 흐르질 못합니다. 그러면 상대방의 마음과 만나지 못해요. 상대방에 대해서도 '어떤 사람'이라는 기억이나 선입견을 빼자는 겁니다. 상대방에 대한 이미지를 만들지 말고, 상대방을 그냥 '흐르고 있는 마음'이라고 생각해보세요. 그러면 나의 말이 상대방의 가슴에 가 닿게 되고, 상대방의 말이 나의 가슴에 와 닿게 됩니다. 그때 둘의 마음이 하나로 만나게 되고, 상대방에 대한 완전한 이해와 사랑이 일어납니다. 에고의 개입 없이 만남이 일어날 때의 평화와 기쁨은 그 어떤 것에도 비교될 수 없어요. 이것이 있는 그대로 만난다는 뜻에 가깝습니다.

성해영 그런데 그토록 훌륭한 명상이 왜 자꾸 오해를 받고, 본래적인 힘을 잃어가는 걸까요?

한바다 안타까운 일이지요. 명상의 테크닉 이전에 순수한 의도를 갖는 것이 더 중요하다는 메시지 아닐까요? 종교도 그렇고요.

성해영 종교를 비판하자는 이야기는 아니지만, 어쨌든 종교는 다 자신 속에서 더 깊은 차원을 발견함으로써 자신과 타인의 삶을 바꾸려 하잖아요. 그것도 좋은 방식으로요. 또 그 과정에서 인간들의 만남을 어떤 식으로든 변화시키려 들면서요. 우리나라 인구 절반 가까이가 종교인인데 그중 절반, 아니 10분의 1만이라도 진정한 만남을 가족 관계에서부터 삶의 일상 전체에서 경험했더라면 오늘 우리 사회가 겪고 있는 많은 고통은 없었을 것 같은데요.

한바다   그랬으면 살기 좋고 아름다운 공동체가 되어 있겠지요. 그런데 기존 종교의 리더들이 자기에 대해 진정한 탐구를 한 게 아니라 습득된 지식과 교리만을 큐레이션curation해서 사람들한테 그냥 나누어주다 보니 상대방의 마음과 진정한 접촉이 안 일어나는 거라고 봅니다. 순수한 영혼의 만남보다 이념이 더 앞서는 것이지요. 상대방의 영spirit이나 마음과 접촉되면, 그 순간 힐링도 일어나고, 깊은 사랑과 감사와 같은 경험들이 다 일어나게 돼 있습니다.

성해영   이념이 앞선다는 건 추상화된 종교적 교리를 앞장세운다는 의미이지요?

한바다   그렇습니다. 이념이나 교리가 너무 앞서면 사람이 소외되는 현상이 일어납니다. 사실 가르침의 원래 목적은 사람을 구제하고 빛을 주고자 하는 거 아닙니까? 그런데 사람의 마음이나 내면에 대한 깊은 이해가 없이 교리에만 집중하다 보면 사람의 영혼이 질식됩니다. 사람의 영혼은 너무나 섬세하고 부드러우니까요. 사람의 마음 자체를 만나주고 참여시켜주는 게 진정으로 중요합니다. 지금 우리 사회에서 가장 큰 문제가 소외잖아요. 소외의 넘침과 소통의 부족.

성해영 깨어남에 기초한 진정한 만남이 실제로 잘 안 이루어지고 있으니까 자연히 소통은 부족해지고 소외는 넘치는 것 같습니다. 또 사회 전체가 고통을 겪고 있고요. 빠져나오기 힘든 악순환 속에 있다고 할까요.

한바다 그래도 너무 비관적으로만 보지 말고 우리가 나아가야 될 길로 보면 좋을 것 같습니다. 원인 분석을 너무 깊이 하다 보면 때로는 부정적으로 갈 수도 있거든요. 한국이 외세로부터 침입을 많이 받았기 때문에 물적 토대를 이루는 게 필요해서 어떤 마음은 억누르고 어떤 마음은 많이 강화시키게 된 거거든요. 기능적이고 기술적인 측면은 굉장히 강화시켰는데, 우리 마음의 부드러운 부분은 소외를 시켜왔다는 겁니다. 관계가 힘들어지고 삶도 고달파진 것은 따듯함과 나눔을 잊어버렸기 때문입니다. 지금부터는 나눔으로 나아가야 되겠지요. 그 전까지는 생존을 위해 국가를 건립하고 다져야 했기 때문에 그런 것들이 필요했다고 이해해주고요. 그런 것에 집중하다 보니까 일하는 능력이 뛰어난 이들이 큰 회사도 만들고 그랬잖아요. 그런 사람들이 곧잘 사

람들을 소외시키기도 하지만, 기술이나 물적 토대를 확장시킨 건 그 나름대로 인정해줄 수 있습니다. 하지만 양적 팽창은 그 자체로 목적이 될 수 없고 하나의 단계일 뿐입니다. 이제는 인류 근원의 문제로서 삶을 어떻게 살아내야 할지 물어볼 때입니다.

성해영 그 말씀도 좋습니다. 어떤 상황에서도 긍정적인 측면을 찾아내자는 거 말입니다. 자본주의적 발전을 이루는 과정에서 나타난 부작용을 다 부정할 것이 아니라, 더 나은 상태로 발전해가기 위한 전 단계로 보자는 말씀처럼요. 공동체를 만드는 과정 역시 양면성을 띨 수밖에 없었다는 것이지요. 한편 공동체의 발전이라는 점에서는 여전히 지도자가 중요하겠습니다.

한바다 그렇지요. 그들은 많은 사람들의 삶에 영향을 끼치니까요. 지도자들에게 그러한 물음이 없다면 자기 이익이나 권력에만 탐닉하다 위기가 오면 우왕좌왕하게 되고, 그 안에 있는 사람들이 함께 불행해집니다. 정치 지도자나 회사를 이끄는 사람들에게도 삶의 철학이 필요한 것이지요. '돈 많은 회사를 만들어 뭐할 건데? 돈을 벌기 위해서. 돈은 벌어서 뭐할 건데? 더 많은 돈을 벌기 위해서.' 이런 거라면 답이 없어요. 우리 안에는 목마름이 있을 수밖에 없는 겁니다. 사회 리더들에게도 '어떻게 함께 잘살

것인가?' 하는 물음과 거듭남이 필요합니다. 그래야 행복하고 아름다운 공동체를 만들 거 아니에요. 다른 나라 사람들이 와서 살고 싶은 나라를 만들어주는 게 대통령을 비롯한 여러 지도자들의 중요한 역할이라고 봅니다. 그걸 고민해봐야지요. 자본주의는 시스템으로 뱅뱅 돌아갈 뿐이지 어떤 답을 주지는 않습니다. 자본주의는 올 때까지 왔잖아요. 그러니까 돈을 버는 목적이 과연 무엇인지 진지하게 물어보아야 할 시점입니다. 우리에게 새로운 기회와 변화가 다가오고 있습니다. 지금이 참으로 중요한 시점인 것이지요.

성해영 결국 삶의 목적이 무엇인지를 끈질기게 묻는 태도가 중요하네요. 리더이든 아니든 간에 말이지요. 또 아무리 쓰라리더라도 경험은 우리의 성장에 꼭 필요하고요.(웃음)

셋

실체: 지금 여기를 소외시키는 관념들

성해영 현대 들어 관계의 중요성과 관계를 맺는 방법을 다루는 담론은 넘쳐나지만, 역설적으로 남과 자신의 마음도 모른 채 서로를 소외시키는 일 역시 더욱 심해졌다는 느낌입니다. 예전과 달리 참으로 많은 이들을 만나게 되었지만, 오히려 진정한 만남을 갖는 일은 더 어려워졌다고 해야 할까요.

한바다 그 문제는 자본주의의 발전, 특히 기술 발전으로 인해 그 어느 때보다 정보가 신속하게 전달되지만 대면 소통은 점점 사라져가는 사회 변화와도 밀접한 관련이 있어 보입니다.

성해영　보통 기술은 양가적으로 작용을 하잖아요. 소통을 도와주기도 하지만, 스마트폰처럼 대화를 완전히 차단시키기도 하니까요. 더구나 선생님 말씀처럼 삶의 언어를 사용해 타인과 있는 그대로 만나겠다는 마음 자세가 없거나 방법 자체를 모르는 사람에게는 첨단 기술이 단절의 원인으로 작용하기 쉬울 것 같습니다. 그렇지만 자본주의적 발전은 확실히 구성원들을 더 분리시키는 것처럼 보입니다. 물질적 가치를 가장 높이 평가하기에 명상이나 종교적 가르침과는 상충하는 것처럼 보이거든요.

한바다　돈이라는 걸 통해 사회 전체가 서바이벌 모드가 되면 개인은 자폐되는데, 그래도 사람들은 돈을 필요로 합니다. 무엇보다 돈을 왜 벌려고 하는지 동기 자체를 잊어버렸다는 것이 중요합니다. 돈과의 관계에서 자기 마음이 소외된 것이지요. 돈이라는 건 추상적인 거잖아요. 추상적인 것과 관계를 계속 맺다 보니까 내가 나를 소외시키는 상황이 오는 겁니다.

성해영　돈이 추상적이라는 말씀은 몇 차례 다루었던 대로 언어가 추상성 때문에 삶을 소외시키기 쉽다는 이야기와 자연스럽게 연결됩니다. 언어는 물론 그럴 수 있다고 여겨집니다. 관념성에 매몰된 언어는 사용하면 할수록 자기 속에 성을 쌓아놓는데도 스스로는 의사소통을 한다고 착각하게 만드니까요. 돈의 추상성 역시 우리가 살아 움직이는 존재들과 관계 맺는 능력을 없애버린다는 건가요?

한바다   그게 바로 실재하지 않는, 즉 실체에 기반을 두지 않은 관념이지요. 실재하는 것에 대해 만들어진 관념은 일시적인 소통의 도구일 뿐인데, 관념 자체가 중요해져버리는 것이지요. 여기에서 실재라는 건 자기 마음인데, 소통 수단이 더 중요해지면서 그 마음은 소외되는 겁니다. 돈도 마찬가지예요.

성해영   추상적인 것이 실체보다 더 중요해졌다는 말씀이지요? 실제로 우리에게 필요한 돈은 주머니 속의 돈인데, 은행 잔고라는 추상적인 돈이 더 중요해졌지요. 심지어 추상적이지만 진짜 화폐 역시 소외된 겁니다. 돈이라는 건 쓰지 않을 때는 돈이 아니잖아요. 쓸 때 고유의 가치가 확인되는 건데, 생각할수록 기묘한 것 같아요. 은행의 실수로 특정 계좌에 엄청난 액수가 입금되는 사건이 왕왕 일어나는 걸 보면 돈의 추상성이 더 실감나게 다가오고요.

한바다   사람들이 가장 많이 휘둘리는 게 하나는 성性이고, 그다음이 돈입니다. 그것들에 대해 휘둘리고 있다는 건 스스로도 아는데, 관념에 휘둘리고 있다는 건 잘 모르지요. 관념이 훨씬 더 위험한 것인데도요. 관념은 그 자체로 실재하는 것이 아니고, 단지 마음이 만들어낸 이름과 이미지일 뿐인데, 깨어 있지 못할 때 우리는 그것이 바깥에 실재한다고 믿게 됩니다. '악마'라든가 '적'이라든가 '원수'라든가 하는 것은 바깥에 실재하는 것이 아니라 우리 마음이 만들어낸 관념입니다. 마음에 들지 않거나 두려움이 일어날 때 우리는 대상에게 관념적 이름을 붙이는데, 그 순간 엄청난 폭력성과 불화, 전쟁이 생겨난다는 것이지요.

그 옛날 붓다는 말과 언어가 실체화될 때 어마어마한 불행이 생겨나는 것을 깨달았습니다. 인연법因緣法과 오온설伍蘊說, 무아설無我說과 같은 과정적 언어를 쓴 것은 이러한 마음의 착각과 미혹을 깨기 위한 언어적 장치였어요. 번잡한 제의에서 사람들을 깨어내어 '생생한 삶의 모습'으로 돌아오게 하고자 새로운 수행법까지 도입합니다. 그게 '사띠sati'라는 '깨어 있기' 수행이에요. '사띠'는 팔리어이고, 산스크리트어로는 '스므리띠smrti'라고 하는데, '기억하다'는 뜻을 가지고 있습니다. 아무튼 붓다는 '사띠'를 '지금 이 순간에 주의 깊게 깨어 있어라, 알아차려라'는 뜻으로 살려낸 겁니다.

성해영   요컨대 붓다의 가르침은 삶의 생생함을 다시 느끼고 회복하라는 것으로 요약될 수 있겠네요. 물론 그의 가르침 역시 제도화의 과정에서 관념화되는 걸 전적으로 피할 수는 없었지만 말입니다. 이런 경향은 모든 종교의 제도화 과정에서 필연적으로 마주치게 됩니다. 기독교 역시 예외는 아니지요.

한바다   가슴의 스승인 예수의 원래 가르침도 생생하게 살아 있는 실존적인 메시지였습니다. 로마의 지배 체제에 빌붙어 권력을 유지하던 특권 세력의 위선과 권위를 대놓고 깠지요. 압제에 신음하던 일반 서민과 하층민의 삶 속으로 뛰어 들어가 그들을 어루만져주면서 희망을 불어넣어주려 했잖아요. 그는 이상주의자였지만 행동은 결코 관념적이지 않았어요. 나병 환자가 찾아올 때나 사람들이 굶주리는 것을 보면서 그는 진정으로 애달파 합니다.  성경에서는 번역이 '측은히 여기다, 긍휼이 여기다'라고 밋밋하게 되어 있지만, 원어는 코이네Koinē 그리스어인 'splaknizomai'인데, '내가 심히 애통하도다'라는 뜻으로 그야말로 절절한 말입니다. '몹시 슬퍼서 창자가 끊어지다'라는 뜻의 '애끊다'라는 우리말과 뉘앙스가 꼭 같지요. 영혼의 떨림이 살아 있는 공감과 자비심 속에 살았던 예수의 가르침도 325년 서로마 황제 콘스탄티누스의 입맛대로 고쳐져 교리화되면서 순수했던 떨림을 잃고 관념화됩니다. 가장 문제가 되는 건 '악마'라는 관념을 실체화시킨 점이겠지요. 이런 관념화 현상에는 엄청난 독이 숨어 있어요.

성해영   그러게 말입니다. 포착된 궁극적 진리는 남들과 공유하기 위해서라도 언어로 표현될 수밖에 없지만, 다시 그 언어로 인해 진리로부터 멀어지지요. 안타까운 일입니다.

한바다  얼마 전에 한 분이 찾아왔어요. 그는 여러 가지 갈등 속에 있었는데, 특히 아내를 미워하는 마음이 부글부글 끓고 있었지요. 그런데도 천국에는 가고 싶다는 생각을 갖고 있더라고요. 그래서 제가 "지금 깨어 있는 상태에서도 천국을 보기 어려운데, 의식이 희미한 죽음의 문턱에서 어떻게 천국으로 들어갈 수 있을까요?"라고 물어보았어요. 그러자 "저는 신앙을 갖고 있으니까요"라고 대답하더군요. 그의 마음은 흔들렸지만 한편 절실해 보이기도 했어요. 그래서 저는 이렇게 말했습니다. "그 미움을 그대로 가지고 천국으로 들어갈 수 있을까요? 우선 선생님의 마음 안에 있는 그 미움부터 해소시켜보시지요." 실은 '천국이란 조화로운 인간의 마음 상태다'라고 말하고 싶었지만, 그러면 또 다른 관념을 불어일으킬까 싶어서 그냥 그의 말만 많이 경청해주었어요. 제가 하는 명상의 정의나 주장도 결론이 아닌, 대화를 풀어가기 위한 하나의 도구일 뿐이니 잠정적으로 받아들여지면 좋겠습니다.

성해영 관념화는 저 같은 학자들의 특기입니다.(웃음) 예를 들어 '천국은 인간의 마음 상태이다'라는 선언은 엄청나게 다양한 학문적 해석으로 이어질 수 있지요. 이 말은 이런 뜻이야, 아니야 저런 뜻이야, 이 말의 출처는 이거고, 이건 저쪽에서 영향을 받았거든 등등요. 이런 태도가 더 나은 이해에 도움이 될 수 있지만, 그렇다고 종교적 가르침이 지향하는 바가 다양한 해석에 있는 것만은 아니거든요. 거듭 이야기하고 있지만 삶의 생생함을 회복하는 일이 종교의 목적이라면, 언어 혹은 언어에 대한 이해가 곧바로 목적을 구현하는 것은 아닐 테니까요. 끄달림없는 마음의 상태가 천국이라면, 그 상태를 실현시키는 것이 궁극적 목적이라는 뜻이지요.

한바다 이런 이야기는 불교의 메시지와 가깝습니다.

성해영 그렇지요. 불교는 기독교에 비해 인간의 마음 그 자체에 방점을 찍지 않습니까?

한바다   네. 마음을 많이 강조하지요. 그런데 기존의 불교적 접근이나 다른 금욕적 종교와 좀 다른 점은, 수많은 마음의 결들이 꼭 무시되거나 지워져야 할 것만은 아니라는 관점입니다. 욕구나 감정들이 무시하거나 억압한다고 해서 사라지지도 않으니까요. 오히려 온전히 만나서 인정해주고 이해해줄 때 마음은 자유로워집니다. 그 마음의 결들 중에는 오히려 키워져야 되는 것도 있지요. 경험의 욕구는 인정해주어야 합니다.

성해영   프로이트가 말한 '억압된 것의 회귀'라는 표현이 떠오르네요. 더 큰 온전성을 확보해 살아가기 위해서는 마음의 억압된 부분이 어떤 식으로든 인식됨으로써 그 에너지가 풀려나야 한다는 것이지요. 만약 이런 과정이 순조롭게 이루어지지 않는다면, 억압된 에너지가 폭력적이고 부정적인 방식으로 표출될 수밖에 없다는 견해죠.

한바다   인간의 마음속에는 학교나 지배 체제가 만들어낸 아바타가 있어요. 그 아바타가 '더 나은 나'입니다. '이걸 하면 더 나은 내가 될 거야' 혹은 '이걸 하면 더 부자가 될 거야'라고 생각하는 것이지요. 앞에서도 '이상적인 나'에 대한 이야기가 나왔었는데, 이상이 그 자체로서 내 마음을 살아나게 하면 좋아요. 하지만 대부분은 그 이상이 심판자로 작용하지요. 그래서 마음이 살아 움직이지 못할 때는 경험들이 자학으로 오게 되는데, 그러면 헤어날 길이 없어요. 결국 계속 갇히는 겁니다. 그런 마음의 구조가 있다는 거예요. 그러니까 현재의 나의 마음을 소외시키지 말고 그 마음을 알아주라는 겁니다.

성해영   다시 한 번 프로이트가 떠오릅니다. 프로이트의 초자아 super-ego라는 개념은 자칫 억압적일 수 있는 이상적인 자아 개념을 포함하고 있습니다. 특히 공동체가 개인에게 무차별적으로 요구하는 바람직한 자아상 말입니다. 특히 프로이트는 종교가 개인의 초자아 개념 형성에 결정적인 역할을 한다고 보았지요.

한바다 '이상적인 나'는 관념입니다. 추상적인 건 도달할 수가 없지요. 그 도달할 수 없는 자의 입장에서 지금의 나를 비판하고 있는 겁니다. 그 시스템이 우리 자신을 분열시키고 있어요. 또 하나의 흔한 관념 작용으로 우리는 '부자가 되어야 행복해진다'라고 믿고 있지만, 그것도 관념에 속는 겁니다. '부자'도 마음이 만들어낸 관념이에요. 부자로 보이는 사람들도 자신은 부자라 생각하지 않을 수 있고, 불행한 경우도 많아요. 존재하지도 않는 관념을 채우느라 늘 괴로움을 겪으며 삶을 허비하고 있을 까닭이 없지요.

성해영 선생님이 말씀하신 '이상적인 나'라는 생각은 종교의 전매특허 아닌가요? 신의 아들인 예수나 깨달은 자 붓다 앞에서 우리는 그저 죄인이자, 욕망에 휘둘리는 참으로 미약한 존재라는 생각을 떨치기가 어렵잖아요.

한바다 그분들의 가르침이 오해된 겁니다.

성해영   붓다나 예수의 원래 가르침은 그런 게 아닌데, 종교를 관념화하는 사람들에 의해서 그런 경향이 만들어졌다고 보시는 건가요?

한바다   그런 점도 크겠지요. 또한 마음의 속성이기도 하고요. 에고의 지배를 받는 인간의 마음 자체가 어떻게 움직이는지 이해할 필요가 있습니다. 붓다나 예수의 삶이 감동적이잖아요. 하지만 그들의 삶을 이념화시키거나 이상화시켜놓고 나의 삶을 바라보면 '나는 왜 이렇게 못 사나' 자책하면서 강박관념과 자학이 일어나요. 대부분의 사람들이 다 그래요. 수행하는 사람들도 마찬가지고요. 명상을 한다고 앉아서도 '경전에 나와 있고 스승들은 된다고 했는데 나는 왜 마음이 고요하게 안 되지? 나는 왜 십 분간 호흡을 참지 못하지? 나는 왜 깨닫지 못하지? 내게는 왜 무아 체험이 일어나지 않지?' 하면서 자신을 학대하고 있는 분들이 참 많아요. 이런 영적 경험들은 가슴과 내면이 열렸을 때 저절로 드러나는 건데, 가슴에서 떨어져 나온 '머리의 나'가 그것을 하나의 이상적 이미지로 그리고 잡으려 하지만, 실제 경험은 일어나지 않으니 자학이 일어나는 겁니다. 미래의 이상적 이미지가 현재의 자신을 심판하는 구조로 분열되는 것이지요. 지금 여기의 삶과 실제의 자신에 기반을 두지 않고 미래의 어떤 이미지에 기반을 둘 때, 또는 미래의 내가 얻어야 될 것에 기반을 둘 때 끊임없이 현재의 나가 소외된다는 겁니다. 이런 마음의 작용은 스스로를 소외시키는 것임을 알아차렸을 때 편안해질 수 있습니다.

성해영 종교의 성인을 이상적인 나의 모습으로 설정하면 결국 뱁새의 가랑이가 찢어질 수 있다는 말씀이네요.(웃음)

한바다 성 교수님이 말씀하신 것과 꼭 같은 이야기가 노자《도덕경》에도 나와 있지요. "성인이라는 이상화를 끊고 현란한 지식과 관념을 버리면 백성들의 이익이 백배로 늘어난다[絶聖棄智 民利百倍](19장)." "발꿈치를 들고서는 오래 서 있질 못하고 큰 걸음으로 걷는 이는 걷질 못하네[企者 不立 跨者 不行](24장)".

성해영 이상화를 좀 더 관용적인 방식으로 표현하면 과도한 '신격화' 혹은 '신화화'라고 할 수 있겠습니다. 종교의 창시자나 성인의 성스러움을 지나치게 이상적으로 묘사하는 것 말이지요.

한바다 종교적 지도자들의 인간성을 탈색시켜버리는 것이지요. 하지만 그분들도 인간이었다는 것, 그 영성이 진화하고 꽃피어나서 종교가 된 것이기 때문에 우리는 그 점을 그렇게 이해해야 됩니다. 그러니 다시 지금 여기로 돌아와서 '나 자신의 영성과 인간성을 어떻게 진화시키고 꽃피울 것인가'로 초점을 바꿔줘야 된다는 겁니다.

성해영 기독교의 순교자나 여러 종교의 성인들 역시 유사한 고통을 줄 수 있습니다. 그들의 삶을 보고 배워서 우리 역시 더 발전하라는 취지인데, 자포자기처럼 반대로 작용하기 십상이지요.

한바다 네. 그 작업은 신자들의 마음 안에서 자학으로 변해버리지요. 그 자학의 죄책감에 지배당하게 되는 겁니다. 그러니까 열린 종교로 나아가기 위해서는 각자가 자기 진화에 책임을 가져야 한다고 봅니다. 예를 들어 우리의 자학을 예수나 붓다라도 해결해줄 수는 없잖아요. 예수와 붓다가 자신의 영성을 온전히 꽃피운 분들인 것처럼, 우리 자신의 내면을 꽃피워낼 책임은 우리 자신한테 있는 거예요. 내가 그들처럼 되는 게 아니라 내가 나처럼 돼야 되는 겁니다. 진정한 나로 돌아와야 되는 것이지요. 나로 돌아와서 내 안에 있는 어떤 마음들이 소외를 일으키고 어떤 생각들이 갈등 구조를 만드는지 알아차리고, 그 소외와 갈등을 일으키는 마음들을 비워내는 작업이 필요한 겁니다. 그 비워낸 공간 속에서 소통이 일어날 수 있습니다. 그 작업은 붓다와 예수

3000명이 와도 대신 못해요. 내가 스스로 해야 될 일인 겁니다.

성해영 맞습니다. 내가 자신의 삶을 책임져야 한다는 사실은 분명한데, 왜 그 일이 이토록 어려울까요? 왜 사람들은 복잡하고 힘든 길로만 가는 걸까요? 예전보다 우리의 지식이 얼마나 많이 늘었습니까. 그런데도 이렇게 삶의 어려움들이 해결되기 어렵다니 도무지 이해하기 어렵거든요.

한바다 그것이 우리가 함께 탐구하면서 발견해나가야 할 과제 아닐까요? 지식보다는 지혜의 체득이 더 소중한 것이지요. 인간의 생각이라는 것 자체가 일종의 지식을 저장하고 기록하는 것이지만, 또 그 지식 때문에 분열되지 않습니까? 그러다 보니까 착각이나 오해가 생겨나고, 그 착각이나 오해도 계속 증식되고 전승되다 보니 머리가 복잡해진 게 아닌가 싶어요.

성해영 그렇게 보면 전통처럼 과거의 것들이 우리에게 행사하는 힘이 엄청납니다. 나의 존재를 포함해 삶의 생생함을 도무지 인식하기 어렵게 만들잖아요. 너무도 쉽사리.

한바다 그래서 새로운 발상 전환이 필요하지 않나 싶습니다.

그게 비전이라면 비전이 될 수 있을 것 같아요. 우리가 가지고 있는 수많은 갈등이나 문제에 대해서도 발상 전환을 해보면, 오히려 그런 것들이 있기 때문에 성장을 할 수 있는 길이 열리는 거거든요. 풀어보라고 인생이 우리에게 물음을 던져주는 것이니까요. 그래서 그것들에 대답을 많이 하면 그만큼 성장하게 되는 것이지요. 대답을 못하면 아직 성장 못한 겁니다. 우리에게 던져진 화두를 정면 돌파하자는 거예요. 동시에 내 말만이 옳다, 내 생각과 내 종교만이 옳다는 독선적인 마음들은 좀 비워줘야 되겠지요. 더 크게 만나기 위해서 비우는 겁니다. 인생을 더 풍요롭게 만들고 더 아름답게 꾸며나가기 위해서 열고 나가자는 것이지요.

성해영 명상이 참으로 중요한 열쇠네요. 숨겨져 있어서 내가 아직 발견하지 못한 것들을 알아차리게 만드니까요. 또 명상은 자연스러운 깨어남을 통해서 진정한 만남을 만들어내고요. 그 만남은 공동체를 풍요롭게 하고요. 가깝게는 우리에게 주어져 있는 세계사적인 의미를 찾고 구현하기 위해서도 깨어남은 결정적이잖아요. 나아가 이런 흐름이 개인에서 시작해 가족, 집단, 사회, 지구 전체로 확장되어야 하고요.

한바다 한 사람의 인생이 인류 전체의 삶과 이어져 있으니까요. 우리가 곧 우주이고, 우리가 걸어가는 길이 곧 우주의 걸음입니다. 그러한 삶이 '도道'입니다. 성인聖人들은 인생에 대한 간절한 물음에 대답하기 위해 스스로 답이 되었고, 우리도 각자가 스스로의 삶을 당당히 걸어가야겠지요. 그 누구도 나 대신 호흡을 해 줄 수 없으니까요. 자기를 꽃피운다는 건 세계 전체를 꽃피우는 길입니다.

성해영   말씀을 듣다 보면 개인이 출발이자 완결점이라는 생각에 거듭 도달합니다. 또 한국이 참으로 힘든 공간이구나 하는 생각도 절로 들고요. 현대에는 '나'라고 하는 고유의 정체성을 확립할 자유와 의무가 누구에게나 열려 있잖아요. 자연과 일체가 되어 살거나 전통이나 권위 자체가 확고한 정체성을 주던 예전과 달리 지금은 스스로가 자신을 세워야 하는 시대라는 의미에서요. 그런데 우리 사회처럼 정체성 확립을 어렵게 만드는 지난한 과제를 많이 품고 있는 공동체가 또 있을까 싶거든요. 분단을 비롯해 세대 갈등, 빈부의 격차 등 거의 모든 분야에서 수많은 갈등을 안고 있잖아요.

한바다   나쁘게 보면 힘든 거지만 어떤 면에선 많은 축복을 준 것이지요. 아까도 말씀드렸듯이 숙제가 많을수록 풀고 나면 인간이 그만큼 성숙해지니까요. 성숙해지기 위해서 우리가 여기를 택했다고 생각하면 어떨까요?

성해영 그렇지요. 말씀해주신 것처럼 문제적 상황을 경험함으로써 진정한 자기를 확인할 가능성이 크다는 점에 전적으로 동의합니다. 하지만 자칫 현실의 어려움에 경도되어 우리 삶의 본질을 망각할 위험성을 우리 사회만큼 많이 가지고 있는 곳도 드물다는 생각이거든요.

한바다 네. 모든 것에는 양면성이 있습니다. 그래서 자각이 필요한 것이지요. 미혹을 직시하고 직면하는 자각을 통해 직접적인 지혜가 탄생하니까요. 그런 자각의 힘이야말로 집단적인 미혹마저 깨고서 정의롭고 자비로운 사회를 만들 수 있는 힘일 겁니다. 그런 가능성이 우리에게 있음을 기억했으면 좋겠습니다.

넷

만남: 나와 너라는 의식 너머

성해영   우리가 서로 대화를 나눌 때 진정한 만남이 어떻게 가능한지, 명상이 아닌 다른 관점에서도 설명이 가능할까요? 예를 들어 과학적인 관점에서라든지.

한바다   거울신경세포라는 게 있어서 공감할 수 있게 해준다고는 하던데요. 사실 저는 물리학이나 과학은 잘 모릅니다. 하지만 만남이 이루어지는 마음의 이치에 대해 말씀드릴 수는 있어요. 장자 이야기 중 〈인간세人間世〉 편에 '안회와 공자의 대화'가 나옵니다. 그중에 "귀로 듣지 말고 뜻으로 들어라, 뜻으로 듣지 말고 기운으로 들어라"라는 구절이 나와요. 기운으로 들으라는 건, 옳고 그름이나 '나와 너'라는 판단을 빼고 공감하라는 뜻입니다. 그렇게 하면 대화 중에 가슴이 열려서 두 사람의 마음이 하나의 물결이 되고 큰 조화를 이룹니다. 저도 스승들과의 대화 도중 이런 경험을 많이 했어요. 그럴 때 삶이 아름다워지고 이 땅에 살아 있는 게 고맙게 여겨집니다.

성해영   타인의 말을 진심으로 경청하라는 것이군요. 아울러 대화의 방식도 중요하다는 생각이 듭니다. 권위나 과시욕과 같은 요소가 대화에 개입되면 진정한 만남은 좀처럼 이루어지기 힘들거든요.

한바다   훨씬 쉽게 표현해주셨네요.(웃음) 맞는 말씀입니다.

성해영   특히 부를 축적하거나, 경쟁에서 이기는 것만을 생각하던 사람들이 곧바로 진정한 만남을 갖는다는 것도 어려울 것 같습니다. 경청의 태도는 물론이거니와 함께 나눌 콘텐츠 자체가 없는 것이지요. 그러니 대화의 방식 이전에 공유할 무엇이 꼭 필요하지 않을까 싶습니다.

한바다   열심히 살면서 자신의 내면을 자세히 들여다보고 있자면 콘텐츠가 생겨날 수 있습니다. 이게 마음공부의 진면목이라 할 수 있지요. 이런 사람들끼리 만나서 서로 열린 마음으로 대화를 나눌 때 깊은 만남과 이해가 일어난다고 봅니다.

성해영 아이를 키워보면 아이들이 진짜 생생하게 살아 있다는 느낌을 받거든요. 매 순간 살아 있다는 느낌이요. 그런데 자라면서 그 힘이 사라져요. 제 딸도 더 어렸을 적에는, 놀 때 정말 즐겁게 놀았거든요. 또 앞에 있는 사람이 뭘 하자고 하면 다른 거 신경 안 쓰고 그 일을 열심히 하고요. 그런데 초등학교를 가고, 부모 외에도 여러 어른들을 만나면서 자기감정과 어긋나는 상황들을 접합니다. 이런 과정에서 대부분의 어른들이 그러했듯이 삶의 생생함을 억누르기 시작하는 것 같고요. 삶에서 중요한 뭔가가 뒤틀리기 시작했다는 느낌. 물론 성장하면서 전적으로 피할 수 없는 일이긴 하지만요.

한바다 저런! 참 안타까운 일이네요. 학교와 사회라는 곳이 껍질을 만들고 가슴의 진정한 느낌으로부터 멀어지게 하는 장소라니. 사회화 과정에는 마음을 조건화시키고 진정으로 만나지 못하게 하는 기제가 있다는 생각이 듭니다. 그 조건화된 마음을 깨고 나오는 것이 명상이라고 앞에서 말씀드렸는데, 무엇보다 용기가 필요할 것 같습니다.

성해영   그 말씀을 들으니까 남녀 관계도 조금 더 이야기해보았으면 좋겠습니다. 사랑, 하면 떠올리게 되는 가장 대표적인 관계이니까요.

한바다   사랑이라고 하니 여러 가지가 지나가는데, 먼저 우리가 다 아는 육체의 사랑이 있습니다. 육체는 위로받고 싶고, 확장하고 싶고, 생존을 보장받고 싶기 때문에 피부 접촉을 원해요. 그게 성적인 호기심이거든요. 그 느낌이 발동될 때면 외면하기가 어렵습니다. 그래서 남자는 여자가, 여자는 남자가 필요하고, 그렇게 세계가 돌아가는데, 그건 영혼이 지향하는 사랑과는 다릅니다. 영혼의 사랑은 진심으로 다가감을 통해 태어날 수 있습니다. 육체적 사랑으로만 가다 보면 그걸 잊어버릴 수가 있어요. 영혼의 사랑을 먼저 알고 육체의 사랑을 나중에 아는 게 이상적입니다. 육체의 사랑을 먼저 알아버리면 영혼의 사랑을 경험하기가 힘들기 때문에 자꾸만 욕망의 차원에서 갈등하고 헤매는 거예요. 영혼의 사랑을 아는 사람에게는 영혼의 사랑 안에 육체적 사랑도 통합될 수 있습니다. 욕구적인 사랑은 상대방을 자신의 욕망을 충족시키는 대상object으로 바라보고 소유하려 합니다. 반면 진정한 사랑은 상대를 살아 있는 존재being/soul로 보며 자기를 내어줍니다. 상대를 이해하고 만나야 할 존재로 바라보는 것이지요. 지금 지구권에는 육체적 사랑인 성애나 에로스가 굉장히 큰 화두가 돼 있는데, 욕구적 사랑에 매몰되어 오히려 진정한 사랑을 못 느끼게 돼 버렸지요.

성해영 사랑에도 여러 차원이 있다는 거네요. 영혼의 사랑에서부터 육체적 사랑에 이르기까지요. 그런데 육체적 사랑은 더 높은 소외의 가능성을 품고 있다는 말씀으로 들립니다.

한바다 상대방을 자꾸 취하려는 쪽으로만 작용할 때 그렇습니다. 집단무의식은 스스로의 생존을 위해 계속 육체적 사랑을 강제합니다. 인도에서는 '프라끄리띠prakriti'라고 하지요. 자연의 에너지인 프라끄리띠가 발동되면 동물은 성욕을 느낍니다. 성욕이 올라오면 자아는 최면에 걸리지요. 성욕이 '외롭다'고 말을 하면 자아는 자신이 외로운 줄 아는 겁니다. 이제 남자는 여자를, 여자는 남자를 찾아다닙니다. 처음에는 달콤한 환상이 작용해서 행복하지만, 점차로 다른 욕구들이 올라오고 서로 갈등하며 싸우다가 마침내 환멸을 만나기도 합니다. 이성 관계도 영혼의 만남으로 전환될 때 갈등이 사라집니다. 깊은 신뢰가 자라나지요. 인도의 명상가인 유크테스와르Yukteswar와 요가난다Yogananda, 소크라테스와 플라톤 같은 예에서 보듯 스승과 제자의 만남도 영혼의 사랑에 속합니다. 또 《장자》에 보면 스승 구작자瞿鵲子가 장오자長梧子에게 이런 이야기를 해요. "그대가 지금은 나를 이해하지 못하겠지만 몇 생 뒤에는 나를 기억하게 될 거다." 깊은 깨달음 속에 사는 인간은 다른 존재와 자신이 본질적으로 하나임을 알고 있습니다. 스승 구작자는 그것을 알고 있었기 때문에 미래에 장오자도 이런 만남을 기억하고 깨닫게 될 것임을 예견한 겁니다. 하지만 에고와 동일시되어 있는 장오자는 아직 그 사실을 인식하지 못하고 있었나 봐요. 그 시대에는 환란도 많고, 먹고사는 일도 고달프고 해서 사람들끼리 깊이 만나는 것이 힘들었을지 모르지만, 지금은 오히려 사람들의 생활이 여유로워진 만큼 더 깊이 만날 수 있는 여건은 많이 조성된 셈입니다.

성해영   최근에는 경제적 상황 때문에 아예 이성을 만나는 일 자체를 포기하는 사례도 생겼습니다. 물론 전반적인 사회 변화가 이성과 만나는 일을 훨씬 더 수월하게 만들긴 했지만요. 손만 잡아도 결혼해야 하는 시대도 있었으니까요.(웃음) 어떤 점에서 이성 교제의 기회가 지나치게 많아져서 감당이 어려운 것 같기도 하고요. 선택의 어려움이랄까요.

한바다   대상이 너무 많아 정신이 없는 거네요. 그만큼 선택의 폭이 넓다는 건데, 나쁘지만은 않은 것 같습니다. 그건 우리가 온전하게 만나려는 노력을 하다 보면 통합될 수 있지 않을까요?

성해영   어쨌든 옛날보다는 훨씬 더 많은 사람들을 만나게 되었습니다. 그래서 진정한 만남을 목적으로 한다면 지금처럼 좋은 때도 없는 것 같습니다. 옛날에는 먹고사는 일이 주된 관심사였는데, 지금은 그게 아닌 근원적인 행복을 찾아야겠다는 욕망이 강하게 표출되는 사회입니다. 진정한 만남은 행복을 찾는 데에 참으로 중요한 통로가 되고요. 그게 이성이든 아니든 말이지요. 결국 현대 사회가 주는 풍부한 가능성과 위험성을 어떻게 다루는가,라는 물음으로 돌아가네요.

한바다   수많은 만남의 기회가 주어졌다는 사실을 우리는 감사하게 여겨야겠지요. 만나고자 하는 절실함이 있다면 지구 반대편에서도 인연을 만날 수 있는 시대가 되었으니, 결국 찾아가고자 하는 용기가 중요한 것 같습니다.

성해영   정리하자면, 선생님의 말씀은 '만남'이라는 단어로 요약될 수 있겠습니다. 내가 지금 옆에 있는 사람과 진정으로 만난다면 물방울이 파문을 일으키는 것처럼 내 주변과 사회 전체, 그리고 궁극적으로는 지구 전체를 변화시킬 수 있다는 것이지요. 게다가 지금처럼 변화를 급속하게 만들어낼 수 있는 때가 일찍이 없으니까 말입니다.

한바다 그렇습니다. 혜민 스님 같은 경우도 SNS를 통해서 알려진 거잖아요. 물론 그분이 사람들의 마음을 직시하고 가슴을 적셔주는 뭔가를 가지고 있기 때문이겠고요.

성해영 보통 영성을 추구하거나 명상을 하는 분들의 주된 주장은 무엇보다 에고를 극복하라는 것인데, 아이러니하게도 이 분야야말로 한 에고 하는 분들을 찾기 쉬운 것 같아요.(웃음) 존재의 심연에서 비범한 지혜를 발견했지만, 인간관계 속에서 그 통찰을 잘 구현하지 못한다면 에고를 팽창시키는 힘으로 작용하기 십상이지요. 명상 분야에 오래 몸담아오신 선생님이 누구보다도 이런 사례를 많이 보셨을 것 같습니다.

한바다 잘 말씀해주셨어요. 명상이든 뉴에이지든 너무 혼자 공부해서 초월 지향적으로 가다 보면 우월감에 사로잡힐 수 있습니다. 그러다 보면 관계 속에서 튀어나오는 무의식적 욕구나 투사에 대해 어두울 수 있어요. 수평적인 명상 공부로 나아가는 것이 필요한데, 그것이 마음에 대한 공부입니다. 마음공부는 관계를 거울삼아 나아가는 공부입니다. 관계 속에서 작용하는 이기적인 무의식을 잘 알아차리고 하나씩 걸러나갈 때 의식은 성장하지요. 물론 관계가 쉬운 것은 아니에요. 하지만 불화와 불편함이 싫다고 혼자 자기 속에 빠져 있으면 의식은 오히려 퇴보합니다. 인간관계에서 생겨나는 불화와 불편함을 친구삼아 마음을 탐구하는 겁니다. 자신이 어디에 묶여 있나 살펴보면 자기만의 생각에 빠져 있었거나, 허위의식 또는 권위의식에 붙어 있었던 거거든요. 그 점을 솔직히 인정하면 진심이 살아납니다. 그렇게 마음을 열고 나가다 보면 상대방도 진실에 감응하면서 진정한 만남이 일어납니다.

성해영   명상이란 고독의 길이라 관계와의 조율, 특히 수평적 차원이 더불어 강조되어야 한다는 말씀이신데요. 조금 더 쉬운 사례로 설명해주신다면요?

한바다   몇 년 전에 〈댄싱 퀸〉이라는 영화가 상영됐어요. 황정민과 엄정화가 부부로 나오잖아요. 황정민은 학생운동 했다가 변호사가 됐고, 엄정화는 댄서가 꿈이었는데 가정에 눌러앉았지요. 남편이 어떤 계기로 시장에 출마하게 되고, 그 시점에 아내도 몰래 댄스 콘테스트에 나가는 상황이 일어나요. 나중에 남편이 그걸 알게 되면서 그의 사고방식이 드러납니다. '너는 조용히 있어라. 내가 너를 행복하게 해줄게. 내가 잘돼야 네가 행복해진다.' 그런데 아내가 이렇게 말하지요. '나도 내 인생이 있다.' 그때 남편이 충격을 받아요. '그게 무슨 소리냐!' 고민하다 나중에는 인정을 하게 되지요. 자신에게 꿈이 있듯이 아내도 마찬가지라는 걸 인정하게 돼요. 다시 가슴이 만나는 진정한 관계가 시작됩니다. 진정한 관계가 회복되자 가슴의 이야기를 할 수 있게 되었지요. 서울 시민들 앞에서 후보 연설을 하는 자리에서 남편은 미리 작성된 원고를 버리고 갑자기 내면에서 흘러나온 이야기를 해버립니다. 스태프들을 통해 서울말 훈련을 받았지만, 사투리도 튀어나오고요. '서울 시민은 다스려야 할 대상이 아닙니다. 함께 손잡고 나아가야 될 존재입니다. 그리고 진짜 전문가나 똑똑한 사람은 제가 초대를 해올 테니까 같이 만나 이야기하면서 함께 의논해봅시다.' 사투리였지만 그가 하는 말은 새로운 메시지였고, 사람들이 듣고 싶어 하는 메시지였지요. 그 순간 사람들의 마음이 열려요. 사실 우리가 정치가들한테 듣고 싶은 이야기가 그거잖아요. 소통이니 뭐니 계속 이야기는 하지만 가짜였잖아요. 우리는 진정성이 담긴 그런 이야기를 듣고 싶은 것이지요.

성해영   그럴듯하게 들리는 말이 아니라 진심이 중요하다는 말씀이지요?

한바다   네. 그건 사람들을 지배나 통치의 대상이 아니라 살아 있는 지혜를 가진 인간으로 생각하는 거거든요. 거기에 차이가 있는 겁니다. 살아 있는 관계 속에서 만남이 하나의 큰 주제가 될 수 있고, 거기에서 소통이나 이해가 나오는 것이지요.

성해영   홀로 가부좌를 틀고 면벽만 해서는 도저히 얻을 수 없는 종류의 통찰이군요.

한바다   그건 준비 단계라고 봅니다. 만나기 위한 준비 단계인데, 그게 너무 강조되고 있어요. 관계 속에서 자기 마음이 어떻게 돌아가는지 보고, 진정한 만남으로 나아갈 수 있도록 성찰하고 노력하는 것은 자신의 삶 속에서 직접 해야 되는 겁니다. 그래야 종교와 삶이 분리되지 않지요. 상대방과 만나고 대화할 때 자신이 어떤 톤으로 말을 하고 있고, 또 상대를 어떤 마음으로 받아들이고 있는지 민감하게 깨어 있으라는 겁니다.

성해영   그런데 심지어 홀로 하는 좌선과 명상 과정에서조차

'만남'은 가능하지 않습니까? 지금껏 알지 못했던 자기 속의 어떤 측면들을 열린 마음으로 인식하는 것 역시 만남이잖아요. 하지만 이것 역시도 잘 안 이루어지니까 궁극적 실재를 만나는 체험 자체만이 중요해지고, 끝없이 열려가는 과정 자체는 깡그리 무시하게 되는 것 같습니다. 다시 말해 열림의 자세로 자기 내면을 새롭게 발견해가는 과정 그 자체가 중요할 수 있는데요.

한바다  과정은 곧 삶 그 자체니까요. 성 교수님께서 《종교, 이제는 깨달음이다》에서도 잘 설명해주셨듯이, 결과에 목맬 것이 아니라 과정 자체를 사랑하고 누릴 때 내면의 영성은 살아나 노래 부르게 됩니다. 그러다 보면 더 큰 열림이 찾아올 것이고요. 결과만 중시하고 과정을 소외시키면 명상이 일어나질 않습니다. 진정한 명상가라면 과정 자체를 중시할 겁니다. 그게 더 의미가 있지요. 이 삶은 늘 현재잖아요. 차를 몰고 갈 때도 명상적으로 갈 수 있어요. 심장을 이완하고 차를 몰고 가고 있는 현재에 머물도록 해보는 겁니다. 그러면 가고 있는 과정 자체를 즐길 수 있습니다. 그런데 목적지에 도달하는 것만 지향하면 다른 차들이 방해물처럼 보이지요.

성해영 목적지에 도착하는 것만이, 그것도 가급적 빨리 가는 것만이 중요해지니까요.

한바다 그러면 가는 과정이 소외되면서 스트레스가 쌓이지요.

성해영 타인은 물론이고 그 과정에서 자기 자신도 소외시키게 되잖아요. 육체를 훼손시키기도 하고요. 기독교에도 이런 사례들이 많이 기록되어 있습니다. 신을 만나는 과정에 육체가 걸림돌이 된다고 믿고, 자신의 육체를 함부로 대하는 사례들이요.

한바다 육체와 마음 둘 다 소중한 것인데, 당시 사람들은 지나치게 육체를 경멸하고 비하한 것 같네요. 진정한 만남을 위해 한 순간 한 순간을 새롭게 열고 나아가는 게 중요할 것 같습니다. 과정을 소중하게 여기는 자세가 명상의 정수이며, 종교에서 강조하는 경건함이나 감사와도 통한다고 봅니다.

성해영 말씀 나누다 보면 행복의 성취에 그토록 중요한 그 일이 왜 이렇게 어려울까 거듭 묻지 않을 수 없네요.

한바다 지금 여기에 머물면서 과정을 깊이 사랑할 수 있으면 삶이 모두 풍요롭게 될 텐데 말입니다. 삶의 결과만 중요하면 살았던 과정은 무슨 의미가 있겠어요. 결과는 죽음밖에 없는데.

성해영 그렇지요. 저 역시 진정한 만남의 반대말은 소외라고 생각합니다. 진심도 사랑도 깨어남도 없는 만남. 종교는 만남, 기쁨, 행복과 같은 것들을 지향하지만 현실은 그렇게 아름답지 않잖아요. 만약 종교를 믿는 사람들부터 서로 진심으로 만났더라면 오늘 우리의 현실이 많이 달랐겠지요. 우리나라 사람의 절반 가까이가 종교를 믿는데, 천국이나 깨달음만을 지향하는 목적 지향적 사고가 아니라 거기에 도달하는 과정 자체에 좀 더 집중했더라면요. 종교인들이 가족을 비롯해 주변 모든 사람들과 가슴이 두근두근하는 즐거운 삶을 꾸리면 좋을 텐데요. 그렇지만 현실에서 행복이 넘치는 진정한 만남을 좀처럼 찾아보기 힘드니 말이에요.

한바다 그렇게 된다면 얼마나 좋을까요! 가슴이 설렐 수 있는 마음, 그렇게 살아 있는 마음이 소중한 건데, 제도적 측면만 남게 되면 가슴의 떨림은 멎게 되니 슬픈 일입니다. 그때 의식은 표층에 머물 뿐 깊은 종교로 들어가기가 어렵나 봅니다.

성해영 삶의 궁극적 의미를 묻고, 이를 공유하려 했던 종교가 그 근본 지향점에서 멀어졌다는 게 문제이겠지요. 동시에 종교가 지향하는 목적을 독점적인 영역으로 주장하면서도 본질을 제대로 구현하지 못하는 것이지요. 종교야말로 진정한 만남을 끝까지 구현해야 하는데, 그걸 소리 높여 선언하는 것에 멈추는 것 같습니다.

한바다   종교를 탄생시킨 모든 깨달은 스승들의 가슴에는 사랑과 자비와 지혜, 감사와 평화라는 보편적 메시지가 담겨 있다는 걸 다시금 상기하고 싶은데요. 이 메시지들은 모두 '영성'이라는 큰 둥지에 담겨 있습니다. 배제하거나 소외시키는 건 보편적인 가르침에서 멀어지게 하기 때문에 우리는 늘 그런 사실을 자각하고 있어야 되겠지요.

성해영   종교가 주장하는 힐링도 결국 진정한 만남이 이루어지면서 온전함이 회복되면 자연스럽게 성취되는 거잖아요. 행복 역시 깨어 있는 만남 속에서 사랑을 나누고 소통한다면, 그래서 서로의 영혼이 품고 있는 아름다움을 발견하고 키워나갈 때 경험할 수 있지 않습니까.

한바다   지금 우리 사회의 중요한 키워드가 공유입니다. 고대에는 공유였고, 다시 소유로 왔는데, 소유가 너무 탐욕으로 치닫다 보니까 소유와 소외가 연결돼버렸거든요.

성해영 소유라는 건 대상을 철저하게 물건으로 만드는 거잖아요. 예전에 다큐멘터리에서 본 장면인데요. 시베리아의 원주민은 소를 그냥 도살하지 않고, 먼저 절하고 기도하면서 소의 영혼을 위해 빌어주더라고요. 소를 그저 소유의 대상이 아니라 그 자체로 가치가 있는 생명으로 보는 것이지요. 비록 우리가 살기 위해 소를 죽여야 하지만 말입니다. 이렇게 세상 만물에 내재한 영성을 존중해줄 때 더 살기 좋은 공동체가 되겠지요.

한바다 세상 만물에 내재한 영성을 존중하라! 참 가슴이 저며 오는 말이네요.《소유의 종말》과《공감의 시대》를 저술한 제레미 리프킨Jeremy Rifkin의 생각처럼 앞으로 문명은 장기적인 차원에서 그리로 흘러가겠지요. 그 과정에서 과학은 과학대로 여러 가지 발전을 할 것이고, 하여튼 인간 속에 있는 모든 꿈들이 다 드러날 거예요. 영성에 대한 열망도 드러나고, 소유에 대한 열망도 드러나고. 하지만 더 깊은 곳에서 만남에 대한 열망이 드러나게 되면, 그런 것들이 인간의 진정한 영적인 가능성과 본질을 구현해가는 차원에서 지구사가 진행되겠지요.

성해영 다른 한편 생각해보면 뜻밖에 쉬울 수도 있습니다. 아무리 소외된 사람이더라도 진정한 만남을 통해 기쁨과 행복을 경험하려는 열망이 있기 때문에, 소통의 즐거움과 행복을 맛보면 다른 사람들과의 관계 속에서 SNS가 퍼져나가듯이 순식간에 퍼트릴 가능성이 있는 거잖아요.

한바다 영적인 인터넷이라 할 수 있겠네요. 원래 있었던 것인데 가동을 안 했던 것이지요. 그런 경험들이 좋은 경험이고 멋있는 경험이라는 걸 알게 되면 많이 확산될 겁니다.

성해영 힐링 이야기를 좀 더 해보았으면 합니다. 진정한 만남이 만들어내는 자연스러운 힐링에 대해서요. 지금은 많은 사람들이 어느 때보다 크게 상처받고 있잖아요.

한바다 상처에는 육체적인 상처도 있고, 정신적인 상처도 있는데, 스스로 치유하는 걸 힐링이라고 합니다. 힐링과 치료treatment는 다른데, 치료는 외부에서 요법적으로 하는 것이지요. 또 치료는 의사들만이 쓸 수 있는 용어이고요. 힐링은 근원의 온전함에 연결되어 마음도 흘러가고 생명에너지도 흘러가게 하는 것입니다. 흘러갈 때는 상처가 안 생겨요. 마음은 흘러가길 원합니다. 상대방과 만나기를 원하고 가 닿기를 원하는데, 좌절됐을 때 가슴에 상처가 생깁니다. 힐링은 흔히 자아에서 생긴 상처를 치유한다는 뜻으로 쓰고 있습니다. 자아는 외롭잖아요. 따지고 보면 자아, 독점욕이라는 것 자체가 이미 상처예요. 보통은 심리적인 요법으로 자아를 치유하잖아요. 하지만 근본적인 치유는 우리가 근원적 존재와 만났을 때 일어나는 것이고, 근원과 만나지 못할 때 자아 자체는 완전히 치유될 수 없습니다. 자아의 존재 자체가 근원적 존재와 분리돼서 생기는 것이기 때문이지요. 우리 내면의 근원에는 상처가 없어요. 모두의 근원은 온전합니다. 자아가 그 근원적인 온전함을 깨달을 때 상처가 끝나는 겁니다.

성해영 절로 동의하게 되는 좋은 말씀입니다.(웃음) 자아가 확장되어 궁극적인 실재와 하나가 됨으로써, 우리가 겪는 현실이 마치 드라마와도 같다는 사실을 알아차리는 것이 신비주의의 핵심입니다. 그러니 나 자신이 드라마의 캐릭터로서 상대적 세계 속에서 다른 상대들과 어우러져 우주적 놀이를 만들라는 이야기가 뒤따라 나오죠. 이렇게 되면 과도한 진지함으로부터 벗어나고, 자기라는 에고에 지나치게 끄달리지 않는 일이 가능할 것 같습니다. 말씀하셨듯 근원적인 것과 원상태를 회복하는 게 최종 처방이라는 것이 모든 종교가 내놓는 답이겠지요.

한바다   옳은 말씀입니다. 궁극의 차원으로 들어가기 전에는 자아가 과도하게 심각해진 나머지 상처를 받습니다. 그걸 치유해줄 필요가 있다고 해서 나온 게 힐링이에요. 특히 에고에서 생긴 상처들은 심장 차크라와 마니푸라manipura 차크라에 많이 걸려 있지요. 또 여성분들의 경우에는 성性 차크라에도 상처가 많습니다. 인류 역사상 오랫동안 남성이 여성을 억압하고 비하했기 때문에 여성의 집단무의식에 그런 상처들이 전승되어 내려온 것입니다.

성해영   치유는 결국 내면에 이미 존재하고 있는 온전성과 만나는 일이고, 이 일은 명상을 통해서도 가능하지만 자기 이야기를 진심으로 들어주는 만남을 통해 성취될 수 있겠네요.

한바다   그게 공감의 힘이지요. 공감이 힐링합니다.

성해영   에고의 문제를 조금 더 이야기해보죠. 에고란 인간의 영혼이 물질적 세계에서 분리된 개체가 되면서 만들어지잖아요. 그러니 분리의 드라마는 에고를 필요로 하지요. 또 근원과 연결된다는 것은 분리란 환상에 불과하다는 사실을 체험으로 안다는 거고요. 이런 관점에서 에고는 분리의 고통도 주지만, 근원과의 하나 됨이 주는 기쁨을 실감하게 만드는 양날의 칼과도 같다는 생각이 듭니다.

한바다 에고는 인류의 가장 위대한 발명품이지요. 지구적인 경험의 드라마가 일어날 수 있게 하는. 궁극적으로는 졸업해야 될 드라마이긴 하지만.

성해영 우주적 드라마를 가능하게 한 가장 핵심적인 장치네요. 우주적 환상으로 만들어 고통도 주지만, 다른 한편으로 에고가 확장돼가면서 느끼는 기쁨도 주니까요. 더구나 진정한 만남을 통해 공감의 기쁨을 느끼도록 하는 불가결한 장치가 되니까 말입니다. 정말 놀라운 발명품이군요.(웃음)

한바다 조건부이긴 하지만 지금 우리가 지구 차원에서 에고를 경험하는 것 또한 굉장히 경이로운 경험입니다. 그래서 에고도 인정해보자는 겁니다. 그래야 제대로 경험을 할 수 있고, 그럴 때 이해하고 넘어갈 수 있으니까요. '나'를 세워야 할 때가 있고, 치워놓아야 할 때가 있습니다. 언어화된 '나'라는 생각의 에고가 자기를 제한하고 조건화하니까 무한한 가능성이나 온전함에서 소외될 수 있어요. 대화할 때 '나'라는 생각에 빠지면 알아차려서 그 생각에 끌려가지 말고, 상대방과 나의 마음이 함께 만나지는 미묘한 의식의 장을 탐구해보자는 겁니다. 따듯한 마음을 가지고 정성스럽게 다가갈 때 그런 의식의 장이 미묘하지만 둘 사이에 흐르고 있는 것을 느낄 수 있어요. 그 장 안에서는 있는 그대로 볼 수 있고, 있는 그대로 만남이 일어날 수 있어요. 대화를 하다가 갑자기 상대방이 화를 낼 때가 있으면 그것은 '내가 자신만의 생각 속에 너무 빠져 있어서 그렇구나!' 하고 알아차려야 할 신호입니다. 한쪽이 자기 생각에 너무 빠져버리면 만남의 장은 희미해져버리고 상대방은 소외감을 느낍니다. 대화를 할 때 가슴을 느끼고 있으면 도움이 되지요. 가슴을 느끼면서 말을 할 때는 따듯한 배려와 친절에 중심을 두기 때문에 상처 주는 말이 나오지 않고 진심이 상대방의 마음에 가닿게 됩니다. 아주 불편한 관계일 때 나를 어떻게 쓸 것인가 하는 문제가 남기는 하네요.

성해영 좋은 말씀입니다. '나'라는 에고 의식을 발판으로 삼아서, '나'와 '너'를 넘어서는 만남의 공간으로 가자는 거지요. 그런데 불편한 관계라는 걸 예로 들어주시면요?

한바다 평등한 관계가 아닐 때는 말을 잘 못하잖아요. 그럴 때는 불편하겠지만 어떤 식으로든 나를 표현해서 나는 이렇게 생각한다고 말하는 것도 필요하지요.

성해영   자기 독립성 혹은 주체성이 필요할 때도 있으니까요.

한바다   안 그러면 자꾸 혼돈이 일어나니까.

성해영   그렇지요. 자아의 독립성이 제대로 확립되지 않은 주체들 사이에서 진정한 만남은 불가능하니까요. 발달심리학에서도 건강한 자기 정체성의 확립은 진정한 발달의 불가결한 요소라고 하지요. 이게 없으면 제대로 된 관계 형성이 불가능할 수밖에 없어요.

한바다   네. 질질 끌려가면서도 굉장히 불편한 관계가 되지요.

성해영   대등한 과정에는 필연적으로 나를 세우거나 주장할 필요가 있잖아요. '나는 이것을 요구하고 내 감정은 이렇다'라고 당당하게 밝히는 거 말입니다. 그럴 때 관계의 전제 조건인 튼튼한 에고가 서 있다고 말할 수 있겠지요.

한바다   자신의 감정에 대해 솔직할 필요가 있겠지요. 그게 심리학의 주제 아닌가요? 심리학에서는 건강한 나를 만드는 것이 목적이고, 보통 명상에서는 좀 더 자아초월transpersonal적인 추구,

즉 개아個我를 뛰어넘는 것 혹은 영적인 추구를 합니다.

성해영   그래서 영어로는 개체이지만 온전성을 확보한 에고를 셀프self라고 부르기도 합니다. 자기심리학self-psychology에서 '자아ego'가 아닌 '자기self'라는 단어를 쓰지죠. 물론 말씀하신 '자아초월 심리학'의 초월 역시 건강한 자아, 즉 '자기'가 주체가 되어 스스로를 초월해나간다는 의미를 내포합니다. 거기에는 개체화된 인격을 초월하는 차원의 인식이 꼭 이루어져야 하고요.

한바다   에고, 셀프, 섀도shadow, 이게 전부 혼동돼서 쓰이고 있어요. 에고적 차원과 그림자shadow라 불리는 억압된 잠재의식의 부분, 그리고 '참나'라로 불리는 초월적 차원(궁극적 실재)에서 다루는 것이 각자 다른 영역이라는 것을 이해할 필요가 있습니다. 이 차원들을 구도자든 일반 상담자든 종교인이든 자신의 삶에서 유기적으로 통합하는 것이 인간 완성의 길이겠지요.

성해영   맞습니다. 원래 마음이라는 것이 뚜렷하게 구분될 수 없는 여러 요소를 가져서 그러겠지요. 게다가 궁극적 실재를 포함한 전체적인 틀 속에서 개인의 마음이 어떤 위치를 갖는지가 명확하게 파악되지 않아서 생기는 혼란도 있습니다. 위계라는 말은 좀 그렇지만, 마음의 층위 혹은 의식의 서로 다른 차원들이 정리가 안 되는 것이지요. 심지어 종교 분야에서조차 에고나 셀프와 같은 개념들이 혼재되어 사용되는 데다, 에고의 양면적 특성을 고려하지 않은 채 자꾸 에고를 없애야 할 무엇으로 간주하는 것도 위험해 보이고요. 제도권 학문에서 궁극적 실재는 수용하기 어려운 개념이거든요. 그러니 궁극적 실재와의 만남을 통해 근원적 온전성을 확보해야 한다는 주장은 학문의 영역이 아니지요. 어쩔 수 없겠지만, '가다 멈춘다'는 느낌을 피할 수 없습니다.

한바다 교수님도 잘 아시겠지만, 미국에서는 궁극의 차원까지 심리학 안에 다 담아보려고 나섰던 이가 켄 윌버Ken Wilber잖아요. 일단 심리 치료나 상담 등 일반 심리학으로 건강한 에고를 만들고, 이후에 그보다 높은 차원의 요가 명상, 힌두 아드바이타Advaita, 선불교, 티베트 족첸Dzogchen 수련 등에서 다루는 초월적 추구로 나아가는 것이 바람직하다는 통합 이론을 전개했지요.

성해영 윌버 이전에 인간 무의식의 종교적 차원이 인간 삶에 필수적이라고 주장했던 칼 융C. G. Jung 역시 학계에서는 거의 다루지 않습니다. 현대 학문은 합리성이나 과학의 개념에 입각해 객관성이나 보편성을 강조하는 추세라, 영적이거나 종교적으로 불릴 수 있는 것은 제도나 학문 영역 밖으로 밀어냅니다. 가치중립적 객관성이라는 학문적 모토가 제일 먼저 거부하는 것이 종교성과 영성 같은 것이지요. 그러니 인간 심리의 초월적 차원을 강조하는 켄 윌버는 당연히 대학에서 환영받기 어렵습니다.

한바다 그런 줄 몰랐습니다. 그래도 대학에 종교학은 있잖아요.

성해영 제가 종교학을 하고 있지만, 이것 역시 경계가 모호합니다. 특히나 지금 대학은 세분화된 학과 시스템에 맞는 전문화된 지식을 가르치지, 삶을 꾸리는 지혜는 전하지 않습니다. 설령 전하더라도 간접적인 방식이지요.  게다가 선생님이 줄곧 강조하는, 삶을 소외시키지 않는 '새로운 언어'에 대한 이야기는 더더욱 하기 힘들지요. 하지만 종교는 '어떻게 살아갈 것인가'라는 삶의 지혜를 전면적으로 다루지 않습니까. 물론 선생님 말씀처럼 예전 언어에 묶이기 쉽다는 한계에 빠지기 쉽습니다만. 그래서 우리 삶의 문제를 직접적으로 묻고, 해결하는 앎을 찾겠다는 고민이 그 어느 때보다 커지는 게 아닌가 싶습니다. 문화, 교육, 경제, 정치 등 사회 모든 분야에서요.

다섯

물음: 오직 나만이 답할 수 있다

성해영   거듭 이야기하신 것처럼 명상이 진정으로 깨어 있는 연습을 통해 삶을 충만하게 살아가기 위한 노력이라면, 왜 오늘날 명상도 종교도 제대로 기능을 하고 있지 못하는 걸까요? 그 어느 때보다 필요한 시점에서요. 종교와 명상이 왜 인간들을 오히려 고통스럽게 만드는 걸까요? 종교마저도 우리의 자학을 키워낸다는 점에서요.

한바다   안타까운 일이지요. 그런데 그건 꼭 명상이나 종교 자체만의 문제라기보다는 사람들 개개인이 이미 만들어진 답을 추구해서 그러는 것 같아요. 너무 편하게 가려는 생각과 우리 자신의 마음 안에 있는 의존성이 외부에 있는 권위나 우상, 브랜드에 쉽게 굴복하게 만드는 겁니다.

성해영 남이 만들어놓은 답을 받아들인다는 것이지요?

한바다 네. 그건 자기 답이 아니지요. 자기 답을 스스로 찾아간다는 것에 대한 확신과 즐거움과 설렘을 보지 못하기 때문에 이미 만들어진 답에 의지하는 겁니다. 그저 자기 삶을 산다면 어떤 모험도 신나지요. 여행 갈 때 신나잖아요. 여행하면서 새로운 세상을 보는 건 가이드가 아니라 나잖아요. 모르는 장소라 할지라도 그곳에 가면 뭔가 새로운 만남이 있어요. 그곳에 가서 뭔가를 봐야 한다는 건 일종의 강조 포인트인 것이고, 그걸 보는 건 나 자신인 겁니다.

성해영 느끼는 것도 나고, 즐거움을 맛보는 것도 나여야 한다는 말씀이지요?

한바다 네. 그런데 답에 집중하다 보니 뭘 해야 되는지를 잊어버린 겁니다.

성해영 더군다나 그 답이 이미 만들어진 것이니까.

한바다 결국 모험을 안 하겠다는 것이고, 그래서 자꾸 열정이 식는 겁니다. 돌아가신 성현이나 스승들이 답을 알고 있다고 생각하지만, 그 답은 그들의 답이었다는 거예요. 그들은 자신의 삶을 통해 엮어낸 아름다운 작품을 내놓고 간 건데, 우리가 내 작품도 그래야 된다는 식으로 생각하면 안 된다는 것이지요. 지금 삶은 나를 부르고 있습니다. 삶은 상황을 통해 나에게 묻고 있습니다. 이 삶의 부름에 나는 어떤 대답을 해야 할까, 이 삶에서 나는 어떤 작품을 써야 할까, 물어보는 것이 나를 진정으로 살아 있게 만들어줍니다. 내 작품은 나 스스로 만든다, 내 마음의 불안과 기쁨에 대해 나 스스로 책임진다는 떳떳함을 가져야 합니다. 이렇게 이야기하면 기존 종교를 부정하는 이야기처럼 들릴 수도 있겠지만요.

성해영 선생님 말씀이 기존 종교를 그저 부정하는 것으로는 들리지 않습니다. 그들도 자신의 답을 당대의 새로운 언어로 모색했던 것인데, 시간이 지나면서 그들의 언어가 전통과 역사가 되면서 본래의 힘이 퇴색되었다고 거듭 말씀하고 계시니까요.

한바다   다른 사람이 써놓은 답을 따라가면 편할 것 같지만, 자신의 성향이 그 답과 다를 때는 졸게 돼 있어요. 원래 종교는 내 영혼을 깨어나게 하고, 설레게 하고, 요동치게 하는 것일 텐데요. 부모에게 유산으로 물려받은 종교는 아무런 감동 없이 체제 안으로 들어가는 것이지요. 설렘과 헤맴도 없이 들어가는 것이기 때

문에, 그건 이미 거듭난다는 종교의 본뜻이 사라진 겁니다. 진정한 종교는 내부에서 태어납니다. 예수가 사막으로 간 것도 그런 뜻이었어요. 바깥에서 주어진 종교는 다만 그 계기를 마련해줄 뿐이지요. 이런 경이와 기쁨의 세계가 정말 있다는 걸 알려주는 일종의 지도라는 겁니다. 예를 들어 《금강경》은 지도를 보여주는 것이고, 그 의미는 내가 깨어나서 직접 맛보았을 때 살아나는 거예요. 그 전에는 그냥 막연하지요. 깨어나보면 《성경》이든 《금강경》이든 그 진짜 의미가 살아나요. 그러니까 자신이 자기 삶을 여행하고 있다는 마음, 탐구해보겠다는 마음이 필요하지 않을까요?

그리고 이렇게 볼 수도 있어요. 신을 바깥에 투영해서 보는 것이 샤머니즘이나 애니미즘이잖아요. 모두 신령스러운 존재들인 건 맞습니다. 문제는 나의 내면이 안 그렇다는 것이지요. 나의 내면은 어둡고 고독하고 불안하니까 내 안에 그게 있을 리가 없다고 믿는 겁니다. 내 안에 없다면 무엇인가가 바깥에 있겠고요. 바깥에 신이 보일 수 있는 것은 우리 자신 안에 신이 있어서입니다. 신이 내 안에 없다면 결코 바깥에서도 보일 수가 없어요. 자신 안에 있는 것만 보이는 것, 그게 우리 마음의 원리입니다.

성해영 그렇지요. 달리 표현하자면 바깥에 있는 걸 보고 자극을 받아서 내 안에 그게 있다는 것을 확인할 수 있습니다. 전후

관계가 어찌 되었든 간에.

한바다 네. 보통은 나의 내면은 두렵고 어두우니까 내 안에 신이 있을 리가 없다고 속단을 해버리거든요. 많은 분들이 명상을 두려워하는 건 자기 내면을 보면 너무 안 좋은 면들이 많이 보여서 그러지 않나 싶어요. 그분들은 다른 이들이 만들어놓은 답을 찾습니다. '나 외에 다른 사람은 다 옳을 거야'라는 생각이 무의식에서 일어나는 것이지요. 하지만 답이라는 건 스스로가 찾았을 때 꿀물이 되고 샘물이 될 수 있습니다.

성해영 사람들이 자신을 있는 그대로 받아들이지 않고, 자신의 감정과 지성은 부정하고, 남들이 제시한 답을 옳다고 속단하는 태도가 문제의 핵심이라는 지적이네요.

한바다 '너에게는 그 문제를 해결할 힘이 없기 때문에 나한테 오면 된다'라는 소리를 듣기 좋아하는 사람들이 많으니까요. 그러면 계속 노예적인 삶을 살게 돼 있지요. 그리고 이런 자학의 메커니즘 안에서는 지금까지의 경험상 자신이 어떤 사람이라는 걸 이미 다 알고 있기 때문에 더 큰 존재에 대한 물음이 잘 안 올라옵니다.

성해영　자신이 과거에 경험한 것이나 남들이 가르쳐준 것으로 모든 문제가 이미 해결되었다고 믿으면, 새로운 질문이나 답을 결코 발견할 수 없지요. 그리고 내 속에 잠재된 새로운 것들을 찾아낼 수도 없고요.

한바다　깨달음은 새로운 발견이라고도 할 수 있어요. 스스로 삶에서 섬광과 같은 통찰이 일어나는 일도 포함하지만, 이것을 스승과 제자의 입장에서 보면 스승이 제자의 내적 가능성을 새롭게 발견하는 상태이기도 합니다. 교육을 뜻하는 영어 '에듀케이션education'의 어원이 잘 말해주고 있어요. 에듀케이션은 '끌어내다'라는 뜻의 라틴어 '에두카레educare'에서 나왔는데, 말하자면 스승은 제자에게 잠재된 가능성을 봐줘야 되는 겁니다. 그걸 봐줄 수 있는 존재만이 스승이 될 수 있지요. 지식을 전달하는 사람이 아니라. 그건 요새 스마트폰이 다 하잖아요. 스승은 삶의 통찰력을 가진 사람이에요. 성숙한 삶을 살아서 통찰의 눈을 가졌기 때문에, 상대방의 바깥 모습이 어떻든 실제 내면에 숨어 있는 가능성을 꿰뚫어 볼 수 있는 것이지요. 배우는 자는 힘을 받아 자기 안에 있는 가능성을 만날 수 있게 되는 겁니다. 그러면 그 숨어 있는 가능성이 자기 삶으로 또는 의식으로 드러날 수 있습니다. 그런 점에서 '에듀케이션'이라는 말을 '가능성을 드러나게 하기'

라는 뜻으로 해석할 수 있겠네요.

성해영   갑자기 2002년의 월드컵이 떠오릅니다. 그 사건 역시 우리 속에서 거대한 에너지와 기쁨을 끌어내어 함께 인식하도록 했지요. 우리에게 이렇게 큰 에너지와 기쁨이 있었는지를 미처 몰랐는데 말이지요.

한바다   그렇지요. 그것과 똑같은 의미입니다.

성해영   역사적인 경험, 특히 집단적 경험이 우리 속에 숨겨져 있던 가능성을 드러내게 만들었다고 볼 수 있겠네요.

한바다   네. 그 상황들이 우리를 교육시킨 것이지요. 그런데 '교육'이라는 말은 좀 무겁네요. 좋은 의미로 써보자면 라틴어의 뜻을 포함시켜, '새로운 차원의 가능성으로 이끌어내다'라는 우리말로 새겨 읽으면 좋겠어요.

성해영   그런 관점에서 보면 진정으로 깨어 있고, 제대로 된 사랑을 가지고 타인이 미처 발견하지 못한 가능성을 이끌어내주는 이들을 교사라고 불러야겠습니다.

한바다 제가 앞서 냈던 책에서도 앞으로 깨친 사람이 교사가 된다고 쓴 적이 있습니다. 인간의 잠재력에 대해 한 번이라도 눈을 떠봤던 사람이 남의 잠재력도 발견할 수 있거든요. 보아주는 걸 다른 말로 하면 관심이라고 하잖아요. 그게 엄청난 힘이 있어요. 예를 들어 관중들이 반응하면 힘이 나는 것처럼, 우리가 보아주는 의식의 힘에는 창조력이, 빛이 있거든요. 한 존재를 보아주는 것은 실은 빛을 보내주는 일이에요. 저기 있는 풀을 관심을 갖고 보아주잖아요. 그러면 그 풀도 반응을 해요. 예전에 계룡산에 살 때 한 시인이 찾아와 대화를 나눈 적이 있었어요. 한참 이야기를 나누는데, 문득 시선이 텔레비전 위에 놓인 화분으로 갔어요. 불현듯 '전자파 위에서 풀이 고생을 많이 했겠다'는 생각이 들었지요. '그런데도 꿋꿋하게 안 시들고 살아 있네!' 하는 대견한 마음이 생겨나더군요. 그러자 어떤 빛 같은 부드러운 기운이 내 안으로 쑥 하고 들어와서는 나의 하트$_{heart}$를 막 어루만져주는 겁니다. 그 순간 소통이 된 것이지요. 식물과의 만남이 일어난 겁니다. 사랑을 가지고 봐준다는 게 엄청난 힘을 준다는 걸 깨달은 것이지요.

성해영 신기한 경험이네요. 결국 미약한 존재처럼 보이는 풀조차 사랑의 시선에 그렇게 반응하는데, 하물며 영혼을 가진 사람이야 더 말할 필요도 없겠네요.

한바다   그러니까 자기 자신도 그렇게 봐주라는 겁니다. 그게 자가 치유입니다.

성해영   남에게 관심을 가지고 그 사람 속에 잠재된 것들을 발견해주어 드러나게 만드는 사람이 스승이라. 특히 사랑의 마음으로요. 그렇게 본다면 스승은 상대방이 자기 마음속에 들어와서 놀 수 있도록 진심으로 허락하는 존재네요. 또 어떻게든 두뇌와 심장을 통합하고, 자기 속의 가능성과 사랑을 먼저 발견한 탓에 남들도 그렇게 만들 수 있는 사람들이고요. 결국 깨어난 스승이 진실한 만남의 촉매제가 된다는 주장이군요. 요즘 세상에 참으로 필요한 소통을 가능하게 하는 존재.

한바다   그렇지요. 소통이 중요합니다. 스승이 되는 사람들은 미리 여행을 해본 사람들이지요. 자기 내면에 대한 여행. 그래서 자기 안에 어떠한 가능성이 숨어 있는지를 알고, 그걸 증명해줄 수 있는 사람. 우리 안에 여러 가지 상처들이 많이 있는데, 그 상처를 포용하면서도 때 묻지 않는 자리를 알고 그 영역을 탐사해내는 사람들만이 그걸 할 수 있거든요. 두려움 없이요. 자기 내면에 대한 탐구, 내면의 여행이 굉장히 중요한데, 이건 기존의 '나'로서는 알 수가 없지요. 기존의 '나'가 아닌 어떤 존재에 대해 묻고 탐구하다 돌아보면 선입관 없이 만날 수 있는 마음의 작용들을 다 알게 돼요. 나아가서는 전혀 때 묻지 않은 내면의 온전한 존재가 발견되거든요. 그런 사람들이 스승입니다. 그래야 산파를 할 수 있지요. 그 옛날 그리스의 소크라테스처럼, 새로운 존재의 태어남을 받아내줄 수 있어요. 그렇지 않은 사람들은 지식의 전달자이지요. 지식의 전달은 핸드폰도 하고, 인터넷도 하고, 학원 선생도 해요. 진정한 사랑은 진정한 자기로 연결되는 경험이 있어야 나눠줄 수 있습니다.

성해영   그렇게 본다면 현대에는 우리 모두가 깨어남을 통해 스승이 될 수 있고, 또 되어야만 하겠습니다. 그래서 삶의 모든 영역에서 자기와 가까운 이들을 깨어나게 도와주고요. 생각만 해도 기분이 좋아집니다.(웃음)

여섯

물신: 자본주의는
인류의 사춘기

성해영 현대 사회에서 진정한 만남이 더 어려워졌다는 사실은 대다수가 받아들일 것 같습니다. 자본주의라는 시스템 자체가 소외를 가중시킨다는 비판이 높은데요. 돈으로부터의 소외를 포함해서요. 이 문제를 더 다루어보면 좋겠습니다.

한바다 현대인은 외롭습니다. 너무나 비좁은 자아 의식의 틀 속으로 자신을 밀폐시켜버린 결과 '나'가 소외되고, 삶은 공허하고 외로워졌어요. 그 허전함을 여러 가지 소유로 채우려고 하지만, 아무리 채워도 욕망이 다 가시지가 않는 것이지요. 가슴에서 교류가 일어나지 않기 때문에 허전함은 항상 남는데, 그 원인은 잘 모르는 겁니다. 그래서 만남이 절실히 필요합니다. 만남은 사랑이며 새로운 관계를 형성해주지요. 일체의 만남이 삶을 풍요롭게 해줍니다. 지금의 물질문명은 소유의 무한 추구가 특징인 것 같아요. 소유를 무한대로 충족시켜줄 수 있는 권능이 자본이고, 그 자본이 신이 되어 있는 게 현대 자본주의입니다. 그러고 보면 자본주의도 하나의 종교예요.

성해영  그것이 이른바 물신주의이겠지요. 물物이 종교에서 말하는 신神의 자격을 갖게 된 겁니다. 게다가 물신을 숭배하는 태도가 고삐 풀린 것처럼 끝없이 조장된다는 게 더 큰 문제이고요.

한바다 네. 자본을 가장 존귀한 자리에 놓은 것이지요. 그래서 자본주의라는 종교를 믿는 신도들은 자본의 힘을 절대적으로 믿습니다. 그리고 신도가 되기 위해서는 돈이 있어야 합니다.

성해영 돈이 가장 중요한 교리지요.

한바다 돈은 인간이 만든 신입니다. 황금은 자연에서 만들어진 결정체인데, 그 결정체를 상징화해서 돈으로 만든 것이지요. 가치를 교환하기 위한 편리한 수단일 뿐인 것이 이제는 인간의 영성이나 자연을 소외시키고 있어요. 소외는 소유와 꽉 맞물려 있습니다. 소유라는 형태를 통해 물질과 관계를 맺는데, 이건 일방적인 관계이기 때문에 내가 소유를 하는 만큼 나는 소외됩니다. 외로운 것이지요. 교류하고자 하는 마음이 소통하지 못하기 때문이에요. 소유하는 순간에는 일시적으로 충족감이 오지만, 심장은 진정한 만남을 원하고 있습니다. 외로움과 공허감은 실은 가슴의 소리예요. '나를 만나달라, 나를 알아달라'는 소리인데, 그걸 자아는 오인해서 자꾸만 다른 걸로 채워 넣으려고만 합니다. 치유하기 위해서는 결국 심장의 소리를 온전히 이해하고 소통해야 해요. 온전하게 만나자는 겁니다.

성해영   다른 이들과 사랑을 나누는 진정한 만남을 추구하고, 그럼으로써 우리 마음에 깊이 자리 잡고 있는 관계의 본능을 제대로 충족시켜야 한다는 것이지요.

한바다   그때 진정한 나가 발현됩니다.

성해영   계속 이야기해오고 있습니다만, 진정한 나는 육체적 개체로서의 내가 아니라, 모든 사물에 열려 있고 타인과 자연, 그리고 신과 교류함으로써 거대하게 확장될 수 있는 가능성을 가진 존재잖아요.

한바다   그 가능성 전체와 교류하고 이어지는 것이지요. 영혼의 인터넷이에요.

성해영   그렇게 교류할 때 영혼은 심장이 터져 나올 것 같은 기쁨을 맛보는 거고요. 물론 그 기쁨이야말로 우리에게 진정한 행복을 주는 것이지요.

한바다   참으로 그러합니다. 우리 심장의 근원적 소리는 기쁨이에요. 기쁨과 자유입니다. 그런데 그러한 가능성을 소외시키고 자꾸 물질에 대한 집착으로만 가다 보니까 안에서 공허감을 느끼는 건데, 공허감은 결과치거든요. 소외의 결과인데 뭔가 잘못된 줄 알고 자꾸 채우려고만 하다 보니까 갈수록 잊어버리는 겁니다.

성해영   종교의 창시자들은 바로 이런 가르침을 우리에게 준 것이지 않습니까?

한바다   그렇지요. 예수도 그렇지만, 금욕적일 것 같아 보이는 붓다도 실은 행복과 기쁨에 대해 아주 촘촘하게 묘사하고 있어요. 붓다는 인간의 의식 진화 과정을 크게 10단계로 나누어서 설명했어요. 그것은 수행을 통해서 인간 의식이 진화해가는 맵map을 보여준 것인데, 기쁨과 행복의 단계를 점점 정묘한 내적 차원으로 끌어올리는 이야기라 볼 수 있습니다. 대부분의 인간이 사는 세계는 욕계欲界라 불리는 감각적 욕망의 세계인데, 여기서는 감각적 쾌락과 고통을 경험하면서 기운이 바깥으로 흩어져 나가지요. 수행을 해서 의식을 내면으로 안정시켜 들어가면 네 가지 단계의 삼매를 차례차례 경험합니다.

초선初禪이라 불리는 첫 단계에서는 감각적 욕망을 멀리하고 차분히 깨어 탐구하는 만족과 행복을 경험합니다. 더 깊이 집중해  들어가면 탐구한다는 거친 생각마저 사라진 고요한 기쁨과 행복의 느낌을 경험하는 두 번째 명상 단계가 나오지요. 상태가 더 깊어지면 강렬한 희열감은 사라지고 은은한 행복감과 함께 초연한 평온감이 찾아옵니다. 이 상태에서 다시 과거를 염려하거나 더 편한 상태나 행복감에 집착하는 마음이 생겨날 수 있는데, 이런 마음마저 놓아버리고 초연하게 깨어 있음을 유지하고 있으면, 고통도 기쁨도 초월하여 마침내 마음이 극도로 맑아져서 깨어 있음과 평화가 융합되는 상태가 찾아옵니다. '평온과 깨어 있음의 완전한 청정 상태'라 불리는 제4선禪입니다. 이 네 단계는 우리 마음의 감정과 정서 상태가 고도로 순화되어가는 과정으로 볼 수 있지요. 의식 자체가 무한히 확장되고 미세해지는 4단계가 더 있는데, 아직도 미세한 관념이 달라붙어 있는 상태라 궁극의 상태는 아닙니다. 이 네 단계를 차례로 순화하거나 타파해가는 '지혜의 해탈' 과정이 있는데, 마침내 '모든 관념과 느껴진 모든 것들이 녹아버린' 상태가 옵니다. 이렇게 해서 마지막에 남은 궁극의 상태가 열반Nirvana입니다. 이것을 달리 무어라 표현할 길이 없어 침묵으로 대신하였지요.

성해영 말로 표현할 수 없는 경지 말이지요. 그러나 말을 통해 공유할 수밖에 없는 역설적 경지.

한바다 네. 아시다시피 말로 다할 수 없는 그 이야기를 전해주려고 여러 분들이 참 애를 썼어요. 초기 경전은 붓다가 사용한 민중어에 가까운 팔리어로 기록되었는데, 대승불교로 내려오면서 어원은 같지만 귀족어라고 할 수 있는 산스크리트어로 번역되어 많은 변화가 일어났지요. 이 산스크리트 경전들을 토대로 불교는 중국으로 대거 흘러 들어갔습니다. 구마라습鳩摩羅什이나 현장玄奘 같은 천재들의 피나는 노력으로 이 산스크리트 대승 경전들을 한문으로 번역하는 단계를 거쳤어요. 하지만 인도어의 그 미묘한 뉘앙스를 중국어로는 도저히 전달할 수 없었습니다. 중국 자체에서도 혜능과 같은 소외 계층의 사람들이 나와서 전혀 새로운 접근을 합니다. 언어의 혁명이 일어난 거예요. 민중들에게는 복잡한 논리가 안 통하잖아요. 그래서 당시 민중들이 쓰던 쉬운 언어로 부처의 가르침을 단순화시킵니다. 멀리서 찾아온 구도자가 '부처가 무엇인교?'라고 묻는 말에, 선사는 '삼베 세 근!'이라거나 '자네가 시방 떠나온 그 지방의 쐬주 값이 얼만겨?'라고 되묻기도 합니다. 그때 썼던 말들이 지방 사투리였다고 하지요. 그렇지만 그 속에는 깨달음에 대한 순수한 열정과 경이감, 자유로움이 담겨 있습니다.

성해영 언어로 표현할 수 없는 경지를 다루기 위해 언어를 창조적으로 활용한 사례라고 보아야겠지요. 그 점에서 진정한 언어의 연금술사들이었다고 할까요.(웃음)

한바다 문자에 고착되지 않으려는 전통이 선맥禪脈을 통해 내려온 것인데, 너무 문자를 부정하다 보니까 이제는 한문으로 된 화두라는 것이 오히려 이상한 암호문처럼 변해버렸습니다. 또 권력화되기도 했고요. 선방을 찾아가면, 방장이 '전삼삼 후삼삼이 뭐냐? 파기 상정을 아느냐?'고 물어요. 한문이라 알 턱이 없어 대답을 못하면 '거봐, 모르잖아. 가서 더 공부해!'라는 말을 하기도 합니다. 오해가 일어난 것이지요. 오늘날에는 새로운 접근과 새로운 언어가 필요합니다.

성해영 다시 언어의 문제로 돌아가는군요. 번역되는 과정에서 본래의 생생함을 지키려 시도했는데, 시간이 흐르면서 오래된 언어로 고착화되었다는 지적 말이지요. 다른 어떤 분야보다도 종교의 언어야말로 삶의 기쁨을 전면적으로 추구하는 시도인데요.

한바다  맞습니다. 우리가 대담하는 내용이 깨달음의 종교잖아요. 감정을 못 느끼도록 하는 것이 종교나 명상의 역할은 아니라고 봅니다. 오히려 감정에 더 예민하게 깨어서, 그것을 더 순화시키고 승화시켜나가는 것이 종교나 명상의 역할 중 하나이지요. 모든 좋은 느낌은 다 감정이잖아요. 행복도 고차적인 감정 아닌가요? 평정심을 오해해서 무감각하게 굳어버린 상태를 명상 상태나 부처가 되었다고 착각하는 사람들을 향해, 중국의 선사들은 '공_空'에 빠졌다고 하기도 하고, 어떤 선사는 좌선만 하고 앉아 부처가 되려는 제자 앞에서 기왓장을 갈기도 합니다. 호기심이 나서 '지금 무엇 하시느냐?'고 묻는 제자에게 스승은 '거울 만들려고 그런다, 왜?'라고 딴청을 부립니다. 그러면 황당해진 제자가 '스승님도 정말! 이러지 마세요. 기왓장으로 어떻게 거울을 만든다고 그러세요?' 하면 그 말을 기다렸다는 듯이 스승은 이렇게 말하지요. '아니, 자네는 눈만 감고 앉아 졸면서 어떻게 부처가 되려고 그러나?' 깨어서 살아 움직여라, 기쁨과 자비심으로 살아 있으라는 것이지요. '응무소주 이생기심應無所住 以生其心'이라는 혜능의 메시지는 어떤 관념에도 얽매이지 않는 자유 속에서 마음이 살아 흐르도록 하라는 뜻입니다. 그것이 진정한 사랑이고 기쁨이지요.

성해영 전적으로 동의합니다. 신비주의자들이 궁극적 실재를 묘사하면서 빠트리지 않는 대목이 기쁨과 희열입니다. 궁극적 실재가 더할 나위 없이 거대한 기쁨 자체라는 것이지요.

한바다 마음의 열림이 춤추고 노래하는 엑스터시로 올 수도 있겠지요. 종교나 명상이 이념화되거나 체계화되는 과정에서 따라오는 것은 억압 기제입니다. 사람들은 언어의 개념에 묶이거나 자신의 마음을 억압하면서 잘하고 있다고 여기게 됩니다. 즐거워하고 기뻐하고 노래를 하는 사람을 보면 저것은 좀 잘못되었다 판단 내립니다. 기쁨을 억제하다 보면 자발성이 사라지고 의식은 굳어버립니다. 이건 분명 후대에 생겨난 오해일 겁니다. 개념들로 가득 찬 종교 서적들, 기쁨을 억제하는 근엄한 표정을 연상하는 심각한 성인의 얼굴들을 보면 저게 대체 삶을 제대로 살아본 사람들의 작품인가 하는 생각이 들기도 하더군요.

성해영 후대의 기독교도 크게 보아 그런 위험성에서 완전히 자유롭지는 못합니다. 웃는 것, 기뻐하는 것, 즐거워하는 것과 같은 인간의 가장 근원적인 욕망을 충족시키는 걸 두려워하지요. 과하면 아무리 좋은 것들도 문제가 되지만, 그렇다고 욕망 자체나 욕망 충족으로 얻는 순연한 기쁨 자체를 모조리 부정해버리는 일은 우리의 본성에 어긋나는 일이라고 생각합니다. 그렇게 되면 종교가 전면적으로 지향하는 행복과 기쁨은 사라져버리고, 교리 같은 시스템만 남지요.

한바다 현대 삶의 핵심은 다양성인데, 그 다양성이란 사람마다 고유한 특성이 있다는 얘기지요. 그래서 풍요로운 거예요. 그런 사고가 없이 독단 속으로 빠져들면 자기 스스로 소외될 뿐이지요. 종교라는 것도 삶으로 열려갈 때 의미가 있는 것이고요.

성해영 자본주의 자체도 그런 관점에서 볼 수 있을 것 같습니다. 자본주의 시스템 자체가 우리에게 가져다주려던 것이 있었는데, 어느 때부터인가 근본적인 차원에서 뒤틀려버렸다는 것이지요. 자본주의적 풍요가 주는 기쁨과 행복이 뒷전으로 밀려났다는 느낌이에요.

한바다 통합적 인간 진화를 추구하는 큰 안목 아래, 자본주의가 우리에게 무엇을 줬고 무엇을 뺏어갔는지를 봐야 되겠지요. 자본주의에서 얻을 수 있는 경험이 있고, 얻을 수 없는 경험이 있습니다. 종교도 마찬가지고요. 그걸 잘 알고 잘 사용하면 됩니다. 자본주의가 준 것은 육체적 생존의 두려움으로부터의 자유이지요. 금욕 같은 것들에 대한 엄청난 굴레를 벗어버리게 해주었어요. 해결되지 못하고 무의식에 남아 있던 욕망들도 마음껏 분출하도록 만들어주었고요. 앞에서 자본주의도 하나의 종교라고 비유했는데, 기존 종교들이 욕망이나 모든 것을 억압하고 배제하는 종교였다면, 자본주의는 욕망과 돈을 세계 중심에 놓은 종교입니다. 인간에게는 그것도 경험할 필요가 있었던 것이지요. 하지만 자본주의는 끝이 아니라 단지 중간 단계라고 봐야겠지요. 모든 지구의 생명을 다 물질화시키고 자본화시킨 나머지, 모든 생명의 존엄성을 앗아가고 지구의 생기마저 황폐화시켰으니까요.

성해영 자본주의가 욕망을 매개로 종교와 만났다는 이야기는 흥미롭습니다. 종교가 억압한 욕망을 자본주의가 대신 충족시켜주면서 종교의 역할을 대체했다는 것이군요. 그렇지만 종교가 소외를 만들어낸 것처럼 자본주의 역시 또 다른 위험을 내포하고 있다는 말씀이지요?

 **한바다**　그렇습니다. 이와 관련해서 '나'가 생겨난 역사를 훑어보는 것도 재미있겠어요. 고대인들은 동물이나 돌에게서 신성을 느꼈는데, 그게 토테미즘이나 애니미즘이잖아요. 그때는 신들이 살아 있었고, 땅이나 나무의 정령들이 살아 있었어요. 그러다가 인간이 이성을 갖게 되는 시대로 넘어오는데, 이 시기가 바로 붓다와 같은 사람들이 출현한 때이지요. 붓다, 소크라테스, 노자, 장자 등. 그 전까지 대부분의 사람들에게는 '나'라는 게 제대로 존재하지 않았지요. 이성이 발전하면서 자연에 부여했던 신령스러움을 거두어들여 자신에게 집중하게 되고, 프랑스 대혁명이나 영국의 자본주의를 지나면서 전 세계적으로 모든 사람들이 다 '나'를 갖게 된 겁니다. 그런데 이번에는 자연으로부터 소외된 '나'가 돼버렸어요. '나'는 사회적인 존재가 된 것이지요. 사회적인 '나'가 획득된 겁니다. 그런데 그 '나'는 자연과 인간의 심원적인 지혜로부터 소외되어 있는 거예요. 붓다와 같은 사람들이 가졌던 '나'는 최고의 '나'였는데, 대부분의 사람들이 갖게 된 '나'는 사회적으로 쟁취해서 얻은 것이지만 신령스러움이 없는 소외된 '나'라서, 이 '나'를 가지고 어떻게 할지 모르는 게 현대인인 것 같아

요. 불안하니까 자꾸 물건을 사서 해소하려고 하는 거고요. 소비하면서 안심하는 것이지요.

성해영 네. 저 역시 종교와 자본주의가 '나'라는 에고 개념을 매개로 연결될 수 있다고 봅니다. 사회적인 자아인 '나'로서 자율성과 자유를 확보했지만 근원적인 것과 분리된 탓에 쉽사리 충족될 수 없는 외로움을 마주하게 되었다는 것 말이지요. 이 과정은 역사의 발달이라는 측면에서 불가피한 현상이겠지만, 자기 존재를 더 큰 차원과의 연관성 속에서 확인하는 일은 현대인에게 반드시 필요한 일이 되었다는 말씀이군요. 결국 '자아' 개념이라는 관점에서 보면 인간이 유아 상태에서 사춘기에 접어들어 '자기'를 계속 주장을 하는 거라고 보아야겠네요. 한편으로 독립된 자아가 되어가지만, 다른 한편으로는 부모와 반목하고 끊임없이 문제를 일으키는.

한바다 현재의 인류가 그런 상태이지요. 유아기를 지나 어머니인 자연으로부터 독립해서 일종의 사춘기를 지나고 있는 단계인데, 자연으로부터 소외되어 있다고 해서 다시금 옛날의 애니미즘이나 토테미즘으로 돌아가야 되는 건 아니고, 지성을 거쳐 초지성으로 성장해야 됩니다. 그렇게 더 높은 차원으로 가는 것이 우리가 나아갈 방향이고, 그게 바로 깨달음의 세계입니다.

성해영 요컨대 최근의 우리는 자연이든 신이든 나를 안전하게 보호해주던 자애로운 존재로부터 한사코 독립하겠다고 발버둥치는 시기였다는 것이지요? 청소년기가 '질풍노도'의 시기로 불리는 것처럼요.

한바다 질풍노도라, 참 기발한 표현이네요.(웃음) 이제 질풍노도에서 다음 단계로 나아가야 하는데, 그것이 바로 신문명이 나아가야 할 방향이라고 봅니다. 인류가 나아갈 길을 깨닫고 성숙한 인간으로 성장하는 것 말이지요. 원시인으로 돌아가는 게 아니라. 그게 우리가 제시해야 될 부분이고, 새로운 언어에 대한 이야기도 그래서 나오는 게 아닐까요?

성해영 붓다가 깨달음의 경험을 통해 인간이 우주의 중심이라는 가르침을 전해서 종교적 '나'를 만들어냈다고 볼 수 있잖아요. 또 중세 유럽의 부르주아 계층은 사회와 역사를 형성해나갈 수 있는 사회 역사적 주체로서의 '나'라는 의식을 구체화시켰던 사람들이고요. 이렇게 본다면 어떤 방식으로든 주체성을 지닌 존재로서의 '나'의 감각을 일깨워서, 그게 종교든 혹은 정치, 경제의 영역이든 '나'를 주인공으로 만들었는데, 현대인들은 그런 주인공 의식을 제대로 획득하고 있지 못한 거네요. 초개인적인 차원에 연결된 확장된 자아 정체성을 확보하지 못한 탓에 자본주의 시스템이 허락하는 방식의 나약한 자기가 돼버리기 십상이고요.

한바다 '나'가 획득은 됐는데, 그 '나'가 쪼그라들어 있는 것이지요.

성해영 프로이트도 현대 문명 속에서 겪을 수밖에 없는 구성원들의 불만을 강조했습니다. 문명이 인간의 생존을 확보해주었지만, 동시에 인간의 근원적 욕망을 철저하게 통제하기 때문에 발생하는 불만 말입니다. 전체와 통합된 느낌을 잃은 현대인들이 추구하는 거대한 차원과 하나가 되려는 시도를 프로이트는 심리적 퇴행이라고 보았습니다. 예컨대 궁극적인 일자 一者와 하나가  되라는 신비주의의 주장을, 모친과 하나였던 태아 시절로 되돌아가는 시도라고 보았던 것이지요. 그렇지만 프로이트도 나중에는 신비적 수행이 무의식의 더 깊은 차원을 드러낸다는 점에서 정신분석학과 일맥상통할 수 있다는 전향적인 태도를 취하기도 했습니다. 어쨌든 '나'라는 존재가 거대한 차원과 하나가 됨으로써 심리적 퇴행이 아닌 건강한 자아 개념의 확장을 꾀할 수 있다는 것은 분명합니다.

한바다 그렇지요. 깨우침을 얻은 인류의 스승들이 경험했던 일체감이 앞으로 많은 사람들이 경험하게 될 방향성일 수 있습니다. 인간에게는 그러한 세계로 갈 수 있는 무한한 기회가 있어요. 그 가능성의 길을 예수나 붓다와 같은 현자들이 보여준 겁니다. 스스로 완전히 꽃피어남으로써 말이지요. 연꽃이 피어난다는 게 그걸 의미하는 겁니다. 그러니까 이 삶을, 모든 걸 온전하게 꽃피워낼 수 있는 기회로 쓰면 된다는 거예요. 모든 것이 괜찮다는 겁니다. 일체의 모든 경험이 다 온전하고 가능한 하나의 여정이에요. 단지 그 맥락을 몰라서 그런 것이지요.

성해영 좋은 말씀입니다. 개인적 주체성을 유지하면서도 더 확장된 자아 정체성을 많은 사람들이 확보하리라는 비전 말이지요. 누군가는 그저 우주적 낙관주의라고 비난할 수도 있겠지만 말입니다.(웃음)

일곱

스승: 가슴의 스승, 지혜의 스승

성해영   이제 종교를 본격적으로 다루었으면 합니다. 그 어느 때보다 종교 간의 만남이 활발해진 이 시점에 종교의 다름에 주목해보면 더 흥미로울 것 같거든요. 우선 동서양의 대표적인 종교들을 지금껏 논의해온 맥락에서 비교해 설명해주시면요?

한바다   우리가 대화하고 있는 영성의 큰 둥지라면 당연히 예수와 붓다, 이 두 위대한 스승들의 메시지도 넉넉히 담아낼 수 있겠지요. 통합적 이해를 위해 성 교수님께서도 비교종교학 입장에서 말씀해주시면 좋겠네요. 저는 먼저 명상적 안목으로 말해보겠습니다. 기독교는 사랑의 종교입니다. 가슴의 스승 예수는 인류의 큰 비전으로서 사랑이 온전하게 꽃피어난 사람이 어떻게 살았는지를 보여줍니다. 로마의 압제에 시달리고 유대인 지배자에게 시달리는 시대 상황에서 각성된 그의 가슴은 일반 민중들의 아픔을 향해 곧바로 달려갔습니다. 그는 가슴이 부르는 길을 따라갔고, 그래서 그가 쓴 언어는 가슴의 언어이지요. 예수의 말은 가슴으로 들어야 제대로 들립니다. 요가적으로 보면 예수는 아나하타 차크라Anahata Chakra가 무한대로 열려 있었다고 할 수 있습니다. 아나하타 차크라는 가슴 중앙에 있는 영적 차크라로, 열리면 무한한 사랑과 자비가 실현되는 곳이지요. 차크라는 영적인 에너지 샘을 말하고요. 예수의 사랑은 한 개인이 아닌 인류 전체, 모든 생명체로 향하는 무한대의 사랑이었습니다. 가슴의 차크라가 열리면 살아 있는 모든 생명체에 대한 사랑의 빛을 볼 수 있어요. 창조 세계에 강림한 신성한 사랑인 것이지요. 아나하타 차크라가 무한대로 열리면 정수리 위의 사하스라라Sahasrara 차크라도 함께 열립니다. 하나의 차크라를 통해 나머지 여섯 개의 차크라를 다 열 수도 있어요.

성해영 기독교의 핵심 덕목인 사랑을 힌두교의 차크라 개념에 따라 설명해주시니 흥미롭네요. 그렇다면 불교는 어떤가요?

한바다   지성을 대표하는 흐름이지요. 지혜의 스승 붓다는 지성으로 궁극의 차원에 이른 존재입니다. 요가에서 말하는 아즈나Ajna 차크라가 무한대로 열린 분이에요. 시대적으로도 당시 인도는 이미 최고의 지성에 도달해 있었어요. 대표적으로 빠니니Pāṇini라는 학자가 있었는데, 산스크리트어 문법서를 통해 언어의 체계를 완전히 정리한 놀라운 일을 해냈지요. 그런 수준의 문법과 음성학의 체계가 나올 수 있었다는 건 그만큼 지성이 발달했다는 겁니다. 그런 사람들이 수두룩했다는 건데, 그런 시대에 지성의 총아로서 나온 존재가 바로 붓다입니다. 깨어난 후 그는 브라만 계급이 말하는 신이라든가 아트만이 미세한 관념 작용이며, 그것은 현실 상황과는 유리되어 있다는 것을 꿰뚫어 보았어요. 이러한 관념 작용의 미혹을 붓다는 '아비쟈Avidya', 즉 '무명無明'이라 했지요. 관념의 미혹에 빠지면 살아 있는 삶의 체험과 단절이 된다는 겁니다. 제자들 중에는 대大학자도 많은 터여서 그는 지성의 언어로 말했습니다. '있는 그대로 보라'는 말이 그래서 나온 겁니다.

성해영   맞습니다. 기독교에 비하면 불교는 확실히 인간의 냉철한 지성에 호소한다는 느낌을 강하게 받습니다. 팔정도八正道의 첫 번째 덕목이 '있는 그대로를 보라'는 의미의 '정견正見'이라는 것이 상징적이지요. 반면 기독교는 사랑이 넘쳐흐른다는 인상을 주고요. 진리를 발견하는 방식이라는 관점에서 기독교와 불교를 비교해주신다면요?

한바다 붓다의 길이 부정을 통해 긍정으로 나오는 길이라면, 예수의 길은 긍정을 통해 부정, 곧 자아초월로 가는 길입니다. 가슴의 언어는 긍정의 언어로 신뢰, 감사, 기쁨, 사랑을 노래합니다. 반면 붓다는 고통, 무상함, 집착하지 않음, '무아'와 같은 부정의 언어를 썼는데, 집착을 해체하기 위한 어법이지요. 특히나 가장 강한 고착성을 가진 '나'가 비워져야 유연해지고 있는 그대로 보이지 않겠어요? 장기나 바둑도 남이 둘 때는 잘 보이는데 자신이 둘 때는 잘 보이지 않잖아요. 내가 이기겠다는 욕심에 집착하니까 안 보이는 겁니다.

붓다의 말도 실은 간단해요. 진리를 알려면 '나'라는 걸 빼라는 겁니다. 그게 부정형인데, 그러면 결국 무엇을 위해 그래야 하냐는 질문이 나올 수 있어요. 대답은 이거지요. '진리를 깨닫고 그대가 진리 자체가 되면 사랑이 넘치리라.' 지성이 자비로 화하는 겁니다. 있는 그대로 보고, 자아를 깨고 새로운 공간을 탐구하는 게 명상이에요. 그렇게 가다 만나지는 것이 영적 가슴이고요. 영적 가슴은 무한대의 바다이지요. 결국 명상의 궁극은 자비입니다. 명상에서 피어나는 사랑이 자비예요. 예수는 붓다를 만나야 되고,

붓다는 예수를 만나야 될 까닭이 여기 있습니다. 운명적으로. 서로의 완성을 위해서.

성해영   두 종교가 서로 다른 경로를 밟긴 하지만, 타인과의 진실한 만남과 교제를 가능하게 만드는 사랑 혹은 자비라는 덕목으로 귀결된다는 점에서 궤를 같이한다는 주장이시네요.

한바다   표면적으로 다르게 보이지만 궁극에서 예수와 붓다는 하나로 만납니다. 영성이라는 큰 둥지 안에 우리는 그들의 삶을 통해 터득한 지혜를 담을 수 있습니다. 우리가 물어보아야 할 것은 그들이 실제 처했던 삶의 상황에서 어떤 자세로 그런 삶을 살아냈느냐,입니다. 바로 그 지점 때문에 우리가 붓다를 따르고 예수를 따르는 것이지, 꼭 그들이 한 말 때문만은 아닐 겁니다. 그들의 말은 그 시대에 맞춰서 나온 전달과 표현의 툴tool일 뿐이고, 우리는 우리 시대에 맞는 살아 있는 대답을 해야 합니다. 사람이 종교를 위해 사는 게 아니라, 사람을 위해 종교가 쓰여야 되니까요. 사람은 그만큼 소중한 존재이기 때문입니다. 지구에서, 우주에서, 사람이 그렇게 꽃피어나야 지구도 구원될 수 있습니다. 사람이 영적 자원을 꽃피우지 못해 악마가 되어가지 않습니까? 무지와 탐욕으로 우리 인류는 지구를 지옥으로 만들어가고 있어요.

종교는 사람들이 각자 자기 가슴속에 있는 근원적인 마음을 돌보고 키울 수 있도록 돕는 역할을 해야 하는데, 그 의무를 망각하면 종교를 떠난 것이지요. 종교라고 해도 붓다나 예수께서 원했던 건 아니라는 겁니다. 붓다나 예수는 사람들의 가슴과 영성을 개화시키기 위해 존재하는 것이지, 제도나 교리를 건축하기 위해 존재하는 것은 아니지 않습니까? 《금강경》에서 계속 말하는 게 그거잖아요.

성해영   선생님은 제도화된 종교와 인간의 근원적인 종교성을 거듭 구분하고 계시는데요. 저 역시 그 부분은 동의합니다. 참된 본성 혹은 궁극적 실재를 포착하겠다는 강한 열망을 인간의 근원적인 종교성이라고 부를 수 있다면, 제도화된 교리와 종교 조직은 창시자의 경험이 당대의 맥락에 맞게 새로운 언어로 정리된 것이라는 견해 말이지요. 시간이 가면서 제도화된 종교와 본연의 종교성 사이의 간극을 피할 수는 없지만 말입니다.

한바다   성스러움에 대한 추구가 내면에 있기 때문에 그게 종교를 만들어내지 않았나 싶습니다. 성스러움은 요즘 말로는 경이로움이지요. 더 현대적인 말로는 '가슴 설렘'이라고도 할 수 있겠고요. 어떤 가슴 설렘을 경험할 때 우리는 종교적인 상태에 있다고도 말할 수 있는 것이지요.

성해영 네. 자신을 포함해 존재 자체의 신비에 경이로워하고 가슴 설레어 하는 것, 그것이 인간의 종교성일 겁니다. 그렇게 본다면 제도 종교 이전에 존재하는 인간의 종교성은 개인의 마음과 삶 전반에 다양한 방식으로 스며 있는 것일 수 있겠네요. 고정불변의 실체가 아니라 매우 유동적인 그 무엇.

한바다 종교라는 형태 이전에 경이로움과 기쁨을 느낄 수 있는 영적 감수성이 인간의 내면에 이미 잠재되어 있는 것이지요. 어떤 체계적인 종교에 들어가지 않더라도 우린 종교성을 살아낼 수 있습니다. 종교성은 우리를 거듭나게 하고, 우리의 삶 전체를 고양시키니까요. 경이로움 속에서 자아가 죽고 새로운 영적 인간이 탄생하는 겁니다.

성해영 말씀해주신 내용과 일맥상통하는 내용인데요. 제도 종교의 틀 속에서 구현되는 종교성을 '종교적religious'이라는 표현으로, 종교의 경계를 넘어서 표출될 수 있는 종교성을 '영적spiritual'이라는 형용사로 구분할 수 있다는 사실은 서구에서 상식에 가깝습니다.

한바다   종교학에서도 이미 '종교적'이라는 표현과 '영적'이라는 표현을 명확하게 구분하고 있군요. 'spiritual'은 삶의 깊은 의미를 추구하고 삶 그 자체의 순수함이나 아름다움을 추구하는 사람을 가리킬 때 즐겨 쓰는 표현인 것 같습니다. 영성spirituality이란 모든 사람들에게 그런 기쁨과 고양된 삶의 가치를 실현할 수 있다는 열린 의미로 사용될 수 있겠고요. 이를 힐링과 연결시켜 표현하자면, 인간의 근원적인 온전함과 연결된다는 뜻도 될 겁니다. 소외되었던 게 소통되고 공감되면서 힐링된다는 것은 온전함으로 돌아왔다는 것이지요.

성해영   종교심리학이라는 학문 분야에서 중요한 주제 중 하나가 방금 말씀해주신 심리적 치유가 내포한 종교적 차원을 규명하는 겁니다. 근원적 차원과의 온전한 관계를 회복함으로써 심리적 치유가 일어나는 측면에 초점을 맞추는 것 말입니다.

한바다   어떤 한 사람이 소외되었을 때 그 관계가 병이 들었다고 할 수 있는데, 그때 만들어지는 게 마음의 병리 증세잖아요. 즉 오해와 불만과 투사가 일어나지요. 어느 순간 진심이 서로 만나면 그 병이 사라집니다. 병이 사라졌다 함은 온전함이 서로 회복되었다는 것이고요. 상대방 속에서 나를 보고 내 속에서 상대방이 자기를 보는 겁니다. 그 순간 전에 있던 오해는 다 사라져요.

성해영 인간관계에서뿐만 아니라 인간과 문명, 문명과 문명 사이에서도 이처럼 근원적인 차원과의 교통이 없다면 부정적인 무엇인가가 반드시 나타나는 것 같아요. 그런데 우리가 접하고 있는 다양한 차원에서의 문제는 여러 차례 강조하시듯이 실제로 근원과 분리된 우리의 의식이 투영된 탓이라는 것이지요?

한바다 그렇습니다. 운명이 개인의 마음의 투영이듯이 우리의 문명도 집단의 마음이 투영된 것이겠지요. 개인의 마음이 바뀌면 새로운 자각이나 에너지가 생겨나면서 운명도 바뀔 수 있는 겁니다. 문명 전체가 바뀌는 과정은 단기간에 인식하기 힘들지만, 우선 자기 자신이 먼저 변형된 삶, 거듭난 삶의 축복을 누릴 수 있습니다.

성해영 자기 마음의 깊은 차원에 깨어나, 그것과의 관계를 회복하면 온전한 인간이 되고, 이 온전함을 기반으로 타인과 진정한 소통과 만남을 이루어낼 수 있다면, 그리고 이 만남이 점차 사회 전체로 확산된다면 문명이 바뀔 거라는 말씀이네요.

한바다   모든 것이 다 연결되어 있으니까요. 소통, 힐링, 치유, 만남이 다 같이 공명해서 일어납니다. 영감을 계속 받게 되는 것이지요. 우리 인류의 내부에서는 깨어날 준비가 다 돼 있습니다. 깊은 마음은 지혜를 갖추고 있어요. 이제 스스로 그러한 깨어남이 일어나도록 지원해줄 때입니다.

성해영   '사랑'과 '깨어남'이라는 두 개념이 핵심으로 다시금 떠오르네요.

한바다   그것이 인간이 성숙하는 데 가장 필요한 두 가지 힘이니까요. 두 힘이 만났을 때 행복이 탄생하는 것이지요. 그런데 한 집안 안에서도 서로 다른 종교 때문에 싸우고 화해가 안 되잖아요. 제일 무서운 에고가 종교적 에고더라고요. 내가 소중하고 중요하게 여기는 걸 너도 중요하게 여기라고 말하지만, 실제로는 폭력이 일어나는 것이지요. 일체가 경이롭다는 걸 알아보는 마음, 신비로움을 느낄 수 있는 마음이 종교성인데, 건조해진 종교에서는 딱딱하게 굳어서 내 경험만 옳고 상대방을 인정하려 하지 않기 때문에 상대방과 대화를 할 수가 없는 겁니다. 그런데 한쪽이 포용해버리면 상대방이 싸움을 걸어도 싸움이 안 되지요.

성해영 그런 맥락에서 보면, 앞서 설명하신 불교가 강조하는 냉철한 지성은 우리를 특정한 삶의 맥락에서 벗어날 수 있는 자유를 줍니다. 그런 탓에 타종교를 포용하는 시각을 가능하게 만들고요. 올바로 보라는 의미의 '정견'이 가능하기 위해서는 어쨌든 자신과 자신이 속한 맥락에서 한발 벗어나 있는 그대로를 볼 수 있어야 하니까요.

한바다 불교는 믿음의 종교가 아니라 마음을 바라보게 하는 공부이니까요. 말씀하신 대로 종교끼리 큰 분쟁이 없는 것도 이런 불교의 관용성이 크게 작용한 듯하고요. 실제로 붓다는 '나를 믿으라'고 한 적이 없고 '와서 보라'고 했지요. 반면 믿는다는 건 보지 않고 내 상상으로 동화시켜야 되는 것이니까 오해가 일어날 소지가 큽니다. 그런 측면에서 불교는 종교치고 쿨한 종교네요. 명상이 원래 그런 것이고요. 자기 자신으로부터도 거리를 두고 보는 거니까.

성해영 그런 태도가 당대 인도 사회에서 참으로 보기 어려웠던 불교의 독특성이 아닐까 싶습니다. 물론 불교가 힌두교를 포함한 인도 전통과 무관하게 어느 날 갑자기 뚝 떨어졌다는 이야기는 아니고요.

한바다   당시 인도 요가 문화의 자양분을 받고 꽃을 피운 것이지요. 앞에 소개해드린 8단계의 선정禪定도 실은 요가 스승들 아래에서 터득한 것이고요. 그런데 어떤 불경의 버전들은 굉장히 염세적인 느낌이 들기도 합니다. 그러다 보니 이 세상을 누리기보다는 무조건 버려야 될 대상으로만 바라보기가 쉽지요.

성해영   네. 그런 경향성이 분명히 있습니다. 그 연장선에서 불교나 기독교를 비롯한 거개의 종교가 인간의 욕망 자체를 과하게 억압하거나 부정하는 경향도 언급할 필요가 있는데요. 이 점에 대해서는 어떻게 생각하시는지?

한바다   그건 종교의 본래 가르침에 내재되어 있는 게 아니라 후대에 경전을 집필한 이들이나 종교인들이 타종교나 다른 분파와 경쟁하는 가운데, 아니면 어떤 이유에선가 소외적인 언어를 썼기 때문이 아닌가 싶습니다. 생생한 삶과 마음을 소외시키고 이데올로기만 주입한 것이지요. 우리는 그 어떤 것도 소외시킬 필요가 없습니다. 일체가 다 긍정되는 자리가 있으니, 우리가 온전하게 쓰면 되는 것이지요. 결국 어떻게 살아야 하는가의 문제로 돌아옵니다. 종교의 문제, 그것은 종교인들의 문제가 아니라 우리 자신들의 문제예요. 그들은 하나의 방향성을 제시했을 뿐이고, 삶은 우리가 살아내야 하는 것이니까요. 어떻게 살 거냐고 했을 때, 우리 스스로가 생생한 삶을 향해 걸어가리라! 하는 결의가 필요한 것이고요. 그렇게 우리가 변하고 열려가면 되겠지요. 그 역할을 해주는 것이 영성이고 명상이 아닐까요?

성해영 이유가 무엇이든 간에 종교가 인간의 욕망과 함께 삶의 여러 가지 기쁨을 간과하거나 과도하게 부정하는 점은 안타깝습니다. 신비주의 전통이 궁극적 실재를 이야기하면서 지복이나 아난다Ananda와 같은 기쁨의 측면을 빼놓지 않는데요. 그러면서 우리의 참된 본성이 기쁨이므로 현실에서도 그 기쁨이 구현되어야 한다는 주장을 펼치거든요. 물론 욕망이 지나치게 추구되거나, 타인의 행복을 침해한다면 문제겠지요. 그렇지만 욕망 없이는 기쁨도 없는데, 우리의 욕망을 그저 부정하고 억압해서는 안 된다고 믿습니다. 더구나 그 어느 때보다 풍요로워진 요즘에 말이지요.

한바다 저도 앞으로 올 종교나 종교성의 지향점을 두 가지로 봅니다. 기쁨과 아름다움. 새로운 시대의 종교 트렌드는 아름다움을 최고의 위치에 놓는 가르침이지 않을까요? 아름다움도 외적인 아름다움이 있고, 내적인 아름다움이 있지요. 외적인 아름다움을 보고 아름답다고 생각하는 이유는 우리 안에 그걸 아름답게 보는 마음이 있기 때문이에요. 외적인 아름다움은 우리가 우리 내면의 아름다움을 보기 힘들기 때문에 우리의 내적인 아름다움을 드러내주는 하나의 상징인 것이지요. 앞으로의 세상은 아름다움을 추구할 거라고 봅니다. 아름다움을 싫어하는 사람은 없잖아요. 그것은 공통된 언어거든요.

성해영 그렇지요. 아름다운 것들로 인해 느끼는 기쁨은 언어 이전의 것이자 참으로 생생한 것이니까요. 아름다움이 없다면 이 세상은 얼마나 삭막하고 무미건조한 곳이 되겠습니까.

한바다 그럼요. 기뻐하는 사람이 남을 해칠 리도 없고요. 붓다가 추구한 것은 자각이고 예수가 추구한 것은 사랑인데, 그 두 가지를 날개 삼아 기쁨과 아름다움을 추구하는 거지요. 아름다움은 마음과 마음, 영혼과 영혼이 만날 때 발견되는 진실입니다. 지금 자본주의는 아름다움을 외적으로 추구합니다. 자본주의 이전에는 개인이 그 아름다움을 소유할 수가 없었어요. 아름다운 대상도 물론 소유할 수가 없었고요. 대중들은 아름다움으로부터 굉장히 멀리 소외되어 있었지요. 지금은 아름다움을 외적으로 소유하게 되었잖아요. 우리가 이렇게 외적인 아름다움에만 목메고 있는 것은 진정한 자신에게서 소외되어 있기 때문입니다. 진정한 아름다움은 에센스에서 나오는 거잖아요. 에센스로서의 진정한 자신은 그 자체가 광휘롭고 아름답기 그지없습니다. 진정한 자신을 만난 경험이 없기 때문에 그곳에서 흘러나오는 순수한 아름다움을 인식하지 못하고, 외형에 스스로를 동일시하게 됩니다. 자신의 얼굴이나 몸매에 불만을 가지게 되고, 자본주의가 제시하는 강요된 미의 기준으로 자신을 재단하며 불안에 빠집니다. 그래서 성형 중독에 빠지는 것이지요. 이것이 숲에 살았던 붓다나 사막을 걸었던 예수라면 전혀 이해할 수 없는, 자본주의가 낳은 새로운 무명無明이자 고통입니다.

성해영 그 말씀에도 전적으로 동의합니다. 종교가 어떤 식으로든 아름다움 그 자체, 그리고 아름다움의 향유와 창조와 밀접하게 연관되어 있다는 사실 말입니다. 자본주의가 외면적 아름다움에 집중해 적극 활용하는 것도 아름다움의 근원적 힘을 의식적으로 혹은 무의식적으로 강렬하게 인식해서 그런 거라 봅니다.

한바다 외면적인 미의 추구에도 긍정적인 포인트가 있네요. 하지만 외면적인 아름다움보다 내면의 아름다움의 힘이 훨씬 크다는 것을 인식한다면 좋을 텐데요. 한 인간의 영혼이 깨어날 때 그 빛남과 아름다움은 어떤 외적인 아름다움도 따라갈 수가 없으니까요. 소크라테스나 예수, 붓다 곁에 있었던 사람들은 그들의 용모가 훌륭해서 따라다녔을까요? 그들이 쓴 영혼의 언어가 가슴을 울렸기 때문이지요. 그 순간 사람들은 영적인 아름다움을 본 겁니다. 그 아름다움에 인성이 감화되는 거예요. 요즘 말로 껌뻑 간 겁니다. 그들의 영혼이 씻김을 받은 겁니다. 카르마와 죄가 사라져버리는 것이지요. 명상, 그리고 영성은 그러한 외모에 대한 동일시에서 우리를 떼어내어 생명의 원천에 연결시켜줍니다. 그때 우리는 죄책감이나 피해의식과 같은 관념의 껍질을 벗고 거듭나게 됩니다.

성해영   멋진 말씀입니다. 영혼에서 이루어지는 아름다움의 인식이 우리의 죄를 씻어내고 새로운 존재로 태어나게 만든다는 거요. 그런 새로운 인식을 더 높은 차원의 meta 앎noia이라고 부르거나, 깨달았다 혹은 도를 체득했다고 하는 것 역시 종교의 경계를 넘어 일맥상통하는 지점이고요. 불교를 조금 더 설명해주시면 어떨까요? 불교는 흔히 아름다움 그 자체에 그리 친화적이지 않다는 느낌을 받기 쉬우니 말이지요.

한바다   언뜻 보면 수트라Sutrah 체계의 불교는 감수성이나 예술성을 추구하기보단 욕망을 비우거나 억제하는 쪽으로 치우쳐 있는 것처럼 보입니다. 수트라 체계란 다수의 사람들 수준에 부합하는 윤리적인 경전의 가르침을 말합니다. 이는 붓다 자신의 경험 때문이라고 생각됩니다. 붓다가 싯다르타 왕자였을 때 아버지 정반왕淨飯王은 아들이 궁전을 버리고 출가할까 싶어 노심초사한 나머지 아름다운 미녀들을 궁중에 불러 모읍니다. 결국 헛일이 되었지만요. 그의 내면에 있는 영적 추구가 그 모든 미녀들과의 만남에 마침내 구역질이 나게 하고, 궁중의 권력이나 부마저 버리고 떠나게 만든 것이지요. 질투와 집착, 쾌락, 그 모든 것은 그에게 오히려 악몽이었어요. 그 경험 때문에 붓다는 자신의 가르침 안에 아름다움을 삭제시켜버린 것 같습니다. 저명한 인도 명상 스승 오쇼도 붓다가 자신의 가르침 안에 음악을 배제시킨 것은 궁중 생활의 씁쓸한 트라우마 때문이었다고 말했어요.

이런 연유로 남방 불교는 지성은 엄청나게 강화되어 있지만, 미적 감수성이 결여되어 있는 것처럼 보입니다. 인체 내부를 해부하듯이 더럽게 보는 부정관不淨觀이나 백골관白骨觀 같은 수행을 하면서 인간에 대한 염오감이 커져 부작용도 많았어요. 붓다 자체는 많은 경험을 통해 저절로 욕망이 떨어져 나갔지만, 뒤따르는 제자들은 매뉴얼에 따라 오직 닦아내는 쪽으로만 가게 된 것이지요.

성해영   이해가 됩니다. 불교는 현세의 아름다운 것들을 어떻게

든 피할 것을 권고하는 것처럼 보이니까 말이지요. 요컨대 집착을 경계하기에 비워내는 것을 더 강조했다는 것이지요?

한바다 네. 비워내는 건 좋은데, 영성의 풍요로움이 잘 드러나질 못했습니다. 이 점을 보완해줄 수 있는 것이 미적 감수성과 예술성의 발현입니다. 물론 후대에 사원이나 불화 등을 통해 아름다움을 꽃피운 건 사실이지요. 그러나 그들은 수행자들이 아닌 석공이나 목수들이었어요. 그중에는 세계 최고의 수준에 이른 고려 불화도 있고요. 수행적으로 감성을 키우는 흐름이 힌두교와  티베트 불교에 있습니다. 힌두교에서는 시타르와 같은 우아한 악기로 음악도 연주하고, '바잔bhajan'이라는 헌신의 노래나 '푸자puja'와 같은 성스러운 노래들을 많이 염송합니다. 티베트 불교는 몸과 마음과 에너지 세 개를 다 깨워내는 수행을 하지요. 소리와 춤이 에너지를 깨워내는 역할을 하기 때문에, 소리 명상과 몸짓으로 하는 무드라mudra 같은 춤도 춥니다. 또 티베트 불교에서는 남방 불교에서 강조를 덜한 자비를 굉장히 중요하게 여기고 깨달음의 핵심으로 삼아 보리심菩提心을 닦습니다. 힌두교에서는 깨달음을 '삿 칫 아난다'라는 긍정적인 언어로 표현하지요. 삿Sat은 존재, 칫Cit은 앎, 아난다Ananda는 지복을 뜻하는데, 특히 아난다는 곧 '미美'입니다.

성해영 동시에 아난다는 성적 기쁨을 의미하기도 하지요.(웃음) 물론 거기에는 아름다움과 하나가 되겠다는 근원적인 욕망이 들어 있겠고요. 말씀해주신 티베트 불교를 포함한 이른바 탄트라 전통에서는 종교적 욕망과 성적 욕망의 근친성을 많이 강조하지요. 자연스러운 귀결로 삶 속의 기쁨 역시 일방적으로 무시하는 것은 아니고요. 어쨌든 종교 전통이 아름다움과 다양한 관계를 맺고 있다는 점은 기억할 필요가 있을 것 같습니다.

한바다 아난다에 그런 뜻까지 담겨 있는 줄은 몰랐네요.(웃음) 힌두교에 있어서 미적 감수성은 아주 중요하다는 것이 발리를 가 보면 흠뻑 느낄 수 있어요. 발리에는 힌두 사원이 아주 많은데, 마더 템플인 브사키Beskih라는 사원은 멀리서 보아도 아주 아름답습니다. 또 자바 섬의 수도인 족자카르타에 가면, 힌두 사원 프람바난Prambanan이 있습니다. 프람바난은 불꽃처럼 아름다운 것이 특색이지요. 사원 안을 걷다 보면 탑들의 아름다움에 찬탄을 금할 수 없는데, 가만히 느껴보면 내면에 연꽃이 피어나는 것 같은 경험을 합니다.

성해영 내면적 아름다움이 밖으로도 표현된 것이라 보아야겠네요. 우리나라의 석굴암을 비롯해 사찰이나 성당, 교회가 표현하는 아름다움도 결코 간과하기 어렵습니다.

한바다   사람도 진실로 만나면 서로 영혼의 아름다움을 발견합니다. '참 아름답다, 그대도 나도 삶도 모두!' 하는 감동적인 울림이 깨어납니다. 그런 경험이 없을 때는 삶을 지긋지긋하게 여기고 삶을 소외시키는 성향이 생기기 쉽습니다. 우리가 추구하는 건 도피가 아니라 생명의 창조 작업에 참여하는 것입니다. 삶은 밭이에요. 이 밭에 씨앗을 뿌리고 거름과 물을 주어 지혜라는 풍성한 수확을 하고 근원으로 돌아가는 것이 우리 모두가 걸어가야 하는 길이자 운명입니다. 그 과정 중에서 깊은 만남을 경험할 때 영혼의 미를 발견하게 되는 겁니다.

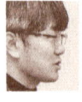

성해영   아름다운 연애 이야기 같습니다. 마치 구약의 '아가雅歌'가 남녀 간의 사랑에 빗대어 신과 인간의 사랑을 노래한 것처럼요. 물론 남녀 간의 사랑이 중요하지 않다는 말은 전혀 아니고요.

한바다   음양의 힘은 전 우주를 운영하는 힘이니까요. 그러고 보니 영어 'religion'도 '다시re 이어준다ligion'는 뜻이네요. 수직적으로는 궁극적 존재와 이어짐이라고 할 수 있고, 수평적으로는 다른 사람들, 심지어 동물이나 식물들과 심층적으로 만난다는 의미까지도 들어 있고요. 그래서 결국 하나 됨의 회복은 만남입니다. 지금은 삶과 생명으로 열려가야 하는 시대입니다. 우리는 이제 전 지구인과 소통하는 보편적 영성 시대에 들어와 있습니다. 지금은 다른 문화권 사람들에게 내 마음을 알리고 우리 상품을 팔 뿐만 아니라, 우리가 그들에게서도 물건을 사고 배우는 시대입니다. 또한 종교와 문화가 우리와 다른 사람들과도 만나서 서로 대화하고 어울려 살아야 하는 시대이고, 그것이 종교의 본래 가르침입니다. 모든 사람의 경험은 다 소중하니까요. 모든 사람의 생각과 가치관은 그 자체로 존중받아야 합니다. 그때 우리는 다른 사람들을 심층적 차원에서 만날 수 있고, 그것이 우리 자신의 삶을 더 풍요롭게 만들어줍니다.

성해영 전적으로 동의합니다. 인도의 '요가yoga'라는 단어 역시 어원상 신과 인간을 다시 하나로 묶어내 전체성을 확인한다는 의미이지 않습니까. 열림이란 나 아닌 혹은 내가 아직 알지 못하는 그 무엇을 발견하기 위해서 반드시 필요한 태도일 수밖에 없겠지요. 진정한 만남에 그러한 열림이 필수 요건이라는 사실은 말할 필요도 없고요.

여덟

종교: 죽은 언어로 쌓은 성벽

성해영 열림의 태도가 진정한 만남에 결정적인 요소라는 이야기를 나누었는데요. 우리를 열리게 만드는 사건은 참으로 여러 가지가 있는 것 같습니다. 트라우마와 같은 심리적 상처는 물론이고, 삶이 자신의 뜻대로 되지 않는 일을 절감하면 강제로라도 열릴 수밖에 없지 않습니까? 마음에 맞지 않은 상사는 물론이거니와 배우자랑 사는 것도요.(웃음) 여하튼 세상사가 자기 맘대로 되지 않는다는 걸 실감하니까요.

한바다 소크라테스가 생각나는군요. 별을 보다가 삼매경에 빠져 있는 그의 머리에 아내 크산티페가 뜨거운 물을 부었다는 일화가 있지요.(웃음) 또 왕족인 붓다도 거지 짓을 하고 다녔잖아요. 일반인들이 보기에 최고의 권력과 부를 소유한 그도 내면에는 번민과 고통이 많았던 것이지요. 그러니 그걸 다 버리고 평화를 찾아 무소유의 여행을 떠난 거 아니겠어요? 태생과는 반대인 길로 간 것이고, 그래서 깨침이 나온 것이지요. 사실 비구니의 '비구bhikkhu'가 '빌어먹다'라는 뜻이잖아요. 나누어주는 음식을 먹는 사람들인 겁니다. 붓다는 제자들한테도 그걸 일부러 시켰어요. 공짜로 먹으면 안 되고 얻어먹는 대신 진리의 말을 해줘야 된다는 겁니다. 상대에게도 덕을 베풀 기회를 주는 거고요. 미얀마나 라오스 같은 곳에 가보면 새벽에 노란 승복을 입은 스님들이 줄을 서서 탁발을 하는 모습을 볼 수 있습니다. 요즘 우리나라에서는 탁발은 안 하지요.

성해영 그렇습니다. 이제는 더 이상 얻어먹는 게 아니라 바치는 음식을 먹게 되었다고 해야 할까요. 물론 다 그런 것은 아니지만, 낮은 곳으로 임하는 게 무엇인지를 기억해야 할 때가 아닌가 싶어요. 탁발은 끼니조차 내 맘대로 하는 것은 아니라는 사실을 알게 해주는 것이었지요.

한바다 맞습니다. 초기 숲 속 수행자들과 붓다 자신, 그리고 스님들이 탁발을 했던 이유는 자신을 낮추고 소박하게 살면서, 보시하는 사람에게 감사하는 마음으로 소통하라는 뜻이 담겨 있고, 그 자체가 훌륭한 수행이었다고 봅니다. 우리나라에서 탁발이 없어진 데는 시대적인 이유도 있는 것 같아요. 하지만 오늘날 신도들이 큰절을 하도록 만들어 위계적 체계를 만든 것은 너무나 멀리 가버린 것이 아닌가 싶습니다. 물론 이건 우리나라만의 문제가 아니고, 스승을 공경하는 아시아 전체의 종교 문화적 풍토이기도 하지요. 공부를 해가는 과정 중에 있는 수행자들에게는 이런 문화가 오히려 권위의식이나 에고를 강화시켜 자유로운 소통을 막을 위험성이 있는 것 같아요. 마음의 미혹을 닦아내려는 수행이 거꾸로 에고를 더 강화시키는 셈입니다. 기왓장으로 거울을 만드는 선사의 비유처럼, 에고의 관을 쓰고 앉아 명상을 한다면 답이 나오기 어렵겠지요.

성해영   앞서 에고가 양면적이라는 이야기를 나누었잖아요. 종교에서 에고는 더 큰 차원으로 확장될 가능성을 품기도 하지만, 독선과 오만으로 인해 진실에서 멀어지도록 만들기도 한다는 점을 지적했고요. 특히 종교의 영역에서 자신이 에고를 비웠다고 굳건하게 믿는 에고의 착각이야말로 정말 무서운 것 같습니다.

한바다   그런 미세한 에고의 작용을 알아차리기가 쉽지 않지요. 기본적으로 깨어 있기를 수행하고 나서 의식이 맑아지면 미세한 이기심을 제거하는 수행으로 곧바로 다이빙해야 합니다. 혼자서는 미세한 에고가 자꾸 숨어버리기 십상이니까, 에너지를 흡수시켜서 변형시켜줄 살아 있는 스승의 지도를 받는 것도 좋습니다. 혼자서 '에고 걸러내기' 작업을 하겠다고 한다면, 상황에 자꾸 부딪혀보는 게 좋겠지요. 사람들과 만나 자신의 에고가 튀어나오는 그 순간 바로 직면하여 잡아내는 것으로 에고를 제거할 수 있습니다. 불편한 마음이 일어나거나 불화가 일어날 때, 그것은 틀림없이 미세한 이기심이나 관념 작용에 놀아난 것입니다. 호의를 자꾸 베풀면서 가다 보면 마니푸라와 가슴이 다 열려버립니다. 그렇게 하면 사람들과 진정으로 만날 수 있게 되지요.

성해영   그 말씀은 명상의 본질이 무엇일까, 라는 물음으로 다시 되돌아가게 만드네요. 명상을 통해 내면의 진실을 있는 그대로 생생하게 보게 될 때 비로소 타인과의 진정한 만남이 가능하다는 것, 그러니 제대로 된 명상은 타인과의 바람직한 관계로 이어진다는 것 말입니다.

한바다   관계를 잘 맺는 것도 소중한 힘입니다. 요즘에는 좋은 관계가 곧 자산이지요. 명상이 필요한 이유는 자기와 온전한 관계를 못 맺으면 다른 사람과도 관계가 어긋날 수 있기 때문입니다. 우선 자신이 깨어서 자기 마음을 먼저 봐야 한다는 것이지요.

성해영   수행이 철저한 금욕만을 강조하거나 부모를 포함해 일체의 인간관계를 매몰차게 단절해야만 가능한 것으로 오랫동안 받아들여졌는데, 요즘 상황에서는 이 문제를 근본적인 차원에서 되짚어볼 필요가 있는 것 같습니다.

한바다   전적으로 공감합니다. 인간관계 자체도 명상의 장으로 활용할 수 있으니까요. 금욕이 필요할 때도 있지만, 과도하면 몸에 해로울 때도 있습니다. 상위의 차크라로 상승하지 못한 채 억눌린 성 에너지는 왜곡된 심리를 불러일으켜 세상을 염세적으로 보게 하거나, 과도할 경우 사랑에 빠진 연인들 혹은 기뻐하는 사람들을 공격하고 비난하는 성향으로 튀어나가기도 하니까요.

성해영   이런 이야기들은 결국 균형 감각을 강조하는 것 같습니다. 마음공부든 종교든 어쨌든 삶의 중요한 진실을 알아내 그걸 타인과 나누겠다는 시도인데, 본래 목적을 놓치는 것 같아 안타깝습니다. 매 순간 즐겁고 충실하게 살며, 특히 타인과 진정한 관계를 맺는 것이야말로 모든 종교가 지향하는 참된 목적이 아닐까요?

한바다   맞습니다. 종교가 원했던 참된 목적이 바로 그것인데, 여러 가지 이유로 본래 취지가 잊혀졌다고 해야겠지요. 그런데 이런 근본적인 망각은 종교뿐만 아니라 교육, 정치, 경제 등 여러 분야에서 다 목격되고 있다고 봅니다.

성해영   전적으로 동의합니다. 그러니 종교인은 물론이고 정치인, 기업가, 학자 등 모든 사람이 자신이 몸담고 있는 분야에서 근원적인 것과의 연결성을 기억하고, 이를 구현해야 한다고 봅니다. 언젠가 학회 세미나에서 붓다가 임종을 맞을 때 어떤 자세였는지에 관한 발표를 거의 두 시간이 넘게 들었습니다. 흥미로운 사실도 알게 되었지만, 이런 논의가 불교 신행信行이나 혹은 우리 삶에 무슨 도움이 되는가를 쉽사리 알아차리기가 힘들었습니다. 학문적 탐구가 곧바로 실용적 목적을 가져야 하는 것은 아니지만, 종교학이 삶과 어떤 관계를 가져야 하는지 되묻게 만든 계기도 되었습니다. 그런데 이런 물음은 모든 분야에서 가능하겠지요. 기업가라면 왜 최선을 다해 돈을 벌려 하는지를 진지하게 물어야 하고요. 정치인들도 국민을 위한다는 것이 정확하게 어떤 의미인지를 심각하게 고민해야 한다는 거예요. 그렇지 않으면 죽은 언어, 즉 정치적 수사에 그치고 말겠지요. 우리가 무엇을 왜 하고 있는지 영혼 깊숙한 곳에서부터 물어보자는 겁니다.

한바다   네. 그게 필요하지요. 물어보는 것.

성해영   그런데 질문을 던지는 것도, 답을 구하는 것도 막아두는 경우가 많잖아요. 어떻게 보면 근본적인 물음들이 방치된 것이지요. 적어도 종교의 창시자들은 이런 근본적인 물음을 던졌고, 자신들이 발견한 해답을 나눔으로써 우리의 삶을 바꾸려 했다고 보는데요. 물론 시간이 지나면서 그들이 찾은 해답의 생생함이 다시 오용되고 남용되기도 했지만요. 앞선 장에서 욕망의 억압 문제를 다루었지만, 성적 기쁨을 비롯해 우리가 경험할 수 있는 즐거움들이 종교의 이름으로 억눌리는 것은 정말 심각한 문제라고 생각합니다. 예컨대 가톨릭에서 심각한 문제가 되었던 아동 성추행이나 여러 종교 전통의 성적 스캔들 역시 이런 맥락에서 접근할 수 있다고 생각합니다.

한바다   사실 성 에너지는 인간의 것이 아니라 신의 것, 즉 자연의 힘이에요. 그러니까 그걸 컨트롤한다는 것 자체가 불가능한 일이지요. 그런데도 그게 가능하다고 믿고 무조건 억제만 하는 쪽으로 가니까 문제가 생기는 것이지요. 비난할 것이 아니라 이해할 일이고, 통제해야 할 문제가 아니라 누리고 또 변형시켜야 할 에너지인 겁니다.

성해영 네. 통제나 억제도 욕망 자체가 갖는 양면성을 이해하고 잘 다루는 방식으로 시도되어야 하는데, 그저 부정하고 억압하는 걸로는 결코 적절하게 해소될 수 없잖아요. 말씀처럼 온전한 이해가 필요한데요.

한바다 그게 결국은 도그마로서의 믿음으로 나가기 십상인데, 말씀하신 대로 성에 대해서는 에너지와 심리적 차원에서 좀 더 깊은 이해를 해주는 것이 도움이 됩니다. 차크라와 쿤달리니Kundalini 체계가 효용성이 좋아요. 차크라는 우리의 내면에 잠재되어 있는 정묘한 영적 에너지의 저장소입니다. 인체 내부에는 양 발바닥의 중심인 용천혈에서 회음부를 인체 내부로 상승해서 정수리 위까지 올라갔다 다시 내려오는 정묘한 기운의 회로가 있습니다. 이 기운의 통로가 있을 때 쿤달리니라고 하는 생명 에너지는 인체 내부를 통해 정수리까지 상승해서 인간 의식에 깨달음이 일어나게 하지요. 명상이나 영적인 기도 등의 수행의 비밀은 막혀 있는 이 통로를 여는 것입니다. 이 통로들은 대부분 무의식의 억압이나 트라우마와 같은 두려움과 저항감 때문에 닫혀버리지요. 그때 인체의 아래에 있던 쿤달리니 에너지는 상승하지 못하고, 성적인 에너지와 결합하게 되어 결국 성적 욕구로 변해버려요. 이렇게 위로 흐르는 통로가 개방되어 있지 않은 상태에서 억압을 하다 보면 그 에너지는 심리에 왜곡을 일으킵니다.

성해영   다시 '열림'이라는 주제가 등장하는군요. 근원적인 에너지가 열려 있는 상위의 차크라로 자연스럽게 상승해야 하는데요. 그 일이 실패할 경우 집착이나 욕망의 왜곡이 일어나는 것이지요.

한바다   그렇습니다. 억압된 성 에너지는 없어지지 않으니 욕구가 무의식에 그림자로 남게 되지요. 그림자는 또 인간관계로 투사되어 다른 사람을 판단하고 질시하는 기제가 되어 불화를 일으키기도 하지만, 무의식이기 때문에 본인은 전혀 자각을 하지 못합니다. 현재 의식에서는 자신의 의도가 좋고 순수하다고 믿고 있기 때문에, 자신도 모르게 무의식에서 먼저 에너지가 나가버립니다. 그래서 생겨난 부정적 결과를 인정하기도 어렵게 되고요. 남성의 경우 억압된 성 에너지는 도저히 저항할 수 없는 어느 순간에 자신도 모르게 분출되어버립니다. 그러면 '아, 이게 뭐야, 또 그랬네! 난 문제적 인간인가 봐', '아, 나는 죄인이야!'라는 식으로 자학에

빠지지요. 위로 올라가는 통로가 열리지 않은 상태에서 제도적으로 성을 억압할 때 일어나는 인류의 비극인 겁니다. 성직자들이나 수행자들이 여기서 심한 고생을 하지요. 무조건 비난할 게 아니라 바른 이해를 통해 에너지를 변형시키는 것이 중요합니다. 건강한 육체를 가졌다면 성 에너지는 끊임없이 생겨나는데, 승화시켜 줄 수 있는 통로와 위 차크라들이 막혀 있으니 에너지는 소멸하지 않고 무의식적 상태에서 튀어나오니까요. 그 에너지를 '악마'라고 이름 짓고 억압하면, 그 '악마'는 가만히 있질 않고 '나를 좀 봐줘!' 하고 자꾸 얼굴을 내미는 겁니다. 그래서 그럴 수 있는 대상한테 강하게 끌리는 겁니다. 금지된 대상한테는 더 끌리고요.

성해영   맞습니다. 억압된 에너지는 어떤 식으로든 분출되어야 하는데, 가장 약하고 힘없는 존재가 뒤틀린 욕망의 희생양이 되기 쉽지요.

한바다   억압된 것을 풀어내주고 치유시켜줄 어떤 장치가 필요하다고 봅니다. 격렬하게 몸을 흔들면서 춤을 추거나 쿤달리니 명상 같은 동적인 명상이 도움이 됩니다. 제도적 배려도 있어야겠고요.

성해영 그런데 힌두교는 원래 재가자 생활을 충분히 한 후에 삶의 마지막 단계에서 출가해 명상하고 산야신sanyasin이 되라고 권고하잖아요. 물론 이렇게 할 수 있는 사람들은 경제적 여력을 갖춘 특정 계층에 국한될 수밖에 없었지만 말이지요. 그 점에서 너무 어린 나이에 독신 수행을 하겠다고 결심하는 것은 의지라는 측면에서는 놀랍지만, 적지 않은 부작용도 있을 듯싶은데요.

한바다 힌두교 스타일이 훨씬 합리적으로 보입니다. 태국에는 학생 시절에 단기 출가를 했다가 사회로 돌아오는 제도도 있지요. 붓다 시절에는 젊은 청년들도 붓다의 무아無我의 파장에 이끌려 곧바로 삼매나 깨달음에 도달했는데, 스승이 살아 있을 때는 그렇게 함께 영성을 꽃피울 수 있지만 스승은 일회적인 존재라 사라지고 나면 제도의 틀이 살아 있는 스승을 대신하게 되지요. 그때 출가를 하면 생명 에너지는 상승하지 못하고 억압되기가 쉽기 때문에 문제가 생겨나는 거거든요.

성해영 수행의 본질이랄까 그 근본적인 목표와 함께 이를 달성하려는 수행법 자체를 재검토해야 한다는 의미인가요? 특히 현대 사회에서는.

한바다   그렇지 않으면 그 제도화된 틀 안에서는 모순이 자꾸 만들어져요. 자연의 이치에 맞지 않는 것이지요. 사랑도 나누고 해봐야 인생을 이야기할 수 있잖아요. 실패도 하고 성공도 해보고 사랑도 경험해보고 이별도 경험해보고, 이렇게 여러 가지 겪으면서 성장하게 돼 있잖아요. 몇 년 전 한국에서 진신사리 전시회를 열었을 때 티베트 승려들을 만나보니까 그들도 내면 깊숙한 곳에는 잘 살아보고 싶은 욕구들이 다 있더라고요. 자기들이 못 하니까 포기하고 있는 거예요.

또 십여 년 전 인도 다람살라에 갔을 때 티베트 출신 청년들을 여럿 만났는데, 알고 보니 대개 전직 승려였더라고요. 다 순수하고 착한 사람들이었는데, 열심히 일을 해도 한 달에 겨우 100달러 정도 받는다고 하더군요. 그들도 잘 살아보고 싶은 마음들이 다 있는데, 해외로 나갈 수 있는 길도 막혀 있는 걸 보니 안타까웠지요. 진정한 자신의 삶을 마음껏 살아보고 싶을 나이였는데. 그 어려운 경전을 수십 년간 파고들어 연구하고 달달 외우더라도 삶의 장으로 나와 실질적인 관계를 맺고 사랑도 해보고 일을 해보고 나서 사유를 할 때 살아 있는 통찰력이 나올 텐데 말입니다.

성해영   선생님이 거듭 강조하는 것처럼 우리의 언어 자체에 힘이 생기려면, 진짜 체험 속에서 확인된 앎이 담겨야 한다고 봅니다. 그게 안 되면 앵무새처럼 읊조릴 수밖에 없고요. 종교인들이 '욕망을 버리세요, 원수도 사랑하세요'라고 설파하지만, 실천은 결코 말처럼 쉽지 않잖아요. 더구나 진정한 만남을 통해 자신과 타인의 참된 모습을 일상에서 발견하라는 진리가 얼마나 현실에서 구현되고 있는지는 참으로 의심스럽습니다. 참된 본성을 발견하려는 우리의 종교적 열망을 악용하는 게 아닌가 싶고요. 종교의 진정한 본질을 간과한 채 전통과 권위라는 이름으로 참으로 오래된 가르침을 우려먹는다는 느낌이 간혹 들기도 하고요.

한바다   누룽지네요.(웃음)

성해영   옙.(웃음) 중세에는 소수의 사람들이 성경의 해석권을 독점하고, 보통 사람들이 자기 고유의 언어로 번역하지도 못하게 막았잖아요. 그런데 누가 그 권리를 주었을까요. 비슷한 맥락에서 일부 종교인들 역시 종교 창시자의 말씀이나 교리를 비즈니스처럼 활용하고 있는 건 아닌지 자문해야 한다고 생각해요. 경전을 제멋대로 해석해 타인에게 해를 끼치지만 않으면 얼마든지 그 말씀들을 자유롭게 해석하고 논의할 수 있어야 한다는 뜻입니다. 이 과정에서 우리의 삶을 더 풍요롭고 행복하게 만들고요. 그런데 경전이 특정 언어로만 기록되어야 한다는 이야기에서부터 도무지 이해할 수 없는 일들이 여전히 종교 안팎에서 일어납니다. 예전에는 몰라도 지금은 절대 통용될 수 없는.

한바다 말도 안 되지요.

성해영 이미 다루었지만 사물의 실상을 냉정하게 파악하는 능력을 강조하는 불교가 선禪 전통이 되면서 '알음알이'라는 표현으로, 인간의 지성적인 활동 전체를 간과하는 것도 문제로 보입니다.

한바다 네. 다시 한 번 이야기하자면, 당시의 선은 오히려 경전의 통찰력으로 나온 건데 살아 있는 삶이 빠지다 보니까, 특히 우리나라에 들어와서는 한문을 통해 소외의 현상이 일어난 것이지요.

성해영 독일 출신의 언어학자이자 비교종교학을 본격적으로 시작한 막스 뮐러Max Müller는 "언어의 질병"이라는 유명한 표현을 남겼습니다. 애초에는 자연 현상을 지칭하는 개념들이 본래의 뜻을 잃고 종교적 신화를 구성하는 신 관념으로 왜곡되었다는 주장이지요. 결국 언어가 새로운 형태의 질병을 만들어냈다는 건데요. 종교적 실재와 언어의 상호 관계에 주목했다는 점에서 선생님의 접근과 비슷합니다.

한바다   본래 어떤 경험을 표현하기 위해서는 언어가 필요하긴 한데…….

성해영   경험의 본래 의미는 사라지고 추상적인 언어만 남지요. 그리고 그 언어가 경험의 본뜻을 오히려 알아차리지 못하게 막습니다. 그러니 진짜처럼 보이지만 실제로는 진짜와는 거리가 먼 사이비가 되는 것이지요.

한바다   종교가 사람들 속에 있는 근원적인 품성을 건드리고 끄집어내주는 임무를 잊으면 사이비로 갈 수 있다고 봅니다. 애초에 사이비가 따로 있는 게 아니라 말이지요.

성해영   위험스러운 발언이십니다만(웃음) 동의하는 지점이 있습니다. 규모가 크고 오래된 종교가 작은 종교나 새롭게 등장한 종교를 사이비라고 부르기 쉽지만, 사실은 부지불식간에 그들이 사이비가 된 것인지도 모르지요. 그 종교가 원래 추구했던 본질을 망각하거나 소외시키고 있다는 점에서요. 한국에서 불교와 기독교가 가장 큰 규모의 종교인데, 동서양에서 유래한 두 종교가 거의 비슷한 규모로 신도를 가지고 있다는 점에서 전 세계에서도 참으로 보기 드문 경우입니다.

한바다   정말 그렇네요. 히브리에서 '신성함'이란 '다름'과 같은 뜻이라는데, 자기와 다른 이를 섬기고 사랑하는 것이 아름답다는 의미이겠지요. 진정한 예수의 제자라면 불교도마저 섬길 줄 알아야 합니다. 진정 붓다의 뜻을 따르는 이라면 기독교를 분별없이 포용할 수 있어야 하고요. 가슴은 지성으로 꽃피어나고 지성은 가슴에서 고귀한 사랑이 깨어나게 하는 대화를 나누면 서로에게 큰 도움이 될 겁니다. 예를 들어 기독교인이라면 불교인도 사랑하고 가서 물 떠주고 하면 얼마나 아름다울까요. 그렇게 하는 것이 유대인들이 배척했던 사마리아 사람을 포용했던 예수의 본래 마음이고요. 불교인도 마찬가지이지요. 삼라만상 모두에게 평등한 자비를 지닌 존재가 붓다 아닌가요?

성해영   사적인 자리에서 이런 이야기를 자주 들었습니다. 유신론적 종교는 신을 실체화하기 때문에 근기가 낮은 사람들이 믿는 종교라는 불교인들의 비판을요. 신을 실체로 여기는 것이 비판의 핵심이었지요.

한바다   근기의 문제가 아니라 성향의 문제라 봐야겠지요. 신은 가슴이 부르는 무한한 사랑과 신비의 노래이니까요. 물론 자신의 두려움이나 바람을 대신 채워줄 기복적 존재로서 신을 대상화할 수 있으나, 수행적으로는 신의 대한 사랑에서 에고를 넘어선 헌신의 마음이나 겸허, 경외감, 감사 등의 고결한 덕성을 키울 수 있습니다. 요가에서는 이런 수행 과정을 박티Bhakti 요가, 즉 헌신의 요가라 합니다. 우월감에 빠져 있으면 그 점을 간과하기 쉽지요.

성해영 상황에 따라 궁극적 실재를 다양한 방식으로 파악할 수 있고, 그 방식에 따라 사람들한테 각기 삶의 에너지를 끌어낼 수 있다는 말씀이시잖아요.

한바다 물론이지요. 인도에서는 사람 수만큼 많은 신의 이름이 있다고 합니다. 사람의 특성대로 만나는 것이지요.

성해영 신의 존재를 믿기 때문에 근기가 낮다는 확언은 저도 수긍하기 어렵습니다. 기독교 신비주의 전통만 하더라도, 신은 어떠한 개념 규정도 초월한 경이로운 존재이기 때문에 오로지 부정의 언어로만 표현될 수 있다는 주장이 넘쳐나는데요. 이른바 부정신학negative theology이라고 일컬어지는 흐름입니다.

한바다 단절과 소외의 언어를 쓸 것이냐, 깨어서 만나 교류하고 교감하면서 관계를 풀어나갈 것이냐 하는 게 중요한 것이지요.

소외의 언어를 쓰면 영원히 못 만나는 거고요. 한국이 갈라져 있는 건 그걸 해결해보라는 숙제 같아요. 삶이 이렇게 묻고 있는 것 같습니다. 이제 너희들이 이렇게 갈라져 있으니 어떤 마음을 써서 그 숙제를 풀겠는가? 이런 삶의 부름에 우리는 대답해야 합니다.

성해영 더 들여다보면 우리나라는 기독교과 불교 말고도 전라도와 경상도로, 부자들과 가난한 사람들로, 남자와 여자, 구세대와 신세대, 진보와 보수로도 나뉘어져 있습니다. 나눌 수 있는 방식이라면 모두 다 있는 듯싶습니다. 마치의 '분리의 백화점'이라고 할까요. (웃음)

한바다 그만큼 이분법적인 사고가 우리 속에 깊이 들어와 있다는 겁니다. 서로를 직접 접촉해보지 않은 채 세뇌만 되어 있어요. 우리 머릿속에서 상대편 사람들은 살아 있는 사람들이 아니에요.

성해영 앞에서 언급하셨던 원리와도 통하네요. 마치 돈이나 우리의 삶, 그리고 종교적 진리조차 추상적 개념이 되어 소외를 불러일으키는 것처럼, 함께 공간을 나누고 있는 타인들도 실재가 아니라 부정해도 좋을 관념이나 개념으로 변모해 추상화되는 것 말이지요.

한바다 관념의 막에 가려 함께 살아 있는 인간들을 못 보는 겁니다. 그 관념은 단지 마음이 만든 허상일 뿐인데. 귀신이 있다면 관념, 그것이 귀신인 것이지요.

성해영 불교가 기독교를 근기 낮은 인간들의 종교라고 말하는 거나, 기독교가 불교를 사탄이나 마귀들이 믿는 종교라고 말하는 거나, 둘 다 자신의 믿음과 관념을 자기 밖으로 투사해서 보고 싶은 방식대로 상대를 실체화한 것이라고 봅니다.

한바다 안타깝게도 그렇습니다. 살아 있는 사람들이 서로 판단과 불신의 벽에 갇혀 만나지 못한 채 고통 받고 있을 뿐이에요.
자기가 실제로 만나야 될 부분을 못 보고 환영 속에 돌아다니고 있는 겁니다. 관념은 필요한 도구이긴 하지만, 실재를 봐야 합니다. 실재를 보지 못하면 관념이 실체화돼서 허깨비 짓을 하게 되어 있어요. 우리 안에 그런 유령이 들어와 있는 겁니다. 일단 그 사람을 직접 만나게 되면 그런 허상들은 다 사라지는 법이지요. 문제도 사라져버립니다. 미워할 사람이란 없습니다. 이해하고 껴안아 만나야 할 존재가 우리 앞에 있을 뿐.

아홉

경험: 삶의 부름에 응답하라

성해영 종교는 보편성을 추구한다고 주장하지만, '삶의 모든 측면을 있는 그대로 다 수용하는 것은 아니다'라는 느낌을 강하게 받습니다. 앞서 논의했습니다만, 인간의 성적 에너지가 대표적이고요. 어떻게 생각하시는지요?

한바다 모든 경험이 인간이 성장하고 전체성을 이루어가는 데 필요한 과정입니다. 세상에 있는 모든 것은 그것이 존재해야 할 이유가 있고, 누군가에게 필요해서 있습니다. 다만 자기 자리를 찾지 못하고 뒤엉켜 있거나 그 용도를 잘 몰라 혼란스러울 뿐이지요.

성해영   여러 번 다루었던 돈의 문제도 마찬가지라는 생각이 듭니다. 종교 전통이 금전이나 성적 욕망 자체를 완전히 배제하는 것을 성스러움의 징표로 여기는 것을 어떻게 보시는지요? 달리 말하자면 소위 성스러운 것에 대비되어 세속적이라 불리는 것들을 어떻게 받아들여야 하는가,라는 질문입니다.

한바다   성이 더러운 것도 아니고, 성스럽다는 관념이 깨끗한 것도 아니지요. 성과 속으로 나누기 이전이 온전한 것이고, 그러한 전체성이 건강한 겁니다. 영적 수행 못지않게 세상적인 경험도 중요하고요. 그래야 인성을 통합적으로 꽃피울 수 있지요. 이것도 인도 요가에서 말하는 차크라와 연결 지어 생각해볼 필요가 있습니다. 차크라는 척추 아래 회음부터 시작해서 정수리에 이르기까지 일곱 층의 회전 원반을 이루고 있지요. 인체 앞쪽의 임맥선을 따라 일곱 쌍이 흐르고 있고, 또 그 짝인 독맥의 일곱 쌍이 척추 안으로 흐르고 있습니다. 이 차크라 패러다임이 괜찮은 게 인간의 내면에 잠재된 신비적 체험이나 정신적 영적 체험의 가능성을 통합적으로 설명해주기 때문입니다. 인간을 소우주로 부르는 건 이 양선의 차크라들이 모두 개화할 때 인간성이 완성되어서랍니다. 제가 그린 차크라-마음 상응 도표가 있어요. 우리가 경험하는 정신적·육체적·감정적·영적 경험은 모두 이 차크라와 상응하여 일어납니다.

성해영 탄트라는 성적 에너지와 성스러운 종교적 열망이 엄격하게 분리되어 있지 않다는 입장을 취하는 대표적인 종교 전통이지 않습니까? 비슷한 맥락에서 성스러운 차원과 세속적인 차원, 영적인 차원과 육체적인 차원이 미묘하지만 엄격하게 분리되어 있지 않다는 주장을 하지요. 차크라에 대해 더 구체적으로 설명해주시면 이해에 도움이 될 듯한데요.

한바다 예를 들어 가장 아래의 물라다라Muladhara 차크라는 지구 에너지와 연결되어 이 땅에 안정되게 살아가게 하는 힘이지요. 물라다라와 그다음의 단전 차크라는 생명력이나 성 체험과 연관되어 있고요. 가슴의 중앙에 있는 아나하타 차크라는 지고한 사랑의 경험을 가능하게 하고, 정수리에 있는 차크라는 시간이 사라진 무아경을 경험하게 하며, 완전한 각성과 연결되어 있지요. 그 차크라들은 몸의 앞뒤로 각각 일곱 층씩 있습니다. 앞쪽의 흐름은 음식의 소화와 흡수를 관장하는 동시에 감정과 느낌을 일어나게 합니다. 수슘나sushumna라고 하는 뒤쪽의 흐름은 에너지를 골반에서 척추를 통해 머리 위까지 올려주지요. 앞쪽 차크라는 관계 속에서 꽃피어야 할 것들이고, 뒤쪽 차크라는 수련으

로 에너지를 모아 머리 위까지 올려 보내면 각성할 수 있습니다. 옛날 도가에서나 불가에서나 고대 동양에서 깨친 자들은 대개 뒤쪽으로 기운을 올려 각성을 이루었어요. 그들은 세속적 욕망에서 벗어나 초월의 꿈을 이룬 것입니다. 하지만 자신들이 간 길밖에 가르치질 못했지요. 그것은 원의 반쪽이었던 겁니다. 나머지 반인 앞쪽 차크라들을 개화시키는 소명은 현재 우리에게 주어져 있습니다. 전쟁과 폭력, 억압으로 얼룩진 인류 역사가 앞쪽의 차크라들을 거의 만신창이로 만들어버렸기 때문이에요. 수많은 생들의 상처들이 이 차크라에 기록되어 있어 부모와 자식 관계를 통해 유전되어오고 있습니다. 우리의 인간관계가 이렇게 고통이 되어버린 것은 대부분 여기에 기록된 집단적 피해의식과 상처 때문이지요. 오직 무조건적 자비와 호의만이 상처로 얼룩진 아래쪽 차크라들을 열 수 있고, 그때 상처가 치유됩니다.

성해영 차크라의 각성이 관계 속에서 또는 홀로 하는 수련을 통해서도 가능하다는 말씀은 정말 흥미롭습니다. 특히 현대에는 관계를 통해 차크라의 각성이 이루어져야 한다는 주장은 우리의 욕망을 새롭게 바라보게 만들겠네요. 게다가 전쟁과 폭력이 일부 차크라를 심하게 훼손시켰기 때문에 상처의 치유가 필요하다는 말씀도 참으로 와 닿습니다.

한바다   인류의 역사는 상처의 역사이지요. 식물이 아닌 동물인지라 인간은 생존을 위해 남에게 폭력을 가해야 했어요. 자원도 부족하고 기술도 충분히 발전하기 전이라 타 종족을 지배해야 살아남을 수 있었던 겁니다. 그 전쟁의 역사 동안 엄청난 상처를 서로 주고받았어요. 여자들은 더 심하지요. 예를 들어 강간을 당하고 그 남자의 애도 낳고 그랬잖아요. 그러면 자궁이 다 상하게 돼요. 남자들도 자기 아내나 자식들이 성의 노예가 되는 걸 겪기도 했고요. 그렇게 완전히 다 상한 채 원한을 갖고 죽는 겁니다. 그 카르마는 차마 생각할 수가 없어요. 그래서 어떤 수행자들은 이런 카르마가 흘러나오는 걸 보기 싫어서 몽땅 생략하고 뒤쪽으로 올라가 터뜨려버리는 겁니다.

성해영   너무 큰 상처라 의식적으로나 무의식적으로 회피하는 거군요. 종교 전통이 강조하는 것처럼 '초월'이라는 말로 그럴듯하게 해석할 수도 있겠습니다만, 상처나 억압을 어떤 식으로든 승화시키고 해소해야 한다는 책무를 새삼 일깨우네요.

한바다   앞쪽 차크라를 개화시키는 진리의 맥은 역사의 전면에서는 잊혀졌지만, 힌두 탄트라와 불교 탄트라에서는 아직도 그런 자비로운 스승들의 이야기가 내려오고 있어요. 우리가 마지막에 꽃피우고 갈 것은 하트입니다. 영적인 하트가 완전히 꽃피면 천지사방으로 무한히 다 열립니다. 사실 붓다도 그랬거든요. 그 세계에서 가장 평등한 자비를 꽃피운 사람이에요. 예수도 마찬가지고요. 그들은 상처가 완전히 사라진 존재들이지요. 요즘 들어와 '힐링'이 부쩍 중요해진 이유가 여기에 있습니다. 상처를 치유해야 더 깊은 차원으로 들어갈 수 있고, 새로운 세대를 잉태할 수 있으니까요.

성해영 맞습니다. 특히 굴곡의 역사를 어느 곳보다 많이 겪은 우리로선 '힐링'이라는 단어를 참으로 많이 듣습니다. '한을 풀다'라는 의미의 '해원解寃'이라는 오래된 단어를 포함해서요.

한바다 해원이 곧 힐링이지요. 이미 언급되었지만, 힐링에서 '힐heal'은 전체와 연결한다는 뜻을 가지고 있어요. 그러니까 상처라는 건 전체와 연결돼 있지 못한 소외된 마음이 흐르지 못해 지옥이 된 상태인 겁니다. 마음이 지옥인 사람은 주위를 지옥으로 만들지요. 소외된 마음을 전체에 연결시켜주면 힐링이 되고 평화와 사랑이 꽃피어납니다. 그게 자비인데, 사랑과 자비는 삶 속에서, 그리고 관계를 통해 터득될 수밖에 없습니다. 헌데 관계 속으로 들어가다 보면 뒤틀린 무의식의 감정들이 많이 올라오기 때문에 정신을 차리며 가야겠다 해서 나온 게 자각이에요. 차크라 패러다임을 통해 그렇게 자각해야 될 부분과, 품어주고 이해하고 사랑해서 넘어가야 될 부분이 있다는 걸 이해했습니다.

성해영 더 큰 차원에서 전체의 실상을 알아차리고, 부분이 갖는 의미를 온전하게 이해하지 않으면 더 심한 왜곡과 상처를 만들어낼 수 있다는 거네요. 저는 선생님 말씀을 들으며 프로이트를 많이 떠올리게 됩니다. 특히 욕망의 자연스러운 충족이 인간의 온전한 발전에 긴요하다는 주장이요. 그게 이루어지지 못하면 퇴행이나 고착, 왜곡과 같은 여러 가지 문제들이 발생한다고 보았거든요. 어쨌든 전체적인 맥락에서 온전하게 이해하면, 성적 에너지 역시 그저 위험한 것이 아니라 긍정과 기쁨의 에너지가 되는데 말입니다.

한바다 맞습니다. 근본적으로 삶은 우리가 누리기 위해서 있는 것이지요. 삶의 경험들 전부 다를요. 관계를 못 누리니까 적대시 되는 겁니다.

성해영 그런데 이분법적으로 엄격하게 나뉘어 있잖아요. 그리고 중간이라는 것이 아예 없거나, 있더라도 어중간한 것으로 부정당하기 십상이지요. 그러니 극단만이 살아남고요. 특히 우리나라에서는.

한바다   목적이나 비전이 분명한 사람은 자기가 왜 그런 체험을 하는지를 알고 있지만, 모르고 하니까 그렇게 되는 것이지요. 그래서 가이드라인이 필요한 겁니다.

성해영   선생님 말씀에 전적으로 공감하는 게, 대상을 온전하게 사랑하는 태도에는 뒤틀린 욕망이 뿌리내릴 수 없거든요. 사랑은 근본적으로 자신을 완전히 잊고 대상과 합일해 더 큰 무엇으로 태어나겠다는 열망이니까요. 이런 사랑을 못 하거나, 혹은 자신만을 위해 왜곡된 방식으로 사랑하는 사람들은 사랑이 주는 충만함을 결코 알 수 없거든요. 그래서 그 공허감을 돈, 명예, 권력으로 채우려 듭니다. 사랑이 정말 자유롭게 오갈 수 있으면 충만한 느낌과 기쁨이 가능하고, 그런 곳이야말로 지상천국이라 불리겠지요.

한바다   그렇습니다. 그걸 위해서 자기 가슴의 소리에 귀를 기울이는 게 명상입니다.

성해영   생생한 삶으로 다시 돌아가게 만드는 명상 말이지요? 신비화된 명상 말고요.

한바다   신비주의에 대해서 깊이 연구해오신 교수님의 설명을 들어보고 싶군요.

성해영   신비주의는 현세 지향적 신비주의와 타계 지향적 신비주의로 구분되기도 합니다. 후자는 수행을 통해 저쪽 차원으로 가는 것을 주된 목적으로 삼는 신비주의이고, 현세 지향적 신비주의는 관계를 통해 지금 이곳에서 사랑하고 기뻐하기를 희망하는 신비주의입니다. 그러니까 저쪽 차원을 지향하는 신비주의와 이쪽 세상을 지향하는 신비주의가 있다는 것이지요. 물론 어느 한쪽이 절대적으로 옳다거나 좋다고 표현하기는 어렵지만, 명상의 지향점 역시 신비주의 전통 내부에서조차 다를 수 있다는 뜻입니다.

한바다   신비주의에도 성향에 따라 두 흐름이 있군요. 뒤쪽으로 가더라도 앞쪽의 씨앗은 남아 있는 것이 경험이 안 되면 계속 어둡게 남더라고요. 일시적으로 무시할 수는 있겠지만.

성해영　아라한을 수행자의 이상으로 제시했던 상좌불교와 보살을 이상으로 추구했던 대승불교의 논쟁도 같은 맥락에서 이해할 수 있겠지요. 모든 사람들을 구원할 때까지 끝내 돌아오는 보살의 마음이란 이 세상을 간과하지 말자는 주장이지요.

한바다　대승에서 말하는 보살은 현실과 초월된 마음 너머의 세계를 통합시켜주는 마음이에요. 그러한 의식을 가졌던 사람들이 쌍방향을 보면서 가는 것이지요.

성해영　그런 입장에서 보면 기독교의 예수도 보살이라고 불릴 수 있겠네요.

한바다　예수는 대승불교의 정신을 가장 잘 구현한 분이지요. 혼자서는 보살이 될 수 없습니다. 그 보살이 큰 자비의 마음을 꽃피우려면 대상이 필요하거든요. 중생이 필요한 겁니다.

성해영　서로가 서로를 꼭 필요로 하는 관계로군요.

한바다　그렇습니다. 상생의 관계이지요. 지옥에까지 뛰어 들어가 중생을 구제하려는 것이 보살의 마음이라고 하잖아요. 그래야 자비를 완전히 꽃피운 존재가 된다는 겁니다. 그렇지만 '내가 어떤 다른 사람을 구해줬다'는 식의 남는 생각이 없이 하라고도 하지요.

성해영   이기적인 에고를 죽이지 않으면, 좋은 마음이나 행위마저도 배타적인 이원성을 벗어날 수 없다는 조언이지요. 나는 좋고 너는 나쁘다 혹은 내가 너보다 더 우월하다 등등이요.

한바다   네. 빠지면 다시 잡아주면서 마음을 계속 내되 친절하게.

성해영   그게 예수의 말처럼 자기를 죽이고 소금이나 빛의 역할을 하라는 뜻이겠지요.

한바다   정말 생생하게 울리는 비유입니다.

성해영   그렇게 보면 저희는 이 자리에서 종교, 인간의 욕망, 자본주의와 돈, 인간의 성과 같은 것들이 다시 우리 삶에서 본연의 생생한 힘과 가치를 회복해야 한다는 이야기를 계속 하고 있는 거군요. 그래서 이 사회가 변화되어야 한다는 것, 그게 바로 미래 사회의 비전이라는 것도요.

한바다　　그렇지요. 그러한 삶들이 이 사회 안에 꽃피어나줘야지요. 그러기 위해서는 현재 우리가 살고 있는 자본주의의 실체도 어느 정도는 규명이 돼야 하고요.

성해영　　일단 종교만 하더라도 적지 않은 무게감을 가진 주제입니다. 또 우리가 다루는 불교의 마음 수행이나 기독교의 천국에 관한 논의 역시 결코 가볍지 않고요.

한바다　　천국이나 그와 유사한 상징들은 필요하다고 봐요. 마음에 있는 씨앗이 피어나도록 하기 위해 추동하니까요. 그건 다른 어딘가에 따로 존재하는 고정된 세계가 아니라 분열이 없이 온전한 마음 상태를 비유한 것임을 새길 필요가 있겠지요.

성해영　　특히 타인을 포함해 나를 둘러싼 모든 것들과의 관계 속에서 본래적 생생함을 회복시켜야 한다는 점에서요.

한바다　　네. 상징은 우리 안의 뭔가를 끄집어내주니까요. 중요한 건 이 삶 자체가 내 마음이라는 겁니다. 삶이라는 풍요로운 기회를 살면서 내 마음이 살아나줘야 돼요. 우리에게는 지금 이 삶이 심어져 있는데, 이 삶의 재료를 충분히 못 먹고 있는 것이지요. 뭔가에 홀려서.

성해영 선생님의 예전 책 《3천 년의 약속》에도 비슷한 말씀이 나와요. 예언이란 지금의 현실과 무관하게 떨어져 있는 것이 아니라 마치 거울처럼 현실을 비추어 바꿀 도구여야 한다고요. 다시 말해 예언이란 과거, 현재, 미래를 하나로 연결하는 계기이지, 고정불변의 무엇은 아니라는 주장 말입니다. 이 대담에서 사용하는 정확한 용어로는 '비전'이겠지요. 달리 말하자면 지금 이곳을 풍부하게 만들어야지, 그렇지 않으면 소외로 인해 모든 관계가 지옥으로 변할 수 있다는 것이지요.

한바다 자기 마음의 천국을 바로 만나라는 건 결국 가슴이 개화돼서 마니푸라가 충족되면 삶이 멋지게 된다는 뜻이지요.

성해영 선생님 말씀은 한편 굉장히 명료하게 들리지만, 이해하려고 시도하지 않는 사람에게는 적지 않은 어려움을 줄 듯합니다. '뭐야, 우리 종교가 나쁘다고?' 아니면 '그게 천국이라고?' 할 수도 있을 것 같아요.

한바다 그래도 어떤 분들의 마음에는 가 닿을 겁니다. 어차피

용감한 사람만이 미인을 얻잖아요.(웃음) 자기 안에 뭔가가 있는데 촉발이 안 되었던 사람들은 촉발이 될 거고, 용기를 낼 겁니다.

성해영 생각해볼수록 참 이해하기 어려운 사실이, 종교란 원래 통합과 관계성 회복 같은 내용을 주된 목적으로 삼잖아요. 그런데 종교가 그걸 이루지 못하고, 오히려 엄청난 괴로움을 양산하는 씨앗이 돼버린 거잖아요. 종교의 이름으로 이루어진 숱한 폭력이 그걸 분명하게 보여주지요.

한바다 인간에게는 생존에 대한 불안과 두려움과 상흔이 집단 무의식으로 내려오고 있는데, 말씀하신 대로 이런 고통으로부터 인간을 치유하고 결속시키고자 여러 현자들이 나왔지요. 그렇지만 그들의 순수한 뜻은 정치적 권력과 결탁되면서 왜곡되기도 했어요. 내세에 올 '천국'이나 '극락'이라는 이름으로 현실 문제를 외면하게 하고, '지옥'이라는 이름으로 두려움을 심어 은밀히 지배하고 조종하는 수단으로 전락되고 말았지요. 이 점을 직시하지 못하면 무의식 상태에서 사람들은 자신도 모르게 이 '지옥'이라는 이름에 세뇌되어 지배되고 분열됩니다. 천국이나 지옥이 바깥에 존재한다는 생각은 이러한 위험을 낳지요. 지옥, 극락, 천국은 모두 마음에서 일어나는 두려움, 불안, 불화, 희망, 행복의 다

른 이름일 뿐입니다. 그렇기 때문에 마음의 문제로 돌아올 수밖에 없고, 마음으로 돌아오면 아무래도 불교를 이야기하지 않을 수 없지요. 하지만 불교는 너무 출가자에 치우친 코드로 이야기한 듯해서 좀 더 입체적인 삶 전체의 이야기가 필요하다고 봅니다. 예수나 부처조차 그냥 자신의 삶을 온전하게 살다 간 분들이라고 생각해요. 자신에게 주어진 삶 속에서 자기 인생에 대한 물음에 답을 하다가 영성의 꽃을 피우고, 그 꽃의 향기를 많은 사람들과 풍족하게 나누고 간 분들인 겁니다.

 **성해영** 네. 전적으로 동의합니다. 하지만 먼 옛날 사람이기도 하지요. 스마트폰도 인터넷도 전혀 몰랐던.(웃음)

한바다 맞습니다.(웃음) 그러니까 그분들 뒤만 쳐다보고 있을 게 아닌 것이지요. 몇천 년 전의 이야기이니 말입니다. 자신의 삶을 살고, 자신이 이 세상에 해야 될 대답은 무엇인지, 그걸 들여다보자는 겁니다. 그래야 진정한 삶이 펼쳐질 수 있어요. 지구의 삶 자체도 좋아질 수 있고요. 대의명분이 있는 것이지요. 자신만을 위한 게 아니라 내가 온전하게 삶에 대답해줘야 밝은 세상으로 나갈 게 아니냐는 거예요. 옛날이야기는 그냥 그 사람들의 대답이고, 나는 너의 대답을 듣고 싶다, 하는 목소리인 겁니다. 크리슈

나무르티도 같은 이야기를 했어요. 그런 마음들이 살아나주면 먼저 자기가 행복하고, 거기에서 파장이 커져 그릇이 큰 사람은 사회의 리더가 될 수 있겠지요. 행복한 리더가 주위를 밝게 해줄 테니 세상에는 덕이 될 테고요.

성해영 저도 뒤늦게 공부를 시작했습니다만, 학계도 비슷한 문제를 안고 있습니다. 보통 때는 재미있는 분들이 많아요. 그런데 학문적 토론을 하게 되면, 갑자기 약속이나 한 듯 재미없어져버리는 경우가 많습니다. 긴장을 해서 그런지 한두 시간 이야기하고 나면 심신이 피곤한 거예요. 아직도 정확한 이유를 모르겠습니다만, 말씀을 나누다 보니 드는 생각이 마음의 교류가 안 된 상태에서 관념만을 주고받으니 그럴 수도 있겠다 싶네요. 특히 '너 그 말 틀렸잖아', '그게 아니고'와 같은 말들이 주로 오고가서 그럴까요?

한바다 관념만 따라가다 보면 가슴의 느낌을 잊기 쉽지요. 그것에 바탕을 둔 지성이 꽃피어나야 되는데 말입니다. 가슴에서 나온 설렘과 사랑이 지성으로 피어나야 마음이 온전히 살아날 수 있는데, 현대 문명은 너무 가공성이 많아요.

성해영 　현대 학문은 가슴과 머리를 분리시키라고 주장해요. 정서나 감정이 객관적인 사고를 못 하게 만든다고 보는 거지요. 그런데 아무리 보아도 그게 진짜 가능할까 싶어요. 어떻게 가슴의 소리를 무시할 수가 있을까요. 많은 학문 분야 중에서 평생 연구할 주제를 골라내는 것 자체가 가슴의 소리인데요. 두뇌가 목표를 제시하는 게 아니라 가슴이 무얼 하고 싶다고 이야기하잖아요. 냉철한 지성이 갖는 힘은 놀라운 것이지만, 가슴이 느끼는 기쁨과 행복이 결정적인 것으로 보이거든요.

한바다 　그래서 가슴과 머리의 통합이 인류가 나아갈 길이라는 겁니다. 그 안에서 진정으로 보편적인 의미가 나올 수 있고, 영감이나 직관도 살아나지요. 마음들이 진정으로 하나하나 모두 살아서 꽃피어나는 겁니다. 삶이란 그렇게 쓰이기 위해 존재하는 건데 말입니다. 지금은 생존에 너무 붙잡혀 있으니까 정작 '내가 왜 살아야 되지?' 하는 물음에 답을 못해서 자살이 자꾸 일어나는 거라고 봅니다. '삶의 부름에 대답을 해가는 과정에서 나의 삶이, 마음들이 피어날 수 있을 것이다. 상처도 받겠지만 그 상처가 어떻게 치유되는지도 배울 수 있다.' 이런 자세가 필요합니다. 그래서 삶에 주어진 가능성을 다 써먹고 가는 겁니다.

성해영 충만하게. 가능성의 끝까지. 부정하고 외면할 게 아니라 끌어안고.

한바다 네. 가능성의 끝까지.(웃음) 삶이 부정하고 외면한다고 해서 외면되는 것도 아니잖아요.

성해영 외면할 수 있다고 믿는 거지요. 설령 그런 태도가 고통스러워도 삶이란 원래 그런 거라고 철저하게 믿으면서 말입니다.

한바다 이분법적인 태도를 가진 분들이 많이 거기에 안주하고 있지요.

성해영 그래서 현실에서 부대끼는 것들을 피해 산속 깊은 곳으로 가는 걸까요?

한바다 사실 산에 가더라도 혼자가 아니거든요. 풀도 있고, 나무도 있고, 다 있어요. 밥은 누가 주고요.

성해영 다른 분들이 주지요.(웃음)

한바다   그렇게 의존하며 살아가고 있으면서 그걸 외면하면 안 되는 겁니다. 바로 자신의 실제 삶이 그러한데, 안 보는 거예요. 붓다는 거기서 깨달았잖아요. 모든 부귀영화 다 버리고 갔는데, 결국에는 배가 고파 깨치지 못하고 있다가 양젖으로 된 죽을 드시면서요. '내가 죽 하나 얻어먹는 인간밖에는 안 되는구나.' 그 순간에 에고가 떨어져 나간 겁니다.

성해영   그렇게 본다면 아주 현실적인 인간관계 속에서 깨달음이 촉발된 거네요.

한바다   구조상 그렇습니다. 사람들은 붓다를 우상으로 만들려고 하기 때문에 그렇게 말하지 않지만, 실제로 일어난 일은 그런 과정이었을 겁니다. 죽 먹는 현실. 죽을 얻어먹으면서 자신을 엄청나게 느꼈다고요. 그게 클라이맥스예요. 그때 그는 깨침에 이른 겁니다.

성해영   그것도 동네 처녀한테 얻어먹었지요. (웃음)

한바다   그건 당시 사문 수행자가 절대 해서는 안 되는 행동이었지요. 이런 상상을 해봅시다. 한 열렬한 구도자가 고행을 하다

배가 고파 숨이 넘어갈 지경이었어요. 바로 그 순간에 한 사람이 지나갔어요. 그 사람은 마침 젖먹이를 키우는 엄마라서 그에게 젖을 내어줍니다. 그 순간 구도자는 남녀를 초월하여 영원한 모성을 봅니다. 그 순수한 마음에 구도자의 에고가 떨어져 나갑니다. 눈물이 가슴까지 흘러내려요. 그 상태에서 가만히 명상을 하니까 새벽별이 보이고 마음의 눈이 열립니다. 이 이야기 안에는 육체와 영혼의 극단적인 이분법이 사람을 메마르게 해서 깨달음으로부터 멀어지게 한다는 메시지가 담겨 있지요. 젖을 준 여인은 구도자에게 심히 부족한 땅의 에너지를 회복시켜주는 신성한 여성 원리의 화신으로 볼 수 있어요. 구도자는 여성 원리의 도움을 받고 나서야 극적으로 깨달음을 얻었다는 이야기입니다.

성해영 굉장히 흥미롭기도 하고, 한편 아름다운 버전입니다. 그런데 이런 이야기를 해도 될지.(웃음) 붓다가 상한 고기를 먹은 탓에 목숨을 잃었다는 에피소드도 그리 좋아하지 않는 듯한데요.

한바다 인간적으로 보여 싫은 것이지요. 사실 인간적인 면도 아름다운 건데. 붓다라고 하더라도 독을 먹으면 죽기 마련입니다. 독살되었다는 설도 있지만, 아무튼 붓다는 쭌다가 가져온 그 음식을 들고 병을 얻게 되었지요. 놀랍게도 붓다는 독이 몸에 퍼져 죽어가는 그 순간에도 완전한 자각을 유지하며, 분노라든가 두려움에 전혀 물들지 않음을 보여주었어요. 오히려 "아난다여, 쭌다가 준 음식 때문에 내가 병이 든 것은 아니라고 쭌다에게 전해주게. 그리고 위로해주게나"라는 당부를 남겼지요. 그리고 아홉 단계의 삼매를 다 보여주고, 쿠시나가라에서 설법까지 하고 세상을 떠납니다. 이게 기적인 겁니다. 그런데 독인 걸 알면서도 드셨다면 왜 그랬을까요? 상대방이 진심으로 베푸는 걸 외면할 수가 없었던 겁니다. 붓다는 그 사람의 마음만 본 거예요. 순수한 진심, 그 마음을 받아 드신 것이지요.

성해영 철저하게 자연의 순리대로 살다가 가신 것이겠지요. 삶의 일상성과 유리된 초자연적 존재가 아니라 우리 주변에서 쉽게 만날 수 있는 참으로 보통 사람처럼.

한바다 그 마음에 백 퍼센트 충실하게 살다 가신 것이지요.

성해영 그런데 그처럼 인간적인 이야기를 종교 전통은 우리 삶과 한참이나 떨어진 버전으로 각색하는 바람에 붓다가 말하고 싶었던 있는 그대로의 진실을 소외시킨 것 같아요.

한바다   그게 반역이에요. 실제로는 삶의 이야기에서 어떤 마음에 가 닿아 그 일이 일어났는지 그걸 가르쳐줘야 하는데 말입니다. 자신들 내면에서 그런 경험이 안 일어나니까 사람의 이야기를 신화로 만드는 거고, 그 신화는 온전하게 전달되지 못하고 엉뚱하게 전해지게 되는 겁니다.

성해영   말하자면 집단적으로 만들어낸 '이상적인 나'인 거겠지요. 집단적 투사 말입니다. 자신의 불완전함이 감당 안 되는 사람들이 자기 밖에 이상적인 상을 투사해 거기에 도달하자고 주장하지만, 스스로도 구현하기 어려워 괴로워하고, 그렇게 하지 못하는 타인도 심판하고요. 이런 식으로 괴로움을 키우는 겁니다. 선생님이 말씀하신 자학 구조인 것이지요. 프로이트도 종교가 제시하는 '이상적인 나'라는 관념이 죄책감과 억압의 주된 근거가 된다고 비판했지요. 그래서 보통 사람들에게 강박 신경증을 심어준다고요. 삶의 모든 경험에 궁극적인 의미를 부여해주고, 그 과정에서 견디기 어려운 상처도 흔쾌히 보듬어주는 것이 종교인데, 종교가 오히려 자본주의적 욕망을 부추기거나 충족시키는 데 오용되기도 하고요. 결국 삶의 기쁨과 생생함을 소외시키는 것이지요.

한바다   추상화되는 겁니다.

성해영 저는 학생들에게 누구에게나 맞는 이야기는 아무에게도 안 맞는 이야기가 될 수 있다고 말합니다. 욕망만 버리면 모든 문제가 해결된다거나, 특정한 믿음만 가지면 모든 이들이 곧바로 구원받는다는 주장은 심지어 폭력이 될 수 있다고요. 각자가 처한 상황과 희망을 있는 그대로 반영해 조언을 해줘도 모자랄 텐데, 어떻게 모든 사람들에게 똑같이 효과적인 처방이 있겠냐는 것이지요. 고통 받는 모든 이들에게 '욕망만 버리면 돼'라는 건 실제로 해답이 아니에요. 여전히 삶의 문제를 다 해결하지 못했는데, 어떻게 타인에게 단언할 수 있느냐는 겁니다.

한바다 평화로운 에너지가 넘실거리는 라오스의 '왓 씨앙 통'이라는 사원에 가면 불상들보다 더 거대한 도르제dorje가 아홉 마리의 나가naga에 웅장하게 둘러싸인 채 침묵과 지혜의 빛을 전하고 있어요. 도르제는 '금강'을 뜻하는 티베트어입니다. 너무나 아름다운 이 도르제 앞에 서니 숙연해져서 고개가 절로 숙여졌어요. 이렇게 도르제를 존귀하게 여긴 까닭은 금강 안에 붓다의 에센스인 자비와 지혜의 합일이라는 상징이 담겨 있기 때문이랍니다. 《금강경》에는 '보살승에 들어간 수행자라면 남과 나를 나누고 차별해서는 안 된다'고 나와 있지 않습니까. 또한 '갠지스 강의 모래알같이 많은 사람들을 이끌어서 해탈하게 하리라고 서원을 하되 내가 했다는 생각을 남긴다면 그는 보살이 아니다'라는 말씀도 있지요. 이렇게 관자재보살이 수보리에게 간곡히 당부한 뜻이 무엇인지 상기하면 좋을 것 같아요. 물론 저희들도 마찬가지고요. 그것은 아만과 분별심이 상대방을 미묘하게 대화의 장에서 소외시키기 때문일 겁니다.

성해영 전적으로 동의합니다. 우월감이란 차별의식으로 발전하기 십상이지만, 종교적 우월감이야말로 가장 위험한 게 아닌가 싶습니다. 특히 자비나 어짊을 결여한 우월의식은 한숨이 절로 나오게 만듭니다.(웃음)

한바다 《금강경》의 저자들이 당부하고자 했던 간절한 뜻을 지금 시대의 언어로 표현해보자면, 자비와 평등의식, 그리고 상대방에 대한 존중감을 가지고 다가가라는 뜻이 될 겁니다. 현재 나라를 이끄는 리더들이 더 그러해야 하지 않나 하는 생각이 드는군요. 그러나 의식이 퇴행하고 있는 것처럼 보이는 사람들이 많습니다. 이 점에서 봤을 때는 지금 시대가 위기인 게 맞지요. 이러한 위기를 기회로 바꾸고 삶을 꽃피우려면 의식의 대각성과 전환이 절실히 필요합니다. 상대방에 대한 진심 어린 배려와 존중의 태도가 아니고서는 자신도 나라도 살려낼 수 없으니까요. 게다가 지금 태어나는 아이들은 무척 진화된 상태로 태어납니다. 지금까지의 진화되지 못한 권위와 위선, 강압적인 태도로서는 그들과 소통할 수 없어요. 아이들에게 진화된 의식으로 다가서서 소통할 때만 우리에게 밝은 미래가 있습니다.

성해영 선생님은 오랫동안 마음공부를 치열하게 해오셨기 때문에, 우리가 쉽게 접하는 여러 종교를 색다른 시각에서 조명해주시는 것 같습니다. 생생하고 충만하게 삶을 살게 만드는 수단이 명상이자 종교의 궁극적인 목적이라는 말씀도 그렇고요. 크게 보아 종교학자인 저도 종교를 업으로 삼고 있는 사람이지만(웃음) 평생 수행한 분의 통찰과 힘을 느낄 수 있어 기쁩니다. 아마 비슷한 고민을 해온 독자들도 가슴이 두근두근해질 것 같고요. 물론 자신의 종교만이 유일한, 혹은 가장 나은 진리라고 생각하는 분들은 싫어할 게 분명하지만 말이지요.(웃음)

한바다 고맙습니다. 입장이 저와 좀 다르심에도 같이 공감을 잘해주셔서 때론 한마음이 된 듯 행복하게 대화를 나누고 있네요. 덕분에 이야기가 술술 풀립니다. 또 주관적일 수도 있는 이야기를 비교종교학적인 안목으로 설명해주시니까 논지가 더 명쾌하게 보여 기쁘고요. 저는 특정 종교에 대해 옹호하는 입장도 아니지만 비판하는 입장도 아닙니다. 드리고 싶은 말은, 비판하기보다 예수 말씀도 받아먹고 부처 말씀도 받아먹되 제일 순도 높은 에센스를 받아먹자는 겁니다. 불경을 보면 '독사가 먹으면 독이 되고 소가 먹으면 젖이 된다'는 말이 있지요. 그러면 너는 어떻게 할 거냐, 네가 받아먹은 메시지로 어떤 젖을 만들어낼 거냐, 너의 답을 내봐라. 이런 말을 해주면 좋지 않을까 싶어요. 서로 다른 종교를 잘 이해하면 삶도 더 풍요로워질 테고요.

성해영 비교종교학자로서 그 말씀에 전적으로 동의합니다.(웃음) 더구나 지금처럼 인터넷을 비롯해 우리 주변에 참으로 좋은 온갖 정보가 넘쳐나는 시대에 말이지요.

열

일체: 고대 종교의 힐링 파워

성해영 기독교와 불교를 비롯해 여러 종교 전통을 비교라는 관점에서 다루어보았는데요. 이 대목에서 우리나라의 민간 종교인 무교 혹은 무속에 관해서도 말씀 나누었으면 좋겠습니다. 종교학자의 관점에서 무교는 가장 오래된 형태의 종교라고 부를 수 있는데요. 선생님은 무교를 어떻게 보시는지요?

한바다 제가 어릴 적에는 삶 깊숙한 곳까지 무교 분위기가 흐르고 있었지요. 무교는 우리 민족뿐만 아니라 동아시아의 많은 사람들이 가지고 있는 무의식, 즉 직관이나 직감 같은, 삶의 유형적인 본능이 표출된 것인데, 소외돼 있는 민중들을 통해 삶의 어려운 문제를 해결하는 방법 중 하나로 전승돼 내려왔지요. 그런데 그게 주류로부터는 소외돼 있어요. 소외된 고대 종교라 봐야겠지요.

성해영 누구를 주류라고 부르시는지요?

한바다 지배 계층이지요. 민중들 나름대로 삶의 답을 찾아가는 신비주의와 결합되어 있는데, 지배 계층으로부터는 소외돼 있는 겁니다. 그런데 그 연원을 보면 고대 사회의 문화였고, 사실 단군신화나 고대의 사상들과 연결돼 있어요. 칠성교七星敎라는 건 민족의 시원이 북두칠성에서 왔다는 신화적인 전설을 가지고 있는데, 당시 사람들은 별의 기운을 많이 자각했던 것 같아요. 사실 그때는 별뿐만 아니라 땅이나 나무, 풀과도 교류했는데, 우주의 중심점을 '북두칠성'으로 봤던 것 같아요. 지금도 맑은 밤에 산에 가면 은하수가 내리잖아요. 그때 우리 마음이 굉장히 맑아지면서 별들의 의식과 교류할 수 있어요. 하지만 과학적으로는 그게 주관적인 것이지요.

성해영 그렇습니다. 우리가 보는 별빛은 사실 참으로 오래된 과거의 것이니까요. 과거와 현재가 만나는 것이지요.

한바다 그렇게 초지성적인 존재와 교류했던 지혜들이 민간으로 내려오는 건데, 원래 시원을 보면 무교나 풍수도 칠성교에 해당되는 겁니다. 그러니까 결국은 자연계의 영적 존재와 교류하는 거라고 봐야 돼요. 그것이 통치적 이념으로 결합됐을 때는 제정일치 사회가 되는 겁니다. 단군 같은 사람들은 당시 샤먼이었어요. 그러니까 우리나라 조상들의 국시國是 내지는 개국 이념은 어떤 나라하고도 다른 점이 있는데, 그걸 우리가 간과하고 있고, 사실은 소외시킨 겁니다. 서양 주류의 신념 체계나 가치관 때문에 소외된 거예요. 그게 홍익인간弘益人間이나 광명이세光明以世입니다.

성해영 그렇게 본다면 아주 옛날에는 무교가 지배 계층으로부터 소외된 무엇이라 보기는 어렵겠습니다. 오히려 제정일치 사회에서 핵심적인 역할을 담당한 종교로 보아야지요. 그런 점에서 홍익인간 등은 종교적 가르침이자 동시에 정치적 신조라고 간주해야 할 듯싶네요.

한바다 그 시대에는 주류였지요. 제정일치 시대에 지도자들은 세계 전체를 '구주九州'라 부르면서 하나로 생각했다고 하지요. 이 세계 전체는 하나이니 그 세상을 이롭게 하자는 마음을 가지고 나온 겁니다. 칠성교의 근원도 그런 것이고요. 많이 잊혀졌지만 앞으로 그런 사상들이 많이 살아나리라고 기대해봅니다. 동학은 그중 가장 중요한 흐름이라고 볼 수 있어요.

성해영   네, 맞습니다. 수운 최제우가 창도한 동학 역시 존재하는 모든 것을 존중하라는 가르침을 통해 사회 현실을 바꾸려고 했던 종교적 움직임이자 정치적 시도였습니다. 마치 제정일치의 근대적 버전처럼요.

한바다   비교종교학을 전공하신 성 교수님 입장에서는 동학을 어떻게 이해하고 계신지요?

성해영   신비주의 비교 연구가 주전공인 제 입장에서는, 동학은 참으로 경이로운 종교 전통입니다. 동서양의 종교성을 잘 아우르는 것은 물론이거니와 궁극적 깨달음과 현실의 변혁이라는 과제를 조화롭게 통합시키고 있고요. 또 주문을 외고, 부적을 사용하는 것과 같은 민중적인 수행 방식으로 지금 이곳의 삶을 치열하게 바꾸려 시도했다는 점에서 굉장히 독특하고 놀라운 종교였습니다. 주문과 부적은 무교적이기도 하고요.

한바다   나의 정성 어린 마음이 세상과 공감을 일으켜 그 세상을 변화시키자고 하는 열망인 것이지요. 그것은 이성적인 것이라기보다는 기도와 마찬가지로 좀 더 감성적인 다가섬이지만, 그 안에도 나름대로 영적인 과학이 담겨 있어요.

성해영 무교 일반을 말씀하시는 거지요? 구체적으로 어떤 점에서 그렇다고 보시는지요?

한바다 예를 들어 대나무 잡고 흔들잖아요. 이건 쿤달리니를 상징하거든요. 대가 척추 마디처럼 생겼어요. 그래서 이걸 잡고 흔드는 게 사실은 우리 척추에 있는 쿤달리니를 각성시키는 겁니다.  고대 사회는 일종의 상징을 통해 작용하잖아요. 예를 들어 고대인들이 인삼이 몸에 좋다는 것을 어떻게 알아냈을까요? 인삼 모양이 사람처럼 생겼으니 사람한테 좋겠구나, 하고 느낌으로 안 것이지요. 인삼은 또 응달과 추운 데서 자라나는데, 삼지오엽三枝伍葉, 즉 가지가 세 개, 잎은 다섯입니다. 이것은 음기에서 나서 양기가 되는 이치거든요. 그래서 인체에 음기인 수기水氣를 조화시키면서 동시에 양기인 열 기운을 북돋아주는 가장 좋은 약재라는 걸 알아낸 겁니다. 또 옥수수 알을 먹고 남은 받침을 다려 먹으면 잇몸에 아주 좋습니다. 현대와 같은 과학이 없는 옛 사람들이 어떻게 이게 좋은지 알아냈겠어요? 받침이 꼭 사람 잇몸처럼 생겼거든요. 한약의 비의는 이처럼 공감의 법칙에 의해 발견되곤 합니다. 이걸 동기상구同氣相求라고 하지요. 그러니까 고대의 지식들은 감응의 지혜에서 나온 것들입니다. 요즘 말로 하면 공감의 법칙이에요. 형상이 비슷하니까 감응이 일어난다고 하는 겁니다.

성해영 흥미로운 이야기네요. 대나무를 흔드는 것이 쿤달리니 에너지의 각성을 상징한다는 주장 말이에요. 서구 전통에서는 상응성의 원리theory of correspondence라고도 불립니다. 우주와 인간, 그리고 존재하는 모든 것들은 서로 닮아 있다는 주장이지요. 무교가 치유나 힐링과 밀접하게 연결되었다는 점도 지적되어야 할 것 같습니다.

한바다 그렇습니다. 고대 사회에서는 샤먼이 예술가와 의사를 겸했어요. '의사'를 뜻하는 한자가 둘 있는데, '醫' 자는 '무당'이라는 뜻도 가지고 있고, '毉' 자는 아예 무당 '巫' 자가 들어 있지요. 또 '巫' 자를 보면 위쪽 '一'는 하늘을 뜻하고, 아래쪽 '一'는 땅을 뜻하고, 그 중간에 사람 '人' 자가 둘 있잖아요. 샤먼은 하늘과 땅의 비의를 사람에게 연결해주는 가이드 역할을 한 겁니다. 인간에게 병이라 할 수 있는 불안을 예언으로, 그리고 또 다른 병인 스트레스와 한을 굿으로 치유해주었던 것이지요. 샤먼이 대나

무릎 흔드는 것은 곧 척추를 흔드는 거거든요. 요가 탄트라로 말하면 쿤달리니 에너지를 막 자극시키는 거예요. 그렇게 함으로써 내면에 있는 신성, 신명, 생명력이 깨어나고, 또 트랜스 상태에서 억압된 무의식과 그림자를 털어냄으로써 마음의 병을 치유한다는 원리였어요. 지금은 심리 상담가나 종교가 그 역할을 하고 있고, 혼자 하는 것으로는 노래나 춤이 그렇습니다.

성해영 한편 신이 내린다는 것은 달리 보면 쿤달리니 에너지가 신적 차원으로 상승해 만난다는 거니까, 무巫라는 글자가 보여주듯 하늘과 땅이 하나로 어우러진다는 의미를 내포하겠네요.

한바다 네. 무교는 포용적이기도 합니다. 모든 신을 다 모시거든요. 거기에는 하나의 깊은 사상이 담겨 있는 것이지요. 배척하는 게 아니라 모든 신을 그 존재로서 인정해주는 거잖아요. 어떤 무당들은 예수도 모셔놓아요. 그런 점에서 인도의 힌두교와 비슷한 면이 있는데, 그게 바로 포용력입니다. 제가 예전에 무당들을 만나본 적 있는데, 그들 나름의 특정한 방법대로 해서 그렇지 어떤 사람들은 하트가 열려 있더라고요. 그런 사람들은 어머니 같아요. 그만큼 힐링 파워를 내는 것이지요. 그들이 말하는 신이나 신령 같은 존재도 심리학적 용어로 이해해볼 수 있어요. 아버지상이라든가 어머니상이라든가 또는 상처받은 내면의 어떤 존재들과 같은 것으로 볼 수 있는 겁니다. 그런 힘들은 그림자로 상처를 입히고 있지만, 의식은 그것이 무엇인지 잘 모르지 않습니까? 그러나 무의식은 이미 알고 있거든요. 그런 존재들을 부각시켜서 천도한다는 건 힐링을 해준다는 것이지요.

성해영 그렇습니다. 굿이라는 의례가 집단적 치유가 일어나는 장이라는 주장은 학계에도 널리 받아들여져 있습니다. 자신이 의식하지 못했던 혹은 억압했던 심리적 상처를 굿이라는 비일상적 순간에 과감하게 드러내고, 그 의미를 확인받고 치유받는다는 측면에서요. 하지만 무교의 부정적인 측면도 적지 않게 비판받지 않습니까?

한바다 이게 밥벌이로 되면서 사기성이 들어가기도 하다 보니까 안 좋은 면도 있는데, 진짜 성심으로 임하는 무교인들도 있습니다. 그런데 그런 측면에서 보면 안 그런 종교가 있습니까? 그러니까 그건 종교가 가진 문제가 아니고, 그걸 운영하는 사람의 내적인 의식이 반영된 거라고 봅니다. 제가 대학교 다닐 때 존경하던 교수님이 정진홍 교수님이었어요. 교수님에게 우리 요가 명상회의 지도교수가 되어주시길 청하러 몇 번 찾아가 뵙기도 했고,

직접 교수님이 하는 비교종교학 강의를 듣기도 했습니다. 그분은 독실한 기독교 신자셨지만, 첫 강의 시간에 '종교학이라는 건 세계에 있는 모든 종교, 심지어는 샤먼이나 무속까지도 동등하게 바라보는 학문'이라고 말씀하시는 걸 듣고 무척 감동한 기억이 아직도 생생합니다. 다름을 인정한다고 해서 자기 종교가 더 나빠지는 것도 아닌데, 많은 사람들이 다른 종교나 가르침을 인정하면 신을 배반하는 것처럼 생각하더라고요.

성해영 네. 그 말씀도 전적으로 동의하면서요. 하나 덧붙이자면 굿은 우리의 대화가 줄곧 강조해온 '만남'이 키워드가 되는 종교적 의례인 것 같습니다. 굿판이라는 것 자체가 죽은 사람마저도 이곳으로 끌어내 만나도록 하는 자리니까요. 자신의 무의식과도 만나서, 자기 속의 아버지상, 어머니상을 다 만나니까 말이지요. 만남이라는 관점에서 굿은 생생한 만남이 여러 차원에 걸쳐 이루어지는 대표적인 사건이잖아요.

한바다 맞습니다. 일상적 의식 속에서는 만나기 힘든 존재라는 건 결국 소외돼 있거나 억압되어 잊혀진 존재들을 말하는데, 그 존재들과의 관계를 복원하는 거라고 봅니다. 우리 현대인은 바쁜 업무와 물질적인 소비 활동, 인터넷과 스마트폰 등에 깊이 몰두

되어 있는데, 이런 자아 중심적인 일상적 의식 활동에서는 그 너머에 존재하는 생명의 하나 됨이나 마음과 우주의 무한성을 인식하기가 어렵잖아요. 의식은 특정한 부분만 집중해서 세상에 그것만 존재하는 것인 양 믿고 있고, 그 결과 우리가 설정해놓은 한정된 존재와만 관계를 맺고 쪼그라든 삶을 살고 있습니다. 그러다 보니 병이 드는 것이고, 그렇기 때문에 소외되어 잘 보이지 않았던 존재들과의 소통과 교류가 필요해집니다. 굿이라는 것도 꼭 미신으로만 볼 것이 아니라 상처받고 소외돼 있던 자기 무의식을 드러내서 그것과 교감하는 문화 장치라고 생각할 수 있겠습니다. 의식을 통합시키고 잊혀진 조상들과의 정신적 연결감을 회복하는 것이니 삶을 좀 더 영속적이고 의미 있는 것으로 바라볼 수 있게 하는 기능이 있는 것이지요.

성해영 이어짐과 연결을 통해 온전성을 회복하고, 치유하는 시도 말이지요. 개인이 아닌 집단으로.

한바다 그렇습니다. 굿은 결국 무의식적 존재와의 만남을 통해 새롭게 자기 내면에서 삶과 우주의 연결 고리를 발견해가는 과정 중 하나라고 생각해요. 이러한 샤먼 전통이 한국에서는 지배사상이나 주류 종교인 유교 등의 탄압으로 소외되어왔기 때문에,

샤먼인 영매 자신들도 어둠과 한을 갖게 되었습니다. 하지만 몇 번의 굿에 참석해본 결과 그들이 내는 에너지가 현대의 테라피스트나 힐러들이 내는 에너지와 비슷하다고 느꼈습니다.

성해영 그렇지요. 만남을 통해 공감함으로써 위축된 자아가 넓은 차원으로 확장하면서 자기의 무의식, 자기가 절연시켰던 존재를 인식하게 될 겁니다. 무당은 마치 어머니처럼 정서와 감성을 감싸주면서 내면에 깊숙이 잠재돼 있는 상처와 고통을 드러내도록 도와주는 것이겠지요. 간혹 격렬한 방식으로 표현되긴 하지만, 에너지가 넘치는 역동적인 치유가 일어기도 하고요. 그렇지만 균형 잡힌 방식으로 온전하게 이루어지지 않으면, 그 에너지가 혹세무민惑世誣民으로 이어지기 십상일 겁니다. 그런데 무교로 상징되는 초자연적 차원과의 만남은 문화적 맥락을 넘어서 보편적이라고 보시는지요?

한바다 동서고금을 통틀어 보편적인 현상인 것 같아요. 인간이 가지고 있는 영적인 능력이나 감수성이 그런 형태로 나오는 것이니까요. 서양에도 샤먼들이 많았지요. 그리스 신화에 나오는 뮤즈가 그런 존재입니다. 고대에는 샤먼의 예지 능력이 한 종족이나 나라의 존망을 좌우했잖아요. 페르시아의 50만 대군이 그리스로

쳐들어왔을 때 아테네 장군 테미스토클레스가 예언을 부탁한 것도 샤먼이었지요. '나무 벽이 구원해주리라'라는 신탁을 듣고 해전이 유리하다고 판단한 그는 좁은 해역을 이용하여 10분의 1도 안 되는 소수 정예부대로 페르시아 대군을 대패시켰잖아요. 예수 탄생 신화에서 별을 보고 찾아왔다는 '동방박사' 마기Magi들도 비슷한 부류이고요. 아마 인도나 페르시아 출신의 점성술사들이라고 추측됩니다. 또 영국은 마술Magician의 나라잖아요. 중세 때는 지배 계층이 자기 실수를 감추고 희생양을 찾기 위해 그들을 마녀로 몰았지요. 그들은 자연과 교감하면서 자연이 가지고 있는 능력, 인간에게 도움을 줄 수 있는 자연의 힘을 다루었던 사람들이에요. 서양의 점성술은 요즘 젊은이들 사이에 연애 상담이나 진로 상담 등으로 인기가 많지요. 점성술도 감응의 학문이고, 큰 범주의 칠성교 안에 들어간다고 봅니다.

성해영 이른바 거대한 자연, 우주와 교감했던 이들이라는 말씀이시지요? 문화적 맥락에 따라 달리 불리더라도 말입니다. 그리고 이런 존재들은 다른 차원의 메시지도 전달받았잖아요. 미래의 예견을 포함해서요.

한바다 네. 교감했던 존재들이 그걸 가지고 미래의 조짐을 읽어내는 것이지요. 요즘에는 뉴에이지 운동에서 많이 부각되었던 채널러들이 있습니다.

성해영 직관적 동조 현상 혹은 감응 능력을 발휘하는 것이겠지요. 비슷한 맥락에서 풍수의 원리도 자연의 기운들을 전체적으로 읽어서 인간의 삶에 도움이 되는지 여부를 알려 시도하는 것이니, 결국 칠성교와 관련이 있겠네요.

한바다   네. 칠성교에 포함되지요. 사실 고대의 선도 스승들, 삼국시대의 불교 승려들이 그쪽에 능통했던 사람들이에요. 오래전 고대에 시베리아에 걸친 동북아시아에서는 단군이라는 존재들도 자연계를 리딩했지요. 자연과의 합일 속에서 인간이 나아갈 길을 밝혔던 겁니다. 그들은 자연과 조화되는 삶을 펼쳤어요. 그중 맥이 살아 지금껏 내려오는 것 중 하나가 북아메리카 인디언들이잖아요. 그들은 자연과의 합일 속에서 담배를 피웁니다. 그들에게는 그것이 습관적인 질환이나 중독이 아니라 하나의 문화이자 의식이에요.

성해영   네. 오늘날과는 달리 인디언들에게는 흡연이 종교적 의례였지요. 인간의 호흡은 살아 있다는 증거인데, 흡연은 그 숨결을 모두에게 보여주니까 말이지요. 요즘의 흡연과는 매우 다른 종교적 의미를 지녔던 것이지요.

한바다   미국 세도나에서 인디언 의식에 참여해본 적이 있어요. 먼저 약초 잎으로 만든 담배를 땅에 뿌린 뒤 하나의 담배를 서로 돌려가며 피우더군요. 그렇게 담배를 같이 피우다 보니 마음이 하나로 연결되더라고요. 그리고 무엇보다 땅과 일체가 되는 경험을 했어요. 그러면서 이러한 일체화된 의식으로 살아야겠다는 생각이 들었습니다. 어쩐지 우리의 고사告祀와 비슷하다고도 느꼈지요. 어떤 면에서는 가수 싸이의 말춤도 비슷한 역할을 하지 않았나 싶어요. 당시 사람들이 엄청난 집단적 우울에 시달리고 있었는데, 싸이가 말춤을 추면서 쿤달리니를 자극한 거거든요. 성 에너지가 자극되어 상승하면서 사람들 기운이 동시에 확 퍼지니까 집단적 엑스터시가 일어난 겁니다. 그게 치유 효과가 대단합니다.

성해영   쿤달리니를 자극했다는 말씀이 정말 흥미롭네요. 말춤도 요가적으로 해석되는군요.(웃음) 그런데 싸이의 노래는 우리나라뿐 아니라 전 지구적 차원으로 유행했지요.

한바다   묘하게 여러 가지가 맞아떨어진 건데, 결국 우리의 신명을 자극한 게 아닌가 싶어요. 신명이 나서 춤추다 보니 쿤달리니 에너지가 상승되어 우울감이 해소된 것이지요. 치유하겠다는 의도로 한 게 아니더라도요.

성해영   플래시 몹flash mob이라고 하나요? 집단적으로 하면 효과가 더 커지나 봐요. 기쁨도 비례해서 커지고요.

한바다   공동체 의식이 다시 살아나니까요. 인디언들이 담배를 통해 땅의 정령인 지신地神이나 사람들과 하나 되는 의식을 치르는 것처럼요.

성해영 땅이라는 게 확대하면 자연 그 자체를 의미하는 것이겠지요?

한바다 세도나에 독일계 심리학자인 친구가 있어요. 제가 인디언 이야기를 하니까 인디언 장로를 안다며 호피 인디언 구역으로 데리고 가더군요. 세도나에서 열 몇 시간 달렸을 겁니다. 인디언 레저베이션reservation에 가면 제일 먼저 나바호 인디언 구역이 나와요. 나바호 인디언들은 집들이 가까이 붙어 있질 않고 몇십 킬로씩 뚝 떨어져 살더라고요. 그리고 나무 하나 없이 가도 가도 황무지예요. 이런 곳에서 어떻게 사나 싶었는데, 아마 땅과 일체된 삶을 살기 때문에 외로움 없이 견딜 수 있지 않나 하는 생각이 들었어요. 반면 호피 인디언은 모여 사는데, 장로가 당시 팔십 대였어요. 그 양반이 주는 차를 마셔봤는데, 그것도 마찬가지더라고요. 마음이 푸근하게 이완되면서 화합의 기운 같은 것이 일어나더군요. 한 젊은 인디언도 만났는데, 그는 한때 뱀굴에서 살았대요. 뱀이 시조인 건지, 뱀과 소통을 한다더군요.

성해영   뱀 토템totem이네요. 합리성은 물론이고 인간을 우주의 으뜸으로 간주하는 현대 문화에서는 도저히 이해를 못할 겁니다.

한바다   멕시코에 가서는 또 다른 인디언들도 만났는데, 그들은 사막에 가서 물도 안 마신 채 명상과 기도만 합니다. 침묵과 고요에 잠겨 자기가 이 세상에 왜 왔는지를 알아낸다고 하더군요. 그걸 '비전 퀘스트vision quest'라고 합니다.

성해영   그런 과정을 거쳐서 개인에게 고유한 삶의 비전을 얻게 되면, 그걸 반영해 새롭게 이름을 짓는 거 맞지요?

한바다   맞습니다. 세속적인 이름이 있고, 영혼의 이름이 있지요. 영spirit의 에너지가 나아갈 바를 영혼의 이름으로 정하는 겁니다. 가슴이 열리면 영혼의 이름을 우리도 느낄 수 있어요. 인디언들은 그런 의식이 굉장히 밝아요. 또 어떤 인디언은 태어나자마자 자연에게 먼저 인사를 시킨다고 합니다. 자연과 교류하게 하려고요. 우리는 제일 먼저 교류하는 게 전깃불이지요. 병원에서 태어나는 것도 그런 관점에서 보면 문명의 세뇌를 받는 거예요. 인간이 만들어낸 기계 문명에 입문시키는 것이지요.

성해영 결국 칠성교, 인디언의 종교, 풍수 등은 신, 타인, 자연 등을 온전히 열린 마음으로 만나서 더 큰 무엇이 될 것을 강조하는 흐름이네요. 일상적 삶에서 다양한 계기를 통해 자신을 확장시키는 만남을 추구하는 움직임이요. 이런 맥락에서 보면 오늘의 우리는 수천 년 혹은 수만 년 동안 본능적으로 해오던 만남으로부터 철저하게 절연된 탓에 소외를 피할 수 없게 된 거네요.

한바다 그래서 현대인이 외로운 겁니다. 저는 보편적인 영성을 지향하는 사람이지만, 외로움을 이야기하다 보니까 이름 없이 죽어간 수많은 의로운 민초들이 다시 떠올려집니다. 앞에 언급하신 동학 사람들의 울림이 가슴속에 남아 있어 조금 더 대화를 나누어야 될 것만 같군요.

성해영 볼 때마다 동학은 경이롭습니다. 종교적 깨달음을 어떻게 그토록 우리의 생생한 삶 속에서 구현하려 했을까요. 세계 종교사에서도 이처럼 여러 차원에서 균형 잡힌 종교 사상을 찾아보기 어렵습니다. 우리가 그 가치를 제대로 인식하고 있지 못한 것 같아 안타깝습니다만. 덧붙여 소태산 박중빈의 원불교도 놀랍긴 마찬가지고요. '물질이 개벽되니 정신을 개벽하자'라는 선언은 정말 대단한 통찰이었던 거지요.

한바다 소태산 선생은 삶 전체를 깨달음과 하나 되게 하는 위대한 가르침을 폈지요. 원불교도 그렇거니와 동학운동은 꺼져가는 나라 조선을 되살릴 수 있는, 한민족 역사상 최고로 중요한 민중의 자각 혁명이었습니다. 이 자각 혁명은 결코 나라를 전복하려는 것이 아니라 영성에 근본을 두고 사람과 땅, 나라 전체가 살아나게 하려는 상생 운동이었습니다. 그것은 정신적·정치적 노예 상태에 놓여 있던 민중들에게 크나큰 각성을 불러일으켰던 역사적 운동이었지요. 대다수의 백성들이 가담되어 있었어요.

가장 한스러운 것은 정치 기득권자들이 외세를 등에 업고 자국민의 영적 각성을 진압했다는 사실입니다. 나라가 영적으로 각성되어 새로운 흐름으로 들어갈 수 있는 절호의 기회였는데, 참 많은 젊은이들이 억울하게 살상되었지요. 그들을 생각하니 가슴이 메여오네요. 독립운동에 가담했던 사람들 중에 동학 후예들이 많았다는 것도 가슴에 새겨야 할 사실입니다. 오늘날에도 이 나라는 그때와 비슷한 역사적 상황에 놓여 있습니다. 똑같은 상황을 반복해서는 안 되겠기에, 그들의 뜻을 가슴에 되새겨야겠습니다. 생존을 핑계로 잠들어 있어서는 안 되고, 새벽별처럼 밝게 깨어 평화를 지켜내고 미래를 일구어나가야 하겠습니다.

열하나

관계: 진정한 만남 속에 깨달음이 있다

성해영 공동체의 미래와 비전의 문제를 조금 더 다루어볼까요? 개인의 깨어남 혹은 깨달음을 통해 개인이 확인하는 사랑, 그리고 여기에 기초한 만남과 소통이 개인과 공동체를 행복하게 만드는 열쇠라고 보는 태도는 개인에게만 모든 책임을 지운다는 비판을 받지는 않을까요? 개인의 깨어남과 사회적·제도적 차원의 연관 관계를 어떻게 보시는지요?

한바다 사회 전체가 진화하기 위해서는 사회 다수가 깨어나야겠지요. 프랑스 대혁명처럼. 권위나 한계를 과감하게 깨고 나와야 돼요. 그걸 위해 선의의 싸움을 해야 됩니다. 혁명이 필요해요.

그런데 지금까지는 내면적 혁명이 없이 외면적 혁명을 했기 때문에, 그것을 통해 쟁취한 자유가 엉뚱한 데로 흘러갔어요. 사회의 조건은 많이 바뀌었지만 사람들은 유물론으로 기울었습니다. 삶은 관계로 이루어져 있고, 개인은 전체 세상과 분리될 수 없는 하나입니다. 세상 전체가 다시 한 단계 업그레이드하려면 많은 대중들의 내면이 각성하고 깨어나야 합니다. 또 그런 깨어난 사람들이 사회적인 책임감을 가지고 사회 속에서 더 많이 활동을 해야겠지요. 활동하면서 그 자리를 얻어가야지요. 사실 마음공부도 내 개인 안에서만 아니라 삶 전체에서 일어나는 활동입니다. 흔히 명상을 사회와 분리된 것이라 여기지만, 마음의 자각 명상은 사회 안에서 이루어집니다. 마음은 살아 움직여 관계를 만들고, 관계 속에서 여러 가지 연출을 해요. 갈등을 일으키기도 하지만, 그 마음이 작용돼서 민감하게 깨어 관계를 어떻게 지어나가는지 다른 방법으로 접근할 수가 있어요. 그럴 때 우리 마음이, 의식이 성장합니다.

성해영 그러니까 선생님 말씀은 통상적으로 개인적인 행위로만 간주되는 명상이 오히려 확장된 관계에 초점을 맞추는 사회적 행위라는 것이군요. 진심으로 깨어나서 남들과 만나고 사랑을 나누는 일에 불가결하다는 점에서 명상은 이미 관계 지향적이고 사회적이라는 것이지요?

한바다   그렇습니다. 왜냐하면 그걸로 인해 내가 다른 사람과 대화하는 방식, 내가 말하는 방식에 대해 민감하게 깨어날 수 있거든요. 내가 소외적인 언어를 쓰는지 아니면 소통하는 언어를 쓰는지를 계속 자각할 수 있고, 그러한 자각을 통해 그 마음이 원래 지향하는 쪽으로 가졌을 때 만남이 일어납니다. 그러면 사회가 아름답게 변해갈 수밖에 없어요. 그러니까 그건 결국 사회적이라는 것입니다.

성해영   우리는 보통 명상과 영성이 철저하게 개인적인 것이라고 믿어왔는데, 이것 역시 바뀌어야 하는 하나의 관점에 불과하군요. 내면에서 신성 혹은 존재의 근원을 탐구하는 통로를 명상이라고 보았는데, 철저한 신분제 사회였던 과거에는 선생님이 주장하시는 명상의 본래적 의미가 제대로 구현되기 어려웠다고 보아야겠습니다. 명상으로 획득한 내면의 깨어남이 사회적 관계 속의 변화로 이어지지 못했던 것이지요. 그렇지만 붓다나 예수가 인간관계를 포함해 일체의 관계를 변화시키라고 역설했다는 점은 분명합니다. 그런 점에서 민주주의가 시대적 정신이 되어가는 요즘은 명상의 본래적 의미를 구현할 좋은 시대이겠습니다.

한바다   붓다나 예수와 같은 인류의 스승들은 결코 소외적인 언어를 쓰지 않았어요. 원시 불교나 원시 기독교는 그랬어요. 붓다나 예수나 원래는 그냥 보편적이고 평등한 사회 동포주의였거든요. 그들은 기득권을 넘어서는 이야기를 했어요. 그런데 그들의 이야기가 훗날 지배자들과 결탁되면서 왜곡된 겁니다. 그러니까 그 뒤에 쓰여진 이야기는 죽은 사람처럼 돼버린 것이지요.

성해영   그렇습니다. 예수가 죽을 수밖에 없었던 가장 큰 이유 중 하나가 당대의 사회 체제가 강요하는 위계적인 인간관계를 사랑에 입각해 전면적으로 바꾸라고 요구했던 거잖아요. 실제로 자신이 직접 그런 삶을 보여주었고요. 당시에 누구나 혐오하던 세리나 창녀를 아무런 편견 없이 대했다는 것이 그 사례이지요. 그 태도가 얼마나 당대를 당혹스럽게 만들었을지는 미루어 짐작이 갑니다.

한바다   특히 지금은 사회적으로 평등이 실현된 시대잖아요. 한참 전 영화이긴 합니다만, 《레미제라블》에 나오잖아요. 프랑스 대혁명을 비롯해 수많은 사람들의 싸움과 희생의 대가로 현재 우리가 사회적 자유를 누리고 있는 것이지요. 사회적 평등과 자유를 누리고 있다는 게 공짜가 아니에요. 《레미제라블》 보고 제일 감동 받은 건 그 싸움에서 죽어간 사람들의 마음이에요. 물론 장발장이 변해가는 모습도 영적이지요. 그것도 굉장히 중요하지만, 저는 그들이 더 가슴에 많이 와 닿더라고요. 비록 내가 죽을지라도 평등한 사회를 위해서 싸우잖아요. 그 삶들이 있었기 때문에 우리가 현재의 자유와 평등을 누리고 있는 겁니다. 우리나라도 마찬가지지요. 대표적으로 동학혁명이 있잖아요. 그래서 우리가 쓰는 자유를 헛되이 낭비하지 말고 조금 더 고귀하게 쓸 수 있도록 하자는 거예요. 우리가 우리의 새로운 역사를 쓰자는 겁니다.

성해영 초기 불교나 기독교는 공동체적인 윤리를 무엇보다 강조했습니다. 내면을 있는 그대로 보게 되는 경험에 근거해 타인과 맺는 관계를 실제로 바꾸라고 했던 것이지요. 그때까지 감히 엄두도 내지 못했던 방식으로요. 동학혁명 역시 내 마음이 곧 한울님 마음이라는 종교적 가르침에 입각해, 다른 이들을 한울님 대하듯 존중하는 사회를 만들려고 했던 것이지요. 특히 21세기의 한국은 인류가 발견한 종교적 진리들의 대부분이 신행되고 있는 역동적인 장소이니만큼 영성의 본질을 새롭게 다시 확인할 수 있는 완벽한 장이라고 봅니다. 무엇보다 자기 안에 매몰된 자폐적 영성이 아니라 관계 속에서 꽃피우는 '만남의 영성'으로 말이지요.

한바다   그렇습니다. 관계를 지향하는 쪽으로 나아가야지요. 그게 만남입니다. 삶이 중요한 이유는 삶 속에서 우리가 만나기 때문이에요. 만났을 때는 삶의 목적이 실현됩니다. 진정한 만남 속에서는 깨달음이 일어나지요. 내가 나를 만났을 때도 깨달음이 일어나지만 상대방과 만났을 때 진짜 깨달음이 일어나잖아요. 가장 값진 체험이지요.

성해영   종교가 주장해온 깨달음, 아름다움, 행복이 거기에 다 있는 것이겠지요. 나 아닌 것들과 진정으로 만나는 일에.

한바다   소통에는 언어적인 것과 비언어적인 것이 있어요. 그런데 우리는 그동안 너무 언어적인 소통에만 집중을 해왔지요. 그런데 소통에는 비언어적인 소통, 즉 진실된 마음과 태도가 더 중요하지요. 어떤 사람이 아무리 말을 좋게 해도 마음속에서 타인을 있는 그대로 수용하려 들지 않는다면 소통이 이루어지지 않지요. 반대로 말은 어눌하지만 공감하고 교류했다는 느낌이 확연하게 드는 만남이 있고요. 그게 감성과 직관이지요. 사실은 그게 더 커요. 언어적인 것보다도.

성해영   예전에 이런 내용을 읽은 적이 있습니다. 언어라는 건 영혼이 미리 공감한 것들을 사후에 확인하는 도구에 불과하다는 주장이요. 그러니까 영혼이 통할 때는 상대방의 이야기를 조금만 들어도 그다음 말이 뭔지를 알게 되니까 언어란 소통의 도구가 아닌, 마치 고개를 끄덕이는 것과 같은 확인의 도구가 된다는 것이지요. 약간의 과장은 있겠지만 가슴에 와 닿았습니다. 열린 마음이나 진정성이 없는 경우에는 아무리 많은 말로도 상대를 이해시키고 납득시키기 어렵잖아요. 아마 우리 중 대다수가 이런 경험을 했으리라 생각되는데요.

한바다   그렇지요. 언어 이전에 마음을 읽을 줄 아는 게 굉장히 중요하지요. 마음을 읽는 사람들은 소통을 바로 잘합니다. 어떤 언어든지 나오게 돼요.

성해영   나와 상대방의 마음에 예민하게 깨어 있으면 언어로 얼마든지 상대의 마음을 확인하고 소통하게 되는데, 그렇지 않으면 아무리 말을 많이 해도 상대의 마음에 가 닿지 못한다는 거잖아요. 오히려 말이 불에 기름을 끼얹는 꼴을 만들고요. 요즘 널리 유행하는 '부부교실'이 전형적인 사례라고 봐요. 서로 마음을 나눠본 적이 없는 오래된 부부에게 대화하는 법을 가르쳐주면 폭발적인 상호작용이 일어납니다. 긍정적이든 부정적이든 말입니다. 실제로 이런 시도는 이미 영적인 것이라고 봅니다. 이런 관점에서 공교육 시스템이 중요하겠지요. 공교육은 어쨌든 부모를 포함해 사회의 전통적인 영향력으로부터 벗어나, 무언가 새로운 것을 시도해볼 수 있는 계기이니까요.

한바다 사실 공교육이 제대로 안 되고 있지요. 학생들은 공부를 학원에 가서 다 하고 공교육은 소외됐어요. 그러니까 오히려 공교육은 삶의 지혜를 가르치는 쪽으로 방향을 전환하면 좋을 것 같아요. 소통이나 힐링 쪽으로 콘텐츠를 바꿔주는 겁니다. 그런데 애들은 잘 안 듣잖아요. 그러니까 아이들이 귀를 기울이게 만드는, 아이들이 필요로 하고 관심 있어 하는 콘텐츠를 추가하면 좋지 않을까요?

성해영 좋지요. 그런데 처음부터 크게 바꾸기는 힘들 겁니다. 교육 시스템이 워낙 입시 중심으로 짜여 있는 데다, 학부모들의 마음도 쉽게 바뀌기는 힘들어서요. 하지만 대학은 조금 여유가 있어서, 지식이 아닌 지혜를 전하는 커리큘럼을 도입해볼 수 있을 것 같습니다. 예컨대 연애나 결혼은 어떻게 해야 하는지, 부부싸움은 어떻게 지혜롭게 하는지, 아이를 어떻게 양육해야 하는지, 타인과 어떻게 소통할 수 있는지 등등이요. 특히 대학은 변화하는 시대적 요구에 부응하지 않을 수 없는 곳이라, 이런 변화가 반영될 수 있을 거라고 보거든요. 대학에서 먼저 도입하고, 최종적으로는 진정한 만남과 깨어남을 구현하는 공교육 과정을 만들어내면 정말 멋지겠습니다. 물론 이 역시 지혜를 가지고 끈기 있게 추진되어야겠지만요. 선생님이 꿈꾸시는 것처럼 삶에 충실한 '새로운 언어'가 역설적이게도 말이 없어도 통하는 진심과 사랑을 키워낸다는 것이지요. 너무 이상적인가요?(웃음)

한바다 당연히 '새로운 언어'를 통해 언어가 필요 없는 경지를 꿈꾸어야지요. 그럴 때 직관적으로 어떤 수많은 언어가 나오거든요. 살아 있는 언어가. 인생을 찬미하는 언어이지요. 저는 두 사람의 마음이 만났을 때 시와 언어와 찬미가 다 나온다고 봅니다. 그 새로운 문화를 꽃피워나갈 수 있고, 그렇게 나아가야 됩니다. 거기서 비전이 나타나는 겁니다. 두 사람이 만나면 비전이 생겨요.

성해영 삶에서 가장 중요한 진리를 다루는 걸 종교라고 정의한다면, 선생님은 진정한 만남이 종교의 본질이라고 거듭 말씀하시잖아요. 만남 속에 기쁨이 있고, 발전의 씨앗이 있고, 아름다움이 다 있으니까. 사실 우리는 매일 누군가를 만나잖아요. 그런데 그 만남들이 서로의 가치를 진정으로 발견해 북돋아주지 않으니 기쁨, 행복, 아름다움, 영혼의 떨림을 느끼는 계기로 작용하지 못했습니다. 그래서 21세기 영성은 필연적으로 만남에 주목하라는 것이지요.

한바다 맞아요. 21세기 영성은 그런 감성과의 만남, 그리고 지성이 하나 되는 초지성이지요. 감성이 참여하는 겁니다. 감성이야말로 만나게 해주는 거니까요. 지성으로는 만나지는 게 아니지요. 지성은 첨예하게 깨어 있는 것입니다. 만남이라는 건 하나가 되는 거잖아요. 그때 사실 큰 깨달음이 일어나거든요. 그 깨달음은 영원한 겁니다. 저는 그래서 미美는 영원하다고 하는데, 제가 하는 이야기들이 사실은 그런 수많은 만남들이 종합돼서 나오는 이야기들이에요. 만나졌던 그 순간에 안에서 들려온 목소리들이지요.

성해영 영혼들의 아름다운 만남이라. 가슴 벅찬 이야기네요.

한바다 그게 삶의 즐거움, 삶의 묘미라고나 할까요? 영혼의 터치가 일어날 때 영혼은 알고 있거든요. 알고 있는 게 드러나는 겁니다. 무의식적으로.

성해영 선생님과 대화를 나누면서 이런 생각이 더 절실해졌습니다. 내가 온전히 존재 전체에 대해서 깨어나는 일은 신비주의 전통이 말하는 궁극적 실재와 하나가 되는 거잖아요. 신비가들은 궁극적 실재와 하나가 되었을 때 거기 있는 건 오로지 기쁨, 사랑, 분출하는 엄청난 에너지, 무한과 영원의 인식이라고 주장합니다. 이런 맥락에서 보면 우리가 만남을 통해 둘이 진정으로 하나가 되면 궁극적 실재와의 만남이 주는 사랑과 기쁨, 그리고 삶의 생동감을 그대로 느끼게 되는 거잖아요.

한바다 그것이 바로 삶에 깊이 참여하는 것이지요. 삶의 핵심 속으로.

성해영 그렇다면 더더욱 진정으로 타인을 만나는 경험이 중요한 것 같네요. 나와 상대방, 그리고 존재하는 모든 것에 깨어나 진정하게 만나고, 이를 통해 참된 사랑을 경험하는 것.

한바다 바로 거기에 놀라운 세계가 있는 것이지요. 멀리 있는 게 아니라 바로 우리 자신들 안에. 어떻게 대하고 만나느냐에 따라 그 경이로운 세계가 우리 삶의 현장에서 드러날 수 있다는 것을 가슴에 새겨보는 게 중요한 것 같습니다.

성해영 삶의 장에서 직접 실천해보는 것이 중요하겠습니다. 배우자와 이성 친구와 부모 자식과, 가장 가까운 이들과 먼저요. 마음을 열고 깨어나 사랑을 나누어보는 겁니다. 거기에 얼마나 큰 행복이 있는지 실천해 확인하면 되는 거잖아요. 그래서 우리 마음속에서 타인이 자유롭게 들어와 뛰놀게 해주고, 우리 역시 남의 마음에 사랑의 마음으로 들어가보는 것 말이에요. 제발 두려움과 같은 부정적인 감정과 에고만을 앞세우는 자기중심성에서 벗어나서 말입니다.

열둘

신명:
한국인의 영성

성해영   종교학을 하면서 느낀 건데요. 우리나라 사람들은 에너지가 굉장합니다. 신기神氣, 신명, 무기巫氣로도 이야기할 수 있는 종교적 힘이 대단하다는 뜻입니다. 《삼국지》의 〈위지동이전魏志東夷傳〉이 언급하듯 우리는 예로부터 음주가무에 능합니다. 달리 말하자면 집단 엑스터시랄까요, 일상적이지 않은 의식 상태로 능수능란하게 들어갑니다. 남녀노소를 불문하고 때와 장소를 가리지 않고, 춤추고 노래하고 음주하는 것을 봐도 알 수 있고요. 폭탄주만 하더라도 집단적으로 의식을 빠른 시간 안에 변화시키는 독창적인 음주 문화입니다. 한국인의 바쿠스 축제라고 할까요. 고대 그리스에서는 공동체가 일 년에 한 번씩 했던 축제를 우리는 매일 할 수 있다는 거지요.(웃음) 무분별한 음주를 권장하는 것은 아니지만, 비교문화적인 관점에서 참으로 독특하다는 점은 부인할 수 없습니다. 종교적인 관점에서 보더라도 마치 맥주와 소주가 섞이는 것처럼 유교, 불교, 기독교, 무교 등 온갖 종교를 망라해서 가지고 있잖아요. 게다가 다들 그렇게 열성적인 신자인데도 불구하고 살인과 같은 극단적인 형태의 종교적 폭력을 다른 종교 전통에 가하지도 않아요. 이런 것이 다 변형된 의식 상태에서 다른 차원으로 가는 능력, 즉 강한 신기를 가졌기에 가능한 게 아닌가 하는 생각입니다.

한바다 그렇지요. 한국 사람들은 종교적 다원주의도 평화롭게 구현하고 있다는 점에서 참으로 관용적입니다.

성해영 굉장히 평화적이지요. 전 세계를 보아도 우리나라만큼 각 종교의 비율이 골고루 섞여 있는 곳이 없습니다. 최근 통계청의 인구센서스 결과를 보면 종교를 안 가진 사람이 가진 사람보다 더 높아졌더라고요. 역사상 처음 있는 일입니다. 종교를 안 믿는다는 사람의 비율이 이렇게 높은 나라는 중국 같은 공산주의 국가를 빼고는 없어요. 그렇지만 인구의 절반 가까이가 종교를 가지고 있고, 나머지 절반 조금 넘는 사람들은 종교가 없습니다.

종교를 가진 사람들의 절반 넘게는 서양의 기독교를, 나머지 절반은 불교이고요. 그 외에도 다양한 민족종교가 신행되고 있습니다. 게다가 집단적 신기를 반영해서일까요, 무교나 점술 등도 매우 성행하는 사회입니다.

한바다 종교적인 관점에서 보면 우리나라 사람들이 독특합니다. 심층에서는 신기가 감성적으로 작용하여 새벽 예배와 철야 명상, 백일기도와 같이 한 방에 몰아서 하는 걸 좋아합니다. 생활 실천을 강조하는 일본인들이나 서양 사람들보다 영적 체험을 더 강조하고, 기독교에서는 방언이나 예언의 은사와 같은 체험이 곧잘 일어나기도 합니다. 명상 수행에서도 단계적인 것보다는 즉각 깨치는 것을 선호하기도 하고요. 그래서 그런지 스스로 깨달았다고 말하는 사람도 많고, 자기가 메시아나 예수라고 말하는 사람도 이전에는 20만 명이나 되었다고 해요. 신기라고 하는 영적 특성이 곧잘 신명으로 드러나는 겁니다.

성해영 맞습니다. 특별하다거나 우월하다는 의미가 아니라, 실제로 매우 독특합니다. 신기라는 게 의식을 변형시켜서 다른 차원으로 가는 건데, 우리나라 사람들이 여기에 굉장히 능숙하다는 것이지요. 그 점에서 대단히 튼튼한 종교적 기반을 가지고 있다고 말해야 할 것 같습니다.

한바다　동학을 생각해보아도 그렇지요. 그 당시에 그처럼 동서양의 종교성을 절묘하게 구현한 종교가 어떻게 등장할 수 있었는지 경이롭습니다. 역사가 뒤틀리지 않았다면 세계적인 종교가 될 수 있을 만큼 깊이가 있었는데, 오랫동안 이런저런 방식으로 엄청난 탄압을 받으면서 그 힘을 잃었습니다. 마치 우리의 슬픈 근대사를 보는 것 같아요.

성해영　네. 전적으로 동의합니다. 동학과 그 뒤를 이은 천도교, 그리고 원불교와 같은 민족종교들은 후천개벽을 주장했어요. 새로운 세상이 온다는 선언입니다. 또 그때 한반도가 중심 역할을 맡는다는 이야기이지요. 저는 예전에 그런 주장이 민족주의적인 것으로 우리의 열등감을 투사한 것이라 생각을 했습니다. 그런데 동학과 원불교 등을 공부해보니 그렇지 않다는 점을 깨달았습니다. 그 가르침이 지금 전개되고 있는 사회 변화와 영성의 발전을 예견하고 있다는 사실을 알았지요. 그렇게 좋았던 가르침이 왜 세계적으로 퍼져나가지 못했냐고 묻는다면, 우리나라의 역사 자체와 맞물려서 그렇다고 답해야 할 것 같습니다. 이데올로기 때문에 분단을 경험하고 있는 나라도 우리가 유일하지요. 자본주의도, 공산주의도, 자유민주주의도 우리 고유의 것이 아닌데, 그로 인한 갈등을 우리만큼 심하게 겪는 곳도 드뭅니다. 동학과 천도교가 예전에는 얼마나 영향력이 컸습니까. 마치 우리나라가 대단히 큰 잠재력을 가지고 있음에도 불구하고 여러 가지 이유로 질곡과 족쇄를 경험했던 것처럼, 동학 역시 우리 민족의 아픔을 그대로 상징하는 것 같습니다.

한바다 통합을 추구하는 원불교도 그렇지만 수행의 관점에서도 동학은 깊이와 넓이의 모든 측면에서 나무랄 데가 없지요. 주문과 같은 쉬운 수행법으로 모두의 내면에 모셔져 있는 한울님을 깨쳐 알라고 하니까요. 또 궁극적 실재인 한울님과의 동일성도 얘기하지만, 그 한울님을 지극정성으로 모실 것도 강조한다는 점에서 동서양 종교의 장점을 두루 갖추고 있습니다. 게다가 지고한 종교적 깨우침이 타인을 하늘처럼 존중하라는 현실적 윤리 의식으로 이어진다는 점도 놀랍고요.

성해영 하지만 동학의 경이로움을 우리는 오랫동안 실감하지 못했지요. 마치 우리 스스로가 열등감에 사로잡혀 우리의 참된 가능성과 본성을 인식하지 못한 것처럼요. 그러니 우리 스스로의 가치를 부정하거나 지나치게 과장했다고 생각합니다. 열등감과 우월감 사이에서 널을 뛰었던 것이지요. 그렇지만 2002년 월드컵의 경험이나 최근의 경제 성장, 그리고 한류와 같은 사건들은 우리 사회에 분명히 새로운 흐름을 만들고 있다고 봐요. 특히 우리 스스로가 생각했던 것보다 훨씬 더 큰 에너지를 가지고 있다는 사실을 인식하고 있는 것이지요. 물론 이런 인식이 배타적인 우월감의 주장으로 이어져서는 곤란하겠지만, 우리만의 독특성을 인식하고 이를 기반으로 전 세계에 우리만의 방식으로 의미있는 메시지를 던져야 한다고 봅니다. 백범 김구 선생은 문화대국이 되길 희망하셨는데, 문화란 종교를 포함해 인간이 자기 존재의 가능성을 풍부하게 표현하는 거라고 봅니다. 우리가 창의적으로 우리 속의 신기를 평화적으로, 그리고 창의적으로 표출하는 것이 문화대국이겠지요.

한바다 한국인의 독특한 점을 살려내는 것이 세계에 기여하는 것이기도 하다는 말씀이시죠? 한류를 언급하셨는데, 한류의 성공 비결은 뭐라고 보시는지요?

성해영 문화나 예술이 보이지 않는 차원에서 얻은 영감을 상상력이나 창의력으로 현실에 구현하는 거라는 입장을 취하면, 우리나라 사람들의 신기와 굉장히 밀접한 관련이 있다고 봅니다. 〈케

이팝스타)와 같은 오디션 프로그램을 보면 정말 '끼'가 넘치는 것 같거든요. 음주가무로 표현되는 거대한 에너지가 역동적이고 힘차게 드러난다는 느낌이 듭니다.

한바다 비교종교학적인 관점에서 한류를 가능하게 만든 에너지들이 종교적인 성격을 갖는다고 보시는 거군요.

성해영 그렇습니다. 종교를 보이지 않는 차원과 맺는 관계라고 이해하면, 예술적 영감 역시 이 영역과 밀접하다고 봐요. 우리 민족이 한이 많음에도 불구하고 힘든 현실을 견뎌낼 수 있었던 것 역시 이런 신명의 문화 때문이 아닌가 싶습니다. 여전히 높은 자살률을 비롯해 온갖 문제에 시달리고 있지만, 여전히 다른 나라가 볼 때 하기 힘든 것들을 이루어낸다는 사실은 놀라워요. 이건 단순히 국수주의적 태도가 아니라, 우리만의 저력과 독특한 신명이 있다는 겁니다. 게다가 분명히 평화적이고요. 종교를 가지고 싸우지 않는 점만 봐도 그렇습니다. 또 새로운 걸 받아들이는 데에도 두려움이 없지요. 기독교를 자발적으로 수용한 것을 포함해서요.

한바다 그렇지요. 정치나 경제의 측면에서도 신명의 힘을 생각할 수밖에 없습니다. 민주주의를 받아들여 정착시키는 과정이나 자본주의 시스템으로 경제 성장을 이루어내는 것도 말이지요.

성해영  정신이 없을 정도예요. 전혀 다른 성향의 대통령을 연달아 뽑아서 급격한 변화를 만들어내는 정치적 상황도 놀랍습니다. 후천개벽의 관점으로 보면 온갖 사회적 갈등을 가지고도 시스템을 유지할 뿐만 아니라, 새로운 가능성을 구현할 수도 있다는 것이지요. 특히 국제적 상황으로 인해 남북이 분단된 상황에서 이걸 평화적인 방식으로 통합한다면, 정말 전 세계에 중요한 메시지를 던지는 거라고 봐요. 그 점에서 자본주의의 양면성에 주목하라는 선생님의 말씀에 전적으로 동의합니다. 우리의 역사적 경험, 그리고 현재 우리가 처한 상황 역시 좋은 면과 나쁜 면을 동시에 가지고 있다는 겁니다. 그러니 부정적으로만 생각하지 말고, 더 나은 발전의 계기로 삼자는 것이지요. 민주주의나 경제 발전 과정에서 온갖 문제를 다 겪고 있지만, 예전에 비하면 참으로 잘해나가고 있다는 긍정적인 인식과 함께 희망을 잃지 말자는 주장입니다.

요즘 정치적 상황 때문에 큰 좌절과 실망을 맛보고 있지만, 이렇게 짧은 기간에 민주주의라는 새로운 제도를 이만큼이나 정착시키기도 쉽지 않다는 겁니다. 더 나은 민주주의를 구현해야 하는 건 맞지만, 선생님 말씀처럼 자칫 이상주의적 태도가 자학을 양산할 위험도 큽니다.

한바다 긍정적이고 희망을 주는 자기 인식이 발전의 촉매가 된다는 말씀에 깊이 공감합니다. 저도 서양의 신비주의자 플로티노스를 좋아한 기억이 있습니다만, 미국에서 신비주의를 깊이 연구하신 성 교수님께서 비교종교학의 안목으로 이야기를 해주셔서 좀 더 넓은 시야를 갖게 되었네요. 앞에서 한국인의 독특한 모습들을 종교성이라는 키워드로 풀어주신 게 굉장히 재미있었어요. 이건 언어 표현의 문제일 수도 있는데…… 앞에서 종교를 뭐라고 정의하셨죠?

성해영 보이지 않는 차원의 경험이라고 했습니다. 혹은 보이지 않는 것과 관계를 맺는 것이라고도 정의될 수 있고요.

한바다 네. 그것이 종교라고 하셨습니다. 그게 참 고마운 말이에요. 우리처럼 명상을 하는 사람한테는 특히 그렇습니다. 명상은 어떤 종교이든 가장 순수한 부분이나 에센스를 다 긍정하고 거기에 다가가려는 열린 시각을 가지고 있거든요. 그런데 그것에 딱 맞는 표현이 없었어요. 앞선 대담 과정에서 어떤 고마운 느낌이 항상 함께 있었어요. 그런데 이런 말을 통해서 명징해지니 그 고마움의 정체가 확인이 되는군요. 이렇게 '만남'이 또 일어났네요.

성해영 감사합니다. 저 역시 대담을 통해 많은 것들이 더욱 분명하게 제 속에서 자리 잡는 것 같아 기쁩니다.(웃음) 한국의 독특성이라는 문제에 하나 덧붙이자면, 하늘 아래 독특하지 않은 사람과 문화라는 게 어디 있겠습니까. 그렇지만 우리의 독특성은 전 세계의 모든 걸 다 받아들여 뒤섞어놓으면서도 뭔가 또 새로운 걸 과감하게 꿈꾸는 그런 태도에 있는 것 같아요. 그러한 과감함이 급작스러운 변화와 혼란을 만들어내기도 하지만 말이지요.

한바다 그건 다른 데에 별로 없는 이야기입니다.

성해영 물론 이런 주장은 저의 개인적인 견해입니다. 특히 보이지 않는 차원에 대한 예민성이 객관적인 통계로 입증될 수 있는 것도 아니고요. 아무튼 우리나라는 엄청나게 역동적입니다. 자고 나면 뭔가 달라져 있고, 내일 무슨 새로운 일이 일어날지 누구도 짐작하기 어렵습니다. 우리나라에 비하면 유럽 같은 곳은 심심한 느낌마저 들지요.(웃음) 가늠하기 어려운 역동적인 변화가 그저 좋기만 한 것은 아니지만, 우리 공동체의 특징인 것만은 분명합니다. 그 원인은 여러 가지가 제시될 수 있겠지만 말입니다. 특히 민주주의라는 관점에서 우리의 정치사는 역동 그 자체입니다. 도무지 정치학자들이 예견할 수 없는 방식으로 살아 꿈틀거리는.(웃음) 어쨌든 개인의 자유와 인권이 더욱 중요해지고, 개인이 스스로의 가능성을 발견해 이를 구현하는 방식으로 계속 변모할 것은 분명합니다. 그 과정에서 많은 어려움과 난관을 겪기도 하겠지만요.

한바다 한국인의 밑바닥을 이루고 있는 근원적인 심성은 생명을 귀하게 여기는 접화군생接化群生 정신이지요. 이 정신이 민주주의라는 시스템을 만나 승화되는 과정입니다. 민주주의의 근원을 한번 살펴보고 가는 것도 좋겠어요. 민주주의는 아테네에서 시작되었지요. 인구가 20만 명이면 노예와 여자, 아이들을 빼고 나면, 나머지 5만 명의 남자들이 광장으로 나가 직접민주주의에 참여했는데, 전쟁에 나갔던 사람들만 참여권을 인정받았어요. 왕을 인정하지 않고 직접 투표로 대표를 뽑았고, 아무리 공적이 뛰어난 대표나 장군도 추방이 결정 나면 10년간 외국에서 살아야 했지요. 페르시아의 크세르크세스 대왕이 회유를 했지만, 아테네는 '페르시아는 한 사람만이 자유롭지만 아테네는 모든 시민이 자유롭다'고 선언하며 그 가치를 지키기 위해 싸움을 선택했어요.

2000여 년 전, 그리스 아테네에서 5만 명이 참여했던 그 민주주의의 원형적 경험이 세계로 확산된 결과 이제 우리가 민주주의의 맛을 생생하게 느끼고 있지 않습니까? 종교적인 것도 마찬가지입니다. 우리가 하는 경험이 세계의 경험이 됩니다. 한국은 지금 그런 경험을 통과하고 있다고 생각해요. 한국 사람들이 모든 갈등과 분열과 고를 같이 경험하고 그걸 승화시켰을 때, 다른 나라 사람들한테 줄 수 있는 지혜가 있다고 봅니다.

성해영 네, 맞습니다. 광장에 태극기도 나오고 촛불도 나오는데, 옛날 같았으면 입장 차이가 곧장 폭력으로 이어졌을 텐데, 지금은 서로 동의는 하지 않지만 최소한의 선을 지키는 것 같거든요. 그 사실이 당연한 것이 아니라, 분명히 놀라운 것이지요. 선생님과 제가 대학을 다니던 시절엔 화염병과 최루탄이 일상의 모습이었는데요.

한바다 그때는 정말 그랬지요. 이제는 폭력성을 이겨낼 수 있을 만큼 의식이 성숙한 것 같아요. 사실 군중은 폭도로 변질되기 쉬운데, 집단적으로 그렇게 하지 않으려는 의식의 힘이 작동한 거라고 봅니다. 그러니까 이 나라가 엄청난 가능성을 가지고 있는 겁니다. 한편 우리는 지금 여러 가지 무력감과 절망을 경험하고 있기도 합니다. '똥창'이 막힌 것이지요. 금융자본주의로 너무 많이 갔기 때문이에요. 불균형이 너무 심해서 막힌 거고, 그럼 터져야 합니다. 터져서 비워져야 순환이 돼요. 처음엔 터지느라 피가 나니까 위험해 보이지만, 피를 빼내면 순환 시스템이 되거든요. 그래서 사람들이 희망을 갖게 되고, 좀 더 서로 잘 만날 수 있게 됩니다. 실제로 요즘에는 어느 쪽이든 광장에서 만나고 있지 않나요? 그것은 단지 정치적인 현상만이 아니라 살아 있는 사람들을 만나는 기쁨을 경험하는 거라고 봅니다. 거기에서 하나 됨의 경험도 일어나는데, 그것도 종교적 경험이라 볼 수 있겠지요. 무엇보다 비폭력적으로 변화를 만들어냈다는 경험이 엄청난 자산입니다. 월드컵 때부터 이어져온 기쁨bliss의 경험이 의식의 성숙으로 이어지는 과정 중에 있는 것이지요. 그것이 다음 단계로 가면 분명 새로운 가치를 만들어내는 쪽으로 쓰일 겁니다. 그것이 한국의 가능성과 희망입니다.

성해영 월드컵이나 촛불 집회 모두 개인을 넘어선 집단적 엑스터시 차원을 구현한 현상인데요. 그 점에서 저도 일종의 영적 경험이라고 봅니다. 개인보다 더 큰 차원과 재접속되는 계기 말이지요. 그런데 월드컵은 게임의 결과를 수동적으로 기다린 것이라면, 촛불은 뭔가를 구현하기 위해 주체적으로 모인 것이니까 집단적 엑스터시라도 굉장히 능동적인 측면을 가집니다. 후자는 보다 적극적인 사건이라는 의미입니다.

한바다   둘 다 의식 진화의 선상에서 봤을 때 굉장히 의미 있는 일인 건 분명합니다. 신명이란 자신이 할 수 있다는 주체성에서 나오는 즐거움, 기쁨이지요.

성해영   역사적·사회적·정치적 주체로 나서야 한다는 의식으로, '나'를 넘어 '우리'가 할 수 있다는 것이 되었으니 큰 차원에서의 신명이라고 말할 수 있겠습니다.

한바다   집단의식의 상승인 것이지요.

성해영   민족종교 지도자들이 설파했던 후천개벽은 우리 공동체가 전 인류가 경험할 상태, 즉 사람이 곧 하늘이기에[人乃天] 서로를 하늘 섬기듯 존중하면서[事人如天], 삶의 다채로운 즐거움을 신명나게 구현하는 일이 가능하다는 점을 앞서 보여주라는 인류사적 책무로 해석될 수 있다고 봅니다. 특히 인류가 겪은 정치, 경제, 사상의 분단을 상징하는 남북 분단을 극복한다면 더더욱 그렇겠지요.

한바다 문득 박제상을 통해 내려온 《부도지符都誌》의 신화가 생각나는군요. 《부도지》에는 중앙아시아에 있던 우리 민족이 고생을 일부러 하러 가장 고된 장소인 시베리아로 북상하였다가 다시 만주를 거쳐 한반도로 내려왔다고 쓰여 있습니다. 인류 전체의 카르마를 대속代贖한다는 뜻이라고 해요. 그 뒤를 이은 것이 고조선의 '접화군생' 가르침이고, 그 흐름이 다시 동학으로 나타났다고 봐요. 당시 대부분의 사람들은 노예와 같은 상태로 살았는데, 그들에게 스스로의 존귀함을 일깨워주려고 자신의 위패에게 절을 하는 '향아설위向我設位'라는 의식을 내어놓았지요. 말씀하신 대로 '사인여천'의 가르침으로 모든 생명의 존귀함과 평등함을 받들게 했고요. 고양된 종교적 감성, 즉 기쁨, 감사함, 자비심, 평등심이 신명입니다. 그 신명이 현재 광장에서 풀어져 나오고 있지요. 10여 년 전 계룡산 상신리 계곡에서 명상하던 중 동학의 한이 느껴져 눈물을 흘린 적이 있습니다. 얼마 전 광주와 화순에 갔는데, 동학의 마음이 다시 기억이 나더군요. 그 한도 풀어주어야지요. 사실 북한에도 동학의 흔적이 많습니다.

성해영 북한에서 공산당 말고 유일하게 인정하는 당이 천도교적 배경을 지닌 청우당靑友黨이지요.

한바다 네. 동학의 후예가 꽤 많이 있다고 합니다. 그 또한 공통분모인데요. 아직도 남과 북이 나뉘어 서로 소모적으로 싸우고 있는 것은 정말 슬픈 일입니다. 임박해 있을지도 모를 전쟁의 위험을 막아내고 평화적 통일을 이루어내는 것이 가장 중요한 과제이겠지요. 불통의 고苦, 갈등의 고, 정치적인 오용과 군사비 낭비 등이 사라지면 호연지기浩然之氣가 엄청나게 살아날 겁니다. 현재 호연지기가 많이 없어지고 쪼그라들었지만, 통일 후에는 그게 살아나면서 긍정성이 더 꽃피어나면 복원될 거예요. 그 에너지는 유럽까지 이어질 겁니다. 기찻길이 생기면서 신명이 살아날 거예요. 한편으로는 동남아로 내려가 큰 순환이 일어나고, 아시아와 유럽이 태극 모양이 되는, 새로운 기폭제가 될 수 있을 겁니다. 우리는 지금 역사를 생생하게 걸어가고 있습니다. 매 순간이 역사적인 순간입니다. 광장에 아이들도 많이 데리고 나오더군요. 이 역사적인 순간에 아이들을 동참시키자는 뜻이지요. 이런 예들이 단절된 아래 세대들과 다시 하나 되는 경험입니다.

성해영 그래서 태극기와 촛불이 함께 나오잖아요.(웃음) 이것 역시 부정적으로 보지 말고 같은 공간에서 자신의 입장을 다 표현하는 걸로 이해해야지요. 타인을 송두리째 부정하거나 억압하지 말고요.

한바다   다름을 존중하고 포용하는 것이 민주주의의 근간이니까요. 이러한 경험과 지혜들이 더 확장돼서 유라시아 전체로 번져서 펼쳐질 겁니다. 많은 진통을 겪겠지만 어쩐지 통일이 가까워졌다는 생각이 들기도 합니다. 통일이 되면 생기와 호연지기가 크게 살아날 겁니다.

성해영   생각만 해도 가슴이 두근두근합니다. 위에서는 아래로 내려오지 못하고 아래에서는 위로 올라가지 못하고, 이렇게 허리가 동강난 지 몇십 년입니다. 비극도 이런 비극이 없지요. 선생님 말씀처럼 동서양이, 과거와 오늘이, 오늘이 내일과 함께 평화롭게 어우러져 통합되는 놀라운 사건이 한국에서 시작되어야 합니다.  우리가 그런 인류사적 책무를 부여받았다는 사실을 실감하는 것이 중요합니다.

열셋

미래: 새로운 시대의 종교성

성해영　21세기에는 창조, 상상력, 놀이와 같은 개념이 중요해질 겁니다. 같은 맥락에서 인간의 만남 역시 온전하게 이루어지면, 감정의 교류를 포함해 새로운 무언가가 일어나기 때문이지요. 그래서 진정한 만남은 미지의 가능성을 내포하지만, 그것이 공포나 두려움이 아닌 마치 놀이처럼 상상력과 창조의 장이 되어야 한다는 겁니다. 그걸 관계에서 구현되는 자유라고도 표현할 수 있겠지요. 종교도, 교육도, 영성도 그러한 진정한 만남을 추구해야 할 겁니다. 물론 이런 주장이 목적론적으로 들릴 수 있습니다만, 제 말씀은 놀이는 놀이 자체가 목적이듯 만남의 목적 역시 만남 자체의 즐거움이어야 한다는 뜻이에요. 여하튼 미래의 패러다

임은 놀이처럼 즐거움에 더 초점이 맞추어질 거라는 의견입니다.

한바다   맞습니다. 사실 우리가 만나려고 하는 이유는 만나는 게 좋아서이지요.(웃음)

성해영   또 과거와 달리 끊임없이 새로운 사람들을 만나야만 하고요.

한바다   그렇지요. 물건을 팔거나 정보를 얻으려고 해도 만나야 합니다. 사랑도 만남이고, 여행을 가도 외국 사람을 만나고, 다른 문화와 정보를 만나지요. 만남을 통해 이제까지 정의된 기지既知의 세계를 떠나 좀 더 다른 차원의 나, 확장된 삶의 경험이 일어납니다.

성해영   그렇지요. 모든 게 만남입니다. 특히 서로 다른 것들과의 만남.

한바다   우리는 현재 후기 자본주의로 넘어가는 상황에 놓여 있는 것 같습니다. 여기에 사회주의적인 요소가 들어와야 이 사회 구성원 전체가 생존할 수 있습니다. 생태의 영성도 배려한 생태 사회주의적 민주주의로 가야 한다고 봅니다. 특히 지금은 모든 것이 융합되는 시대이지요. 앞으로는 기계와도 융합이 된다는데, 그것도 재미가 있어야 할 테니까 행복이나 창조의 요소가 들어가겠지요. 갈수록 기술적인 부분은 인공지능이 빅데이터로 모든 걸 다 해버릴 겁니다. 빅데이터로도 되지 않는 것, 미지의 영역으로 남아 있는 것이 인간의 몫이겠지요. 그것은 새로운 상황의 탐구, 창조성, 상상력일 거예요. 기계가 상상력을 가지고 할 수 있다? 그건 아직 생각해볼 수 없는 일이지요. 인공지능도 자비로움의 성향이 반드시 들어가야 인간과 조화를 잘 이룰 것 같고요. 나아가 인간이 기계에 하나가 되어 들어가는 경험도 가능하겠지요.  그것이 무엇을 위해 존재하는지는 시간이 더 지나봐야 알 수 있을 것 같아요. 그 시대를 위해 필요한 덕목 같은 것으로 창조성이나 상상력을 말할 수 있을 것 같습니다. 그것이 인간과 기계를 다르게 정의할 수 있는 부분이 되지 않을까요?

성해영 네. 덧붙이면 모든 사람들에게 종교의 선구자들이 발견했던 존재론적 가능성을 펼칠 기회가 주어질 겁니다. 즉 개인이 상상력을 발휘해 새로운 것들을 만들뿐더러 다양한 방식으로 연결되고, 그 과정에서 인간 본연의 존재론적 기쁨을 구현할 겁니다. 과학, 기술, 교육, 종교와 같은 모든 분야가 그런 방향에 초점을 맞추겠지요.

한바다 　사실 인공지능의 사회를 직업의 상실과 같은 두려움을 가지고 바라보는 사람도 많습니다. 하지만 파괴가 되는 만큼 새로운 가능성도 생겨날 겁니다. 가령 모두 실직자가 되면 기계 혼자서는 의미가 없으니까 사회나 국가 공동체가 만인을 부양한다는 국가 도덕이 필요할 거예요. 생존의 두려움을 없애주는 이런 과정을 통해 지구 전체가 업그레이드될 수 있습니다. 예컨대 엘론 머스크Elon Musk도 인류가 보편적 기본 소득을 갖게 될 가능성이 크다고 말했잖아요. 그럼 어떻게 될 것이냐. 인간은 자기가 하고 싶은 걸 할 겁니다. 고양된 영적 경험을 하고 싶은 사람들은 그런 경험을 찾고, 그 외 여러 가지 인간에게 억눌려진 경험들이 있을 텐데, 시뮬레이션을 통해 미리 해보고 그 경험이 어떻게 자기 삶에 영향을 미치는지 통찰해볼 수도 있겠지요. 오프라인에서 했던 경험을 컴퓨터 접속을 통해 타인과 나눌 수 있는 형태가 되었을 때 그 경험은 경제적 가치를 창출할 수 있는 것으로 전환될 수 있을 겁니다.

성해영 　지금까지는 즐겁게 뭔가를 할 수 있는 시대가 아니었지요. 예컨대 노비로 태어나거나 혹은 여자로 태어났다는 이유로 행복을 추구할 권리가 원천적으로 봉쇄되었던 시기가 있었습니다. 하지만 이제는 모든 사람들이 행복과 기쁨을 추구할 권리를 주장하게 되었어요. 물론 아직 완전한 행복 추구권을 다 구현하고 있는가는 의문의 여지가 있지만, 이전보다 더 나아졌다는 건 분명하지요. 선생님이 앞서 여러 차례 강조했지만, 자본주의 역시 우리의 가능성을 구현할 더 큰 기회를 제공하고 있습니다. 예전에는 불가능했지만 이제는 개인의 즐거움이나 기쁨 추구가 직업이 될 수도 있고요. 일과 놀이가 통합되었다고 할까요. 그러니 종교성 역시 이러한 변화를 반영해야 하겠지요. 엑스터시와 같은 인간 존재의 가장 깊은 차원에 자리한 기쁨을 확인시켜주거나 강조하는 영성이 부각되는 시대가 될 것이라는 예견입니다.

한바다   좋은 말씀입니다. 2500년 전, 2100년 전에 붓다와 예수가 나왔었지요. 대표적인 종교의 대가들입니다. 그런데 그 시절에 제자들이 사실 그리 많지 않았어요. 붓다의 제자는 5,000명이었고, 예수의 제자는 12명이었는데 설교 때 따르는 사람까지 포함해도 몇백 명이 다였어요. 현재는 불교나 기독교를 따르는 사람이 얼마나 되죠?

성해영   통계에 따르면 전 세계 인구 중에서 가톨릭 등 기독교는 30퍼센트 내외이고, 불교는 약 7퍼센트 정도로 추산됩니다.

한바다   그런데 그들 모두가 심원한 지복의 경험을 갖는 건 아니지요.

성해영 물론 그렇습니다. 궁극의 지복을 기쁨이 최대한으로 구현되는 것이라고 보면, 더 많은 사람들이 이걸 목적으로 삼을 겁니다. 달리 말해 현실에서 기쁨을 점점 키워 궁극의 기쁨을 갖고자 하는 시도가 사회에서 널리 받아들여질 거라는 것이지요.

한바다　요즘엔 영성을 추구하는 구도자가 세계적으로 많습니다. 실제로 일반 사람들도 비파사나를 경험하는 시대이지요. 옛날에는 종교적 스승들이 인가한 소수의 제자들만 했었거든요. 이들이 추구하는 목적이 궁극의 기쁨이라면 분명 소수였던 겁니다.

성해영　특히 현대에는 종교가 기쁨이라는 차원과 어긋나 있을 가능성이 크다고 봅니다. 모두가 삶에서 기쁨을 극대화하려는 시대가 되었지만, 종교적 언어는 여전히 이런 변화를 반영하지 못하고 있거든요. 선생님이 말씀하신 진정한 만남이나 사랑, 연민, 자비가 종교의 궁극적 목표인데, 실제로 구현되고 있다고 보기 어렵다는 뜻이지요. 세상은 여전히 고통으로 가득하니까, 잘 견뎌서 사후 천국에 가거나 깨달음을 통해 다시는 이 땅에 오지 않겠다는 것이 종교의 주된 목적으로 제시되고 있거든요. 그 점에서 즐거움과 기쁨을 이웃과 함께 나눈다는 것이 종교의 본령이 되어야 한다고 믿습니다.

한바다　그렇지요. 그리고 현대에는 기계가 많은 일을 대신합니다. 인간은 이제 기계가 할 수 없는 더 고차적인 삶의 목표, 즉 존재의 충만, 더 높은 삶의 가치라든가 하는 고차적인 경험을 추구할 수 있게 되었어요. 인류 중에서 20~30퍼센트는 종교적일 수 있는데, 시간이 부족해서 억압돼 있던 경험들이, 여유가 생기면 내가 직접 경험을 해보자 하는 쪽으로 갈 수 있게 되었다는 겁니다. 그런 흐름이 이미 만들어져 있어요. 실제로 많은 유럽인들이 인도나 태국에 와서 살고 있습니다. 종교적 신념에 갇혀 있다면 불가능한 일이지요. 새로운 경험을 하러 가는 겁니다. 그렇게 방랑과 탐구를 하러 인도와 일본으로 갔던 사람으로 스티브 잡스가 있지요. 비틀즈는 마하리시 마헤시 요기를 만나러 인도로 가기도 했고, 멕시코 주술사에게도 찾아갔어요.

성해영 우리나라에서도 요즘 스페인의 산티아고 순례 여행을 많이 갑니다. 꼭 가톨릭 신자가 아니라도 말이지요. 그 험한 길을 자기 돈 내고 가는 시대가 되었다는 게 의미심장하다고 봅니다.

한바다 성 교수님과 오강남 교수님의 대담집 《종교, 이제는 깨달음이다》를 통해서도 알 수 있지만, 종교는 궁극적 관심입니다. 그동안은 사회적 억압이 많아서 궁극적 관심이 드러나지 않았는데, 어느 정도 충족되면 인간의 가장 깊은 곳에서 궁극적 관심이 드러나게 되어 있습니다. 종교라는 형태나 명상 추구로 드러나는 것이지요.

성해영 제 책을 거듭 언급해주셔서 고맙습니다. 좋은 책인데 그리 많이 찾아주지는 않으셔서 아쉬웠어요.(웃음) 이 대목에서 한 가지 고려할 점은 언뜻 보아 종교인도 줄고, 성직자가 되려는 지망자도 현저하게 감소했다는 사실이 곧바로 종교성의 약화로 이해되어서는 곤란하다는 겁니다. 이는 제도화된 종교의 쇠퇴라고 생각합니다. 예전의 교리나 신념 체계로 종교성이나 영성을 다루는 것을 사람들이 더 이상 받아들이지 않는다는 것이지요. 나이가 들거나 경제적으로 풍요로워지면, 그다음엔 당연히 자아실현의 욕망이나 자아초월의 욕망이 등장합니다. 특히 과학기술의 눈부신 발달로 공동체 구성원이 필요로 하는 먹을 것, 입을 것, 잠잘 곳 등이 획기적으로 해결되면, 인간들이 즐겁게 놀고, 창조하고, 상상하면서 삶의 근원적인 의미를 찾고 구현하는 시대가 될 수밖에 없다는 것이지요. 마치 인류 전체가 개미가 아닌 베짱이가 되어야 하는 시대가 올 거라는 뜻입니다. 물론 새로운 시대이니만큼 혼란과 방황이 없진 않겠지만요.

한바다 그렇지요. 삶의 궁극적인 의미란 곧바로 명상을 포함해 종교나 영성의 영역이지요. 그러니까 과학기술 발전이 뜻밖에도 인간들의 영성 추구를 돕게 될 거라는 말이지요. 게다가 인류의 지적 수준도 예전과는 비교할 수 없을 정도로 높아졌거든요.

성해영　네. 인류가 글자를 만든 게 수천 년 전이지만, 오랫동안 문자를 해독할 수 있는 비율은 채 10퍼센트에도 못 미쳤습니다. 그렇지만 최근 1~2세기 사이에 엄청나게 변했지요. 물론 오랜 기간 동안 억압된 것들이 분출해 언뜻 혼란이 커진 것처럼 보입니다. 그렇지만 그간 우리가 서로를 얼마나 억압했고, 지성적으로나 윤리적으로 낮은 수준에 머물렀는지를 더 큰 안목에서 보아야 할 겁니다. 수천 년 동안 억압된 것들이 최근 폭발적으로 드러났다고 해서 인류 공동체 전체가 예전보다 더 나빠졌다고 보아서는 곤란하다는 것이지요. IS를 포함해 테러와 전쟁이 여전히 있지만, 폭력과 전쟁은 줄고 있다고 생각합니다. 반인류적인 사건도 여전히 있지만 예전처럼 타민족을 침범해 노예로 삼는 일이 더 이상은 불가능해졌거든요. 아울러 여성과 아동에 대한 인권 의식도 현저하게 높아졌고요. 요컨대 개인이 스스로 자기를 구현할 자유와 권리가 예전보다 커진 것은 분명합니다. 영성 추구의 자유를 포함해서요.

한바다　SNS를 통해서 모든 것이 드러나는 시대입니다. 권력이 잘못을 감추려고 물타기하던 수법도 다 알려지게 되었어요. 결국 진정성을 가지고 소통해야 하는 시대가 온 겁니다. 인간 안에 있는 것들이 다 드러나고, 그 욕구들이 충족되는 과정에서 많은 경험을 하겠지요. 또 집단 전체의 의식은 개개인의 이익 추구만을 위해서가 아니라, 헤겔의 '절대정신'이 말하는 것처럼 진화하고 상승하는 쪽으로 진행되어가고 있는 것처럼 보입니다.

성해영 맞습니다. 지식과 정보의 격차라는 관점에서 보아도 현대는 누구나 자신이 원하는 정보를 빠르고 손쉽게 얻을 수 있지요. 심지어 지식을 생산하고 전수하던 대학마저도 힘을 잃고 있습니다. 대학보다 대학 밖의 사회 각 분야가 훨씬 더 많은 지식들을 축적하고 있어요. 대학의 지식 독점이 사라지고 있다고 해야 할까요. 여전히 중요한 역할을 수행하고 있지만, 1~2세기 전보다 현저하게 그 기능이 약화되었다는 것은 부인할 수 없습니다. 사회 각 분야에서 전문가들이 엄청나게 생겨난 것이지요. 전문성을 박사학위 소유 여부로 가늠했다면, 이제는 학위라는 게 큰 의미가 없어졌어요.

한바다 결국 체험이 중요해집니다. 인생 경험이든 뭐든, 체험을 통해 말할 때 힘이 담기기 때문이지요. 지금은 이론이나 지식만으로는 다른 사람의 마음을 움직일 수 없습니다. 말씀하신 대로 지식은 널려 있기 때문이에요. 옛날에는 말 잘하는 사람이 있었다면, 글이 나오면서 보편화되었듯이, 그걸 한 단계 뛰긴 게 인터넷이에요. 인터넷은 지식의 완전한 보편화를 가능하게 했습니다. 예컨대 구글과 유튜브가 그걸 가능하게 했지요. 그러니까 지식이라는 게 마음만 먹으면 습득하기 너무나 좋은 시대가 된 겁니다.

성해영 사회 각 분야의 변화가 전통적인 경계를 허물고 있는 건 분명합니다. 그래서 무엇이든 그 정체성이 끊임없이 확장되는 것을 피할 수 없습니다. 이런 현상이 우리에게 불확실성에서 야기하는 공포를 줄 수도 있지만, 다른 한편으로 새로운 것을 창조할 엄청난 자유이자 가능성이기도 하지요. 종교의 영역에서도 이런 변화는 불가피합니다. 제도화된 종교 그 자체가 급격하게 변화하기는 힘들겠지만, 신자들 개개인이 예전처럼 자신의 종교에서만 영향을 받게 되는 시대는 이미 지나갔으니까요. 선생님이 줄곧 강조해오신 명상만 하더라도 사실 모든 종교 전통에서 나름의 방식대로 발전시켜온 것이고, 종교가 본질과 근원을 추구하면 할수록 서로 다른 종교에서 더 큰 유사성을 발견하게 되리라 믿습니다. 종교란 궁극의 본질을 달리 포착해 제도화시킨 것이라는 이른바 '영원의 철학'을 수용하는 종교인들이 많아지지 않을까 생각합니다. 이런 현상은 분명 새로운 것이지요.

한바다 그러니까 한 번도 존재하지 않았던 그런 유의 사람들이 많아지기 때문에 종교인들 자체가 변하든지, 사라져버리든지 둘 중 하나가 된다는 건가요?

성해영   실제로 우리나라 종교인들의 숫자가 급격히 줄고 있어요. 유럽은 이미 한참 전에 그런 경향을 보였고요. 그렇다고 종교를 떠난 사람들을 곧바로 유물론자라고 보기도 어렵습니다. 영성이라는 이름으로 유물론적 세계관을 넘어선 차원에서 삶의 의미를 찾고자 하는 이들이 적지 않거든요.

한바다   그것이 인터넷이나 기술의 발달과도 맞물리는 거죠?

성해영   네. 인터넷이 자기만의 영성을 발견하려는 영적 여정을 엄청나게 돕고 있는 거죠.

한바다   결국엔 개인적으로 체험하고 자신이 직접 발견하는 방식의 종교성이 우세해지리라는 견해군요. 물론 제도화된 종교들도 공존하겠지만요.

성해영   그렇습니다. 또 예전에는 종교가 저쪽 차원만을 강조했다면, 앞으로는 그런 경향도 바뀔 거라는 것이지요. 이미 선생님이 언급하신 미적 경험을 포함해 만남의 강조, 그리고 창조와 놀이의 경험과 영성이 밀접하게 연결되리라고 봅니다. 특히 이 모든 것들의 통합은 피할 수 없습니다. 그러면서 성聖과 속俗의 분명한 경계가 사라지고, 종교의 의미도 근본적인 차원에서 되묻게 될 겁니다. 이 대담 역시 그런 시도 중의 하나라는 생각이고요. 종교이되 종교라고 이름 붙이기 어려운 종교를 만나는 역설이라고나 할까요.

한바다 생각을 넘어선 곳에서 다시 생각을 쓰게 되는 그런 것이 되겠지요.

성해영 선생님 말씀처럼 언어의 틀이나 한계를 넘어선 '새로운 언어'이겠지요.

한바다 네. 우리 대담이 쭉 다룬 명상이 언어를 넘어선 새로운 언어 형성과 종교를 넘어선 종교의 출현에 큰 역할을 하게 될 거라고 봅니다.

성해영 그런데 대담이 끝나가는 대목이기는 합니다만, '명상'이라는 개념도 조금 정리가 필요합니다. 명상은 보통

'meditation'으로 번역되는데요. 가톨릭 전통은 묵상meditation, 기도prayer, 관상contemplation을 구분합니다. 특히 묵상과 관상을 구별한다는 점에 주목할 필요가 있지요. 묵상은 성서의 구절이나 개념을 심사숙고해서 그 깊은 의미를 발견하는 것이고, 관상은 자아 개념을 포함해 모든 사고 행위를 멈추고 궁극적 실재인 신을 직관直觀하는 상태로 들어가는 것을 뜻합니다. 나중에 동양 종교 전통의 명상을 'meditation'으로 번역했는데, 이게 원래는 가톨릭의 묵상을 뜻하는 단어라 혼란이 생긴 것이지요. 그렇게 보면 동양의 명상은 가톨릭의 관상에 가깝습니다. 한자에서 명상은 '冥想' 혹은 '瞑想'으로 표기됩니다. '어둡다, 깊다'는 의미를 가지는 '冥'이나 '눈을 감다, 어둡다'는 뜻의 '瞑'을 사용하는 거지요. 이걸 보더라도 명상은 절대적인 침묵과 어둠을 강조하는 가톨릭의 관상과 상통합니다. 어찌 되었든 명상이 동서양 종교 전통에서 공통적으로 등장한다는 사실은 비교종교학이 명확하게 밝히고 있습니다.

한바다 그렇지요. 명상은 모든 종교 전통에서 다 발견됩니다. 명상을 묵상과 관상으로 나누는 것이 훨씬 명료하게 와 닿습니다. 요가에서 명상dhyana은 의식의 확장된 상태를 말하고, 삼매samadhi는 무아경과 합일을 뜻하지요. 그런데 비교종교학 이야기가 나와서 말인데요. 제 생각으로는 다른 종교가 활발하게 만나고 교류하는 현대에 종교의 비교 연구는 대단히 큰 잠재력을 가질 수 있을 것 같습니다. 개인적으로는 인문학의 핵심이라고 생각하는데요.

성해영 그렇게 생각해주시니 종교학자로서 감사할 따름입니다.(웃음) 하지만 선생님 말씀처럼 핵심까지는 아니고요. 종교학의 의미가 앞으로 더 커질 거라고는 저도 믿고 있습니다. '우리가 누구인가'라는 근본적인 물음을 던지는 것이 인문학이라면, 인간의 종교성을 본격적으로 다루는 종교학 역시 전인적인 인간 이해에 불가결하니까요. 그렇지만 종교가 제도화 과정에서 불가피하게 본질을 잃는 것처럼, 종교학을 포함한 인문학 전체 역시 본래의 의미가 퇴색된 것 같다는 생각을 합니다.

한바다 인문학 역시 대학이라는 제도 속에서 안주하면서 그렇게 된 건가요?

성해영 맞습니다. 대학이라는 제도적 시스템 속에 점점 더 묶이는 탓에 자유로운 물음의 정신이 희석된다는 느낌이고요. 사회가 요구하는 전문가들을 양산하는 공간으로 변모했다는 생각도 큽니다. 이렇게 보면 사회 변화를 적극적으로 반영하는 것처럼 보이기도 하지만, 실제로 변화하는 사회가 요청하고 있는 다양한 질문들을 인문학이 제대로 다루고 있는가,라는 점도 회의적이고요.

한바다 이 대담의 주된 주제가 사랑과 지혜가 만나는 것이지요. 그런데 철학의 어원이 '필로소피아philosophia', 즉 지혜에 대한 사랑이었습니다. 특히 종교가 다른 영역과 오늘날처럼 뚜렷하게 분리되지 않은 상태라, 철학의 동기로 지적된 경이로움은 종교적 차원을 분명하게 띠고 있었습니다. 예컨대 소크라테스는 평생 동안 자기 내면에서 다이몬daimon이라는 신성한 소리를 들었다고 했으니까요. 다이몬은 내면의 신성입니다. 그게 나중에 기독교에 의해 악마의 소리를 의미하는 데몬demon으로 변해버렸긴 하지만요.(웃음) 제도화된 대학이 이성만을 강조하다 보니, 지혜에 내포된 종교적 차원 또는 삶을 온전하게 통합하는 전인적 차원이 간과된 것이라고 볼 수 있을까요?

성해영 네. 그렇게 생각합니다. 그렇다고 종교와 과학이 하나였던 근대 이전으로 돌아가자는 뜻은 아니지만, 지나친 전문화와 세분화로 인해 학문들 사이는 물론이고, 지성적 탐구인 학문과 우리의 실제 삶, 특히 종교가 강조하는 전체성이 그 과정에서 상실되고 있다는 사실이 안타깝습니다. 이성 지상주의를 비롯해 대학의 분과 학문 체계는 어쨌든 변하지 않는 정체성의 경계를 전제하는 것인데, 우리가 대담에서 여러 번 다룬 것처럼 현대와 미래 사회에는 그런 식의 고정불변의 경계라는 게 좀처럼 유지되기 어렵거든요.

한바다 인문학이라는 게 궁극적으로는 인간성을 회복하고 싶다는 열망에서 비롯된 거 아닌가 싶어요. 서양에서 인문학이 발달한 건 신 중심 신학주의에 반대되는 개념으로 인간 자신에게 관심을 돌리고 인간을 탐구하며 인간성을 회복하자는 뜻에서 비롯된 것이지 않습니까? 그 근거를 그리스와 로마의 고전에서 찾았고요. 또 르네상스는 재생, 부활의 의미를 가지고 있는데, 결국 거듭난다는 뜻이지요. 거듭난다는 건 근본적으로 종교적인 의미입니다.

성해영 맞습니다. 인본주의도 사실 종교적 인본주의죠. 르네상스 시기에 완전하게 번역된 희랍의 고전이 플라톤과 플로티노스였는데, 두 사람 모두 대표적인 신비주의자였어요. 인간 존재의 심층에 신적인 차원이 있다고 주장한 철학적 신비주의자들이었지요.

한바다   기존의 지식에서 새로운 앎으로 나아가게 만든다는 점에서 철학과 종교는 그 지향점이 같다고 생각합니다. 언제부턴가 우리 사회에서도 인문학이 큰 유행이 되었어요.

성해영   누구나 삶의 의미를 직접 탐구하고, 그 의미를 구현하고 싶어 하니까요. 그 점에서 인문학이 유행이 된 것이지요. 그렇지만 대학 인문학은 사양길에 접어들었고, 대중 인문학은 더 확산되고 있다는 점도 주목해야겠지요. 대학 밖의 대중들이 삶의 근본적인 의미를 직접 묻기 시작한 거라고 생각합니다.

한바다   종교 역시 제도화된 틀 바깥에서 종교성 혹은 영성의 근본적 의미를 개인들이 직접 묻게 된 것이지요. 그 어느 때보다 명상이 영적 탐구의 통로로 부각된 것도 이런 추세와 맞물려 있고요. 인문학이든 종교든 본래의 근본적인 의미를 묻는 시대가 되었다고나 할까요.

성해영   그렇습니다. 그게 바로 이 대담에서 거듭 이야기하고 있는 시대 변화의 핵심인 것 같습니다. 근본적이고 궁극적인 것을 묻고자 하는 욕망이 강력하게 표출되는 것! 종교학과 같은 대학의 인문학은 말할 것도 없고, 종교 역시 이런 변화를 피해 갈 수 없어요. 그리고 그 과정에서 불변하는 것처럼 보였던 경계가 점차 유연한 것으로 변모할 거고요. 비교종교학이란 현대적 학문이면서도 '종교'라는 현상을 묻는다는 점에서, 그리고 여러 종교를 비교하면서 전통적인 종교의 경계를 넘나든다는 점에서 매우 유연한 성격을 가집니다. 물론 뚜렷한 정체성이 없다는 비판도 많이 받았지만 말이지요. 저는 이런 비판이 미래 사회에서는 참으로 큰 칭찬이 된다고 믿어요.(웃음)

한바다 시대의 변화를 유연한 관점에서 바라볼 수 있어 좋았습니다. 창조, 상상력, 기쁨과 같은 시대적 메시지를 인문학과 영성에 연결시켜 살펴본 것도 통합적 이해에 큰 도움이 될 것 같군요.  무엇보다 진정한 만남의 장은 두려움이 아닌 창조성과 상상력의 장이라는 것을 마음에 새겨야 할 것 같습니다.

열넷

행복: 지금 여기에 깨어 있기

성해영   올바른 명상이 무엇을 목적으로 삼아야 하는지를 비롯해 오늘날의 종교에 관해 많은 이야기를 나누었습니다. 저는 대학을 졸업한 후부터 책을 통해 선생님을 알아왔으니, 그 기간도 짧지 않았습니다. 그런데 왜 하필 선생님과 이런 대담을 나누었는지를 독자들은 궁금해할 것 같습니다. 또 대담 과정에서 부단히 강조한 '있는 그대로' 보는 명상이라는 게 선생님의 실재 삶과는 어떤 연관이 있었는가 하는 것도요. 왜 평생 명상가로서 살아오시게 되었는지, 그리고 그 과정에서 어떤 중요한 경험을 하게 되셨는지 더 듣고 싶습니다.

한바다　저는 울산의 평화로운 바닷가 방어진에서 태어났습니다. 밭을 낀 큰 마당이 있었고, 대나무와 찔레꽃이 담인 집에서 살았지요. 밤이면 마당으로 나가 머리 위로 떨어지는 은하수를 바라보았던 기억이 나네요. 아버지는 인자하고 다정다감하셨고, 사람들 관계를 잘 조율하시던 분이었어요. 시대적으로는 전쟁의 광기가 남아 있던 때라 남자 어른들이 굉장히 사납던 시절이었고, 아버지들이 아내나 아이들을 두들겨 패는 일이 다반사였지만, 우리 가족들은 상대적으로 화목한 편이었죠. 이후 제가 초등학교에 들어가고 나서 3~4학년 때부터 가세가 기울게 되었어요. 빚을 내어 작은 사업을 하려다가 일이 풀리지 않았던 겁니다. 빚을 갚지 못하게 되자 동네에서 덕망이 높으셨던 아버지도 큰 곤란을 당하셨고, 날마다 빚쟁이들이 집에 찾아오면서 저는 호기롭고 낙천적이었던 성격을 잃고 비관적인 마음으로 쪼그라들고 말았지요.

성해영　아이쿠. 좋은 환경에서 갑작스럽게 어렵게 되신 거네요. 그렇더라도 학교생활은 잘하셨을 것 같은데요.

한바다　온갖 놀이를 좋아했고, 책 읽는 것도 좋아했던지라 4학년 때 고전읽기반에 뽑혔어요. 휴일도 없이 새벽부터 밤늦게까지 성경 이야기, 불교 이야기, 논어, 소크라테스, 피노키오, 그리스 신화 등에 파묻혀 살았습니다. 힘들었던 시간의 보상이었는지 시대회에서 기대도 안 했던 일등을 하게 되었고, 졸지에 저는 영웅 대접을 받았습니다. 시골 학교였으니까요. 그러나 정작 학교에 가면 저 자신은 불행했어요. 돈이 없어서 '기성회비'를 겨우 몇 달 치밖에 낼 수가 없었거든요. 전교생이 운동장에 모이는 조례 시간이면 정말 괴로웠지요. 조례가 끝나면 회비를 안 낸 학생들은 남아서 꾸중을 들어야 했으니까요. 빨리 늙었으면 좋겠다는 생각도 많이 했어요. 초등학교 5학년 때 집이 팔려 빚 청산을 하고 제일 작은 집으로 이사하고 나니까 집안이 좀 풀렸지요. 하지만 중학교 3학년 때 다시 가세가 기울어 원하는 고등학교에 진학하지 못하고 장학금을 주는 학교로 갔어요. 이후로는 집안 사정이 많이 풀렸습니다. 넓은 집으로 이사도 가고 나름대로 넉넉하게 살았지요.

성해영 올라갔다가 떨어졌다를 반복했네요. 가정 형편도 학교 생활에서도요. 그래도 공부는 여전히 잘하셨겠네요.

한바다 학교 성적도 좋았고 친구들과도 잘 지냈는데, 마음 밑바닥은 항상 쫓기듯 불안했고 허전했어요. 뭔가 찾고 있었지만 그게 뭔지를 몰랐지요. 그러다 세계사 수업 때 결정적인 순간이 찾아왔습니다. 인도 역사가 나오는 부분이었는데, '브라만이 곧 아트만'이라는 선생님의 이야기가 곧바로 심장을 꿰뚫고 들어왔어요. '이것이야말로 내가 평생 추구해야 할 학문이구나!'라고 생각했지요. 당장 책방으로 달려가 헤르만 헤세의 《싯다르타》를 사서 단숨에 읽었어요. 싯다르타가 요가와 명상 수련을 했다는 이야기를 읽고서는 혼자 앉아 눈을 감아보기도 했습니다. 당시에는 명상을 가르쳐주는 사람이 없었어요. 그래서 요가 책을 하나 사서 직접 수련을 해봤지요. 요가라는 게 일반인이 생각하듯이 미용 체조가 아니라는 걸 깨닫고서 싯다르타가 했다는 그 요가를 맛보고 싶었던 겁니다. 그것은 일종의 고행이었어요. 저는 진리를 찾는 마음으로 아사나 수련 중에서 제일 어려운 동작들을 골라 해보았습니다. 어려운 동작을 하노라니 처음에는 근육통이 심하게 느껴지고 머리가 어지러웠어요. 하지만 고통의 시간을 넘기고 나면 평화와 고요가 찾아온다는 것을 발견했지요.

성해영 놀라운 이야기군요. 마치 이번 생에 추구해야 할 영혼의 과제 같은 걸 세계사 시간에 알아차린 거네요. 힌두교 이야기를 듣고 요가를 시작하는 고등학생은 분명히 그 수가 많지 않을 텐데요.(웃음)

한바다 어쩌면 그 선생님이 영혼의 가이드였는지도 모르지요. 어쨌든 그러다 1980년에 경북대학교 경영학과에 들어갔어요. 사업을 해서 우리 가문을 부흥시켜야겠다는 생각을 했지요. 그런 생각은 어렸을 때부터 해왔어요. 그런데 정작 입학해서는 데모를 엄청나게 많이 하게 됐어요. 박정희 대통령이 서거하고 난 뒤라 경북대 학생들이 데모를 거세게 했거든요. 휴교령이 내려져 집에서 쉬던 어느 날 '내가 왜 여기에 있어야 하지?' 하는 생각이 들더군요. 누군가 나를 서울에서 기다리고 있는 것만 같았지요. 그래서 밥 먹다가 문득 '에이 모르겠다, 서울로 가야겠다' 해서 다시 시험 쳐서 서울로 올라온 겁니다.

성해영 듣고 보니 선생님은 참 결단력이 있으시네요. 마음이 시키면 곧바로 실행하시니. 그래서 서울대학교 불문과에 81학번으로 들어가신 거지요?

한바다 네. 서울대에 입학하고 나서는 생 텍쥐페리와 앙드레 말로를 비롯한 프랑스 참여주의에 심취하기도 하고, 친구들과 이념 서적을 공부하면서 학내 데모에 참여하기도 했습니다. 어두운 시대 상황 외에도 개인적인 고뇌와 고통이 여러 가지로 닥쳐오더군요. 후배를 구하려다 손가락 신경이 손상되었고, 형제들의 상황도 좋지 않아 마음이 아팠습니다. 다시 '이 삶이 뭘까?' 하는 의문이 들었지요. 왜 사는가? 나는 대체 누구일까? 저는 삶의 의문을 풀기 위해 에리히 프롬의 《소유냐 존재냐》와 《사랑의 기술》을 읽었습니다. 그러다 제 마음을 흔들어 깨워줄 사건이 하나 일어났지요. 중학교 때부터 저는 우표 수집광이었는데, 형님이 일본인에게 받은 우표 책을 저에게 물려주었어요. 거기엔 백 년이나 된 귀한 외국 우표들도 있었습니다. 어느 날 동생이 텔레비전을 보다가 문득 흥분된 목소리로 저를 불렀어요. 에러error 우표에 관한 이야기가 나왔던 겁니다. 항공 우표 중에서 프로펠러가 뒤에 달린 에러 우표가 세계에 두 장만 있는데, 당시 돈으로 몇백 억의 값이 나간다는 내용이었지요. 똑같이 생긴 우표가 우리 집에도 있었던 겁니다. 이전에 저도 에러 우표를 찾으려고 여러 번 뒤져 보았는데 찾지 못했던 것이지요. 적당한 시기에 우표를 팔아 가문을 일으키고 나는 편안하게 인도로 구도 여행을 떠나야겠다고 마음먹었습니다.

성해영 에러 우표라는 게 인쇄가 잘못된 탓에 오히려 희소가치가 더 커지는 우표를 말씀하시는 거지요?

한바다 네. 어마어마한 걸 발견한 거지요. 일단 울산의 부모님

집 장롱 깊은 곳에 감춰놨어요. 너무 귀한 것이니 신중하게 처분하려고요. 그런데 어느 날 고향에 돌아와 우표 책을 열어보고 깜짝 놀랐어요. 에러 우표뿐만 아니라 제일 예쁜 우표 스무 장이 한꺼번에 없어졌더라고요. 알고 보니까 초등학교 2학년이었던 조카가 몰래 가져가서 또래 동무들한테 판 겁니다. 그것도 이십 원에. 결국 열일곱 장은 회수했지만, 끝내 그 에러 우표와 나머지 두 장은 못 찾았지요. 완전히 돌아버리겠더라고요.(웃음) 처음부터 아예 몰랐으면 모를까, 이미 알고 난 뒤라 너무 고통스러웠어요. 학교를 옮긴 것도 후회가 되고, 가족의 운명을 바꿀 수 있었던 기회를 아주 하찮은 계기로 잃어버린 저 자신을 엄청나게 자학하게 되더군요. 그러면서 인생 자체에 대해 심한 회의가 왔어요. 도대체 왜 살아야 되는지 모르겠다는 생각이 들었지요.

성해영   기가 막힌 이야기네요. 결국 우표는 못 찾은 거고요. 그래서 어떻게 하셨는지요?

한바다   경북대로 돌아가려고 했어요. 다시는 서울로 돌아가지 않을 작정이었지요. 방학 때 경북대에 가서 알아보니 이미 미등록 제적이 돼 있더라고요. 복교를 하려면 울산 집과 대구를 왔다 갔다 하면서 서류를 제출해야 하는데, 그땐 제 마음이 너무 지쳐 있어서 그것조차 할 수 없었지요. 그러면서 어릴 때는 안 그랬는데 언제부턴가 단 한 순간도 편안하게 있어본 적이 없다는 걸 알게 됐습니다. 가슴에 큰 응어리가 들어 있는 것만 같았지요. 너무 울적해서 가장 친한 친구에게 심경을 털어놓았어요. 그런데 위로해줄 줄 알았던 친구가 제 이야기를 듣더니 느닷없이 일갈을 하는 바람에 정신이 확 깼습니다. '이제껏 나는 세상을 어둡게만 보고 삶에 대해 저항만 했구나! 그래서 삶이 주는 선물을 제대로 받지도 누리지도 못했어. 이제부터는 삶에 OK 하고 뭐든 적극적이고 열심히 해서 온전히 누리는 삶을 살리라'는 발심을 했습니다. 그리고 서울로 돌아와 2학년 등록을 했어요. 불어 스터디 그룹도 새로 만들고, 화현회라는 기타 서클에도 가입하고, 또 학우회니 동창회니 하는 모든 만남에 빠짐없이 참가하기 시작했지요. 완전히 다른 사람이 된 겁니다. 우울했던 내 생에 아름다운 서광이 비쳐오기 시작한 것이지요.

성해영 친구 이야기를 듣고 완전히 삶의 태도가 바뀐 거네요. 그런데 우표의 상처는 다 잊으신 건가요?

한바다 완전히 잊은 건 아니고.(웃음) 어찌 됐든 삶의 태도를 완전히 바꾼 겁니다. 아주 적극적으로 살았어요. 완전히 화려하게.

모든 경험이 참 멋지고 낭만적으로 풀려갔지요.(웃음) 선배들을 찾아가 곤드레만드레 취하기도 하고, 산 위로 올라가 밤새 노래 부르며 춤을 추기도 하고, 공부도 열심히 하고. 모든 게 다 좋았습니다.

성해영   서울대 명상요가회는 1981년에 만들어졌고, 선생님이 들어가신 건 그다음 해인 거죠?

한바다   네. 'here and now'의 시기인 2학년 때 알게 되었지요. 그전에 다른 민족종교 모임이나 불교와 기독교 관련 모임에도 가 보긴 했는데, 뭔가 썩 끌리지는 않더군요. 그러다 명상요가회 사람들을 만나보니까 왠지 같은 종족이구나, 하는 느낌이 들었어요. 특히 모든 가르침을 포용하는 점이 마음에 들었습니다. 곧바로 입회 원서를 썼지요. 그전 같으면 이리저리 머리 굴리고 눈치 보고 했을 텐데, 그냥 바로 가입 신청서를 썼어요. 그때 삶의 메시지는 '지금 여기에 온전히 살기'였으니까요.(웃음) 곧바로 한 대학원 선배가 지도하는 명상 실습에 참가해보았지요. 그 선배의 요가에는 기존의 요가 동작과는 전혀 다른 명상적 포스가 있었습니다. 그리고 마침내 '사바사나savasana'라고 하는 이완 포즈 시간이 되었어요. 가이드를 따라 이완하고 있으려니 말소리가 꿈결처

럼 들리기 시작했습니다. 그 순간 생각이 툭 끊어지면서 몸과 마음이 사라졌어요. 지극히 청명한 초의식 상태에 있었는데, 장엄한 선율이 펼쳐지기 시작하더군요. 알고 보니 〈실크로드〉라고 하는 음악이었어요.

성해영 일본 음악가 소지로Sojiro가 작곡한 〈실크로드〉요? 오카리나로 연주한 곡 말인가요?

한바다 키타로Kitaro의 전자 연주였어요. 투명한 의식 공간에 펼쳐지는 〈실크로드〉는 무슨 천상의 음악 같더군요. 당시에는 아직 세상에 알려지지 않은 음악이었는데, 다른 선배가 일본에서 사온 레코드 원본이 있었어요. 서클 친구가 가지고 있는 복사본을 빌려서 곧바로 재복사를 했지요. 〈실크로드〉를 배경 음악으로 명상을 하다 보면 광대한 우주 속에 유유히 유영하는 듯했습니다. 그 후로 우표에 대한 애착이 말끔히 없어졌어요. 몸과 마음이 다 떨어져 나가버렸으니까요.

성해영 참 타고난 명상가시네요. 요가회 가입 첫날부터 깊은 삼매를 경험하신 거니까요.

한바다   그렇게 기적적으로 후회가 떨어져 나간 것은 삶의 숨은 안배였지요. 선배의 도움이 컸고요. 미련과 집착이 없어지면서 저는 자유로워졌어요. 그때부터 요기가 됐지요.

성해영   첫날의 체험이 굉장히 강렬했군요.

한바다   강렬하면서 아름다웠습니다.

성해영   정리해보면 즐겁고 편안하고 낙천적이었던 초년기를 지나 우여곡절 많았던 고등학교, 대학교 시절이 이어지고 영욕의 교차로 괴로워하다 명상요가학회에서의 체험으로 삶의 국면이 확 바뀐 거네요. 에러 우표 사건도 빼놓을 수 없고요.(웃음)

한바다   맞습니다.(웃음) 그렇게 바닥까지 떨어졌다가 복구되는 체험을 하면서, 우주의 신비를 다 탐구해보아야겠다는 생각을 했습니다. 그리고 얼마 후 쿤달리니 체험이 일어났지요. 추석날 한 선배 집에서 친구들과 모여 명상을 하던 중이었어요. 수백만 볼트에 감전된 것 같은 열이 오르더니 머리에서 축복의 물이 온몸으로 쏟아져 내렸지요. 세상도 빛이 든 액체처럼 녹아내리는 것 같았습니다. 그 뒤로 친구와 만행萬行을 많이 했어요. 겨울에 옷을 안 입고 다닌다든가 얇은 옷만 입고 다닌다든가, 반년간 식빵만 먹고 밥은 안 먹기도 하고요.

성해영   일부러 그런 행동들을 다 해보신 거지요?

한바다   참 재미있었지요. 삶 전체, 그리고 신과 연애하는 듯한 기분이었어요. 명상 동아리 친구들과 어울려 명상이나 삶의 신비를 이야기할 때가 세상에서 제일 행복했습니다. 그 후 인도 요기들을 만나 헌신의 요가에 몰입하게 되었지요. 그러던 중에 쿤달리니의 영향인지 어느 날 밤 잠을 자다가 저절로 꿈속에서 깨어나는 경험을 하게 되었어요.

성해영   꿈속에서 깨어났다는 게 무슨 뜻이지요?

한바다   루시드 드림Lucid dream, 즉 자각몽처럼 꿈속에서 꿈꾸는 자신을 자각하는 것이지요. 그러면 꿈 안에서 깨어 있을 수 있게 됩니다. 깨어 있는 채로 내면세계를 다 돌아다니는 겁니다. 티베트에서는 '꿈의 요가'라고 하지요.

성해영   아스트랄 바디Astral Body(유체)로 하는 여행인가요?

한바다   네. 꿈속의 몸은 아스트랄 바디와 같습니다. 그때 수많은 전생이 보였어요. 하룻밤에 몇 생을 사는 거지요.

성해영   꿈속에서 보셨어요?

한바다   꿈 아닌 세계도 있고, 하여튼 그 수많은 이야기를 다 할 수는 없고, 그런 시기가 있었어요. '나'라는 개체의식이 완전히 사라지고 시작도 끝도 없는 무한 우주, 신의 세계로 몇 번 녹아들었다가 돌아왔지요. 그때가 대학교 4학년 때쯤이었는데, 내 삶이 꼭 벌레 같더군요. 무한한 신의 세계에 비해 인간의 삶이 벌레와 같았던 것이지요. 무한한 축복을 신께 받았는데 나는 무엇을 돌려드려야 하나? 하지만 내가 돌려드릴 수 있는 것은 아무것도 없었습니다. 장자 이야기에 나오는 나비가 된 느낌이었어요. 이런 체험을 하던 중 아버지가 아파하시는 영상이 여러 번 보였습니다.
내심 염려만 하고 있었는데, 아버지가 실제로 암 진단을 받으셨어요. 처음으로 아버지라는 존재에 대해 눈을 뜨게 되었지요. 아버지도 한 인간이었던 겁니다. 바람과 욕망, 슬픔과 기쁨을 지닌. 하지만 지금껏 아버지는 내가 일방적으로 요구하고 받아내기만 하는 대상이었던 거지요. 그 사실에 전율이 오더라고요. 회개했습니다. 이렇게 이기적으로 살아왔구나, 하는 반성과 함께 아버지가 살아 계신 동안 함께해드려야겠다고 결심했지요. 그래서 삼 개월 정도 간호를 해드리게 되었어요.

성해영 아버님의 암 때문에 일종의 회심 체험을 하신 거네요.

한바다 늦었지만 그랬나 봅니다. 형제들은 울었지만 저는 울지 않고 깨어서 모든 일들을 치르리라 결심했지요. 병원에 가시기에는 너무 늦어버렸지만 저는 포기하지 않았어요. 영적인 힘을 믿었기 때문에 모든 것이 가능하다고 생각했습니다. 용하다는 의원을 찾아가 영약을 구해드리기도 했고, 누나의 권유로 치유의 은사를 지닌 집사님이 있는 교회로 가서 함께 새벽기도에 매달려보기도 했어요. 하지만 아버지의 증세는 더 악화되어갔고, 마지막 날이 가까워졌습니다. 어느 날 최후의 수단으로 유체 이탈을 해서 치유해드리기로 했지요. 저 자신도 육체가 많이 고갈되어 있어서 육체 상태에서는 아버지를 치유하는 게 불가능했으니까요. 잠 속에서 꿈의 요가를 해서 유체로 아버지가 누워 계신 방으로 들어갔습니다. 그리고 아버지의 아픈 부위에 손을 얹었지요. 그런데 그 순간 아버지가 펑 하고 사라졌습니다. 대상이 사라지니 어떻게 치료를 할 수 있겠어요. 아버지가 곧 돌아가시겠다는 예감이 들었습니다. 육신이 회복될 수 없다면 사후 세계라도 좋은 데

가시게 도와드려야겠다는 생각이 들었지요. 극심한 통증으로 누워 계시는 구세대의 아버지에게 내가 수행해왔던 인도 요가의 표현이나 신지학의 복잡한 이론, 기독교의 서구적 용어가 스며들지 않을 것 같아, 당시 유행하던 다니구치 마사하루谷口雅春의 《생명의 실상》이라는 책 시리즈를 구해 매일 읽어드렸어요. 아버지가 편하게 받아들일 수 있는 내용이었지요. 또 《티베트 사자의 서》를 읽으며 임종 시 어떻게 해야 될지를 시뮬레이션 해두었습니다.

성해영 말씀 듣다 보면 참으로 여러 차원의 삶을 사신 것 같습니다. 그래서 아버님은 어떻게 되셨는지요?

한바다 가슴을 조이며 아버지 방으로 가서 안 아프시냐고 물었지요. '응' 소리를 들은 것 같았는데, 모르핀 주사를 놓고 있던 동생이 '심장이 멎었다!'고 말했습니다. 갑자기 다른 세상으로 옮겨진 것 같은 착각이 들더군요. 곧 정신을 차리고 《티베트 사자의 서》에 나오는 대로 시신을 오른쪽으로 눕히고 죽음의 의식을 치르려고 했습니다. 그때 가슴에서 '이건 너무 기계적이니 가슴으로 다가가라'라는 느낌이 일어 그냥 멈추었습니다. 다시 아버지를 원래대로 눕히고 있는데, 갑자기 아버지 몸에서 환한 빛이 나오는 겁니다. 신비하게도 하트에서 억제할 수 없는 기쁨과 사랑이 터져 나왔어요. 축하의 춤을 춰드려야겠다는 마음마저 올라왔지요.

성해영   아. 그때 아버님이 돌아가셨군요. 참 보기 드문 임종이시네요.

한바다   제게 축복을 주시고 떠난 겁니다. 아버지가 돌아가신 그때 저 역시 완전히 깨어났으니까요. 그 전까지는 저 자신이 있는 곳과 신의 세계는 분리되어 있다고 여기며 삼매라는 특정 상태로 들어가려고 노력했는데, 그때는 '지금 여기'가 그 자체로 고요하고 환하게 빛나고 있다는 걸 발견했지요. 죽음도 결코 부정할 일이 아니란 걸 알았습니다. 그것은 삶의 마지막이 아니라 오히려 삶의 정점이었지요. 삶과 죽음 둘 다 그대로 아름다웠습니다. 뒤에 친척들과 문상객들이 와서 작별 인사를 했어요. 한 존재가 죽어가고 있음을 진심으로 슬퍼해주고 울어주는 모습이 아름답게 여겨졌지요. 나는 완전한 각성 상태로 한 걸음씩 걸음을 내딛어 아버지에게 다가가 마지막 인사를 드렸습니다. 이후로는 다른 차원의 무한대 우주를 찾아 들어가기보다는 '지금 여기에 깨어 살기'로 바뀌었어요. 그 전의 '지금 여기'는 적극성을 회복하여 삶의 다양한 체험으로 뛰어들어본 거라면, 이번에는 '지금 여기 자체의 깨어 있음'으로 나온 겁니다. 신의 세계, 천국이나 삼매, 열반은 다른 곳에 있지 않고, 지금 이 자리에 온전히 깨어 있는 이 자체가 곧 천국이요 열반이라는 자각이 생겨난 것이지요.

성해영 '지금 여기'가 갖는 더 깊은 의미의 층위를 발견하신 거네요. 외견상 똑같아 보이지만, 내면에서는 훨씬 더 절실한 느낌을 받는.

한바다 네. 그와 함께 비파사나 vipasyana(위빠사나)에서 말하는 '깨어서 걷기'의 뜻이 바로 와 닿았지요. 마음의 큰 전환이 일어난 겁니다. 명상 중에 고통이 없는 어떤 세계를 상정하여 그리로 들어가려고 애쓸 필요가 없어졌지요. 그 또한 마음이 그려내는 이미지요 관념이라는 것을 안 겁니다. 원불교에서 말하는 '곳곳이 다 붓다요 일마다 불공이다[處處佛像 事事佛供]'라는 화두가 마음에 와 닿았어요. 다른 사람을 도와주고 싶은 안타까움도 많이 해소되었고요. 저 자신은 요가 명상을 통해 무한대의 세계를 경험하지만, 다른 사람들과 그런 체험을 공유할 수가 없어서 답답했는데, 그것이 사라진 것이지요. 어떤 상태를 마음으로 그려 명상으로 들어가지 않아도 그냥 지금 이 자리에 깨어 있는 것만으로 충분하다는 겁니다. 헌신의 요가에서 원시 불교의 깨달음 쪽으로

갑자기 전환된 거예요. 일상생활 속 자각의 중요성을 알게 되었다는 점에서요. 그 전엔 자각보다 열망이 더 강했지요. 무한대의 신의 세계로 들어가려는 열망 말이에요. 아무튼 그렇게 해서 지금 여기의 깨어 있음으로 돌아오게 되었습니다.

성해영   불교적 가르침을 수용했지만, 제도로서의 불교를 받아들인 건 아니네요. 그때의 느낌이나 앎을 조금 더 설명해주시지요.

한바다   요가와 신지학에서는 물질 현실보다 더 정묘한 세계들을 상세히 묘사하면서 여러 단계로 촘촘히 나눕니다. 이들의 체계에서는 단계를 거쳐 상위 세계로 올라가는 것을 굉장히 중시하지요. 아버지가 돌아가시고 나서는 단계가 중요한 게 아니라 지금 이 자리에서 전면적으로 자각하는 것 자체가 더 중요하다는 걸 깨달았습니다. 단계는 미루는 마음일 뿐이지요. 그러니까 지금 이 자리에서 마음 하나 돌리면 된다, 이렇게 바뀌면서 편해진 겁니다. 보물을 하나 발견한 것 같았어요. 순례하는 심정으로 프랑스 신부님들이 운영하는 떼제 공동체부터 유명한 교회나 부흥회, 영가무도의 수련법 등 전통적인 한국 수행법들도 답사해보았지요. 다도 스승을 만나 순간순간 깨어 차를 마시는 법도 공유하고요.

그러다 1986년 3월 부활절 날에 명상요가회 동료들의 이사를 도와주다가 새로운 일이 일어났어요. 《반야심경》을 읽다가 고함이 터져 나오더니 기이하게도 사람들의 마음이 어디에 묶여 있는지 저절로 알게 된 것이지요. 그래서 상대방의 중심과 하나가 되어 그 마음이 묶인 것을 쳐주거나 풀어주었어요. 그러면서 지혜와 사랑이 하나인 자리를 알게 되었습니다. 신성한 빛에서 사랑과 지혜가 나오고 있었지요. 그 빛의 드러남을 칙칙한 관념과 카르마의 막이 덮고 있었던 겁니다. 선禪과 족첸zokchen 수련에 대해서도 새로운 이해가 생겨났지요. 성경의 '거듭남'이나 '다시 돌아오리라'는 말이 '깨어남'을 뜻한다는 것도 직관했습니다.

성해영 네. 이해가 잘됩니다. 대담에서 끊임없이 강조하신 깨어남, 만남, 사랑이라는 덕목이 중요하다는 사실을 이렇게 발견하신 거군요. 타인을 깨어나게 하는 일에서 소명도 발견하시고요. 영적 멘토 혹은 스승이 된 거네요.

한바다 진심이 서로 공명하니까 그 빛을 즉각적으로 깨어나게 하는 일들이 저절로 일어났던 것이지요. 은혜를 갚는다는 느낌이 컸어요. 사람들과 함께 눈물도 많이 흘렸고, 함께 지복을 맛보기도 했습니다. 그렇게 흘러가다 다른 마음공부의 스승들, 즉 선도나 한의학의 숨어 있는 스승 분들도 만났어요. 찾아오는 사람들을 이끌어주면서 동시에 배우게 되었지요. 그러면서 마음의 밑바닥 구조에 대해 많이 알게 되었습니다. 저 자신도 에고가 어디에 걸려 있는지 보고, 스승 한 분과 함께 개체의식과 관념을 속속들이 해체하는 작업으로 들어갔어요. 그게 새로운 국면이라고 할 수 있겠습니다. 그리고 10년 후 또 하나의 흐름이 찾아왔지요. 94년인가 95년쯤, 어느 날 인사동에서 친구를 우연히 만났어요. 함께 차를 마시며 대화를 나누는데, 갑자기 대평화의 세계가 확 펼쳐졌습니다. 순수하고 투명한 평화와 행복이 사방으로 스르르 펼쳐 나오는데, 세상의 모든 것들이 다 함께 피어나더라고요. 그 상태가 여러 달 지속되었어요.

성해영 거대한 평화가 구현되는 미래상을 보았으니 그건 일종의 비전이네요. 비전인 거 맞지요?

한바다 네, 비전이었습니다. 그 순간 차크라들이 열려서 우리 인간들이 살고 있는 문명 구조의 밑바닥을 본 겁니다. 머리에서는 잘살려 하지만 무의식에서는 사람들이 자꾸만 불행해지려고 애를 쓰는 모습도 보였지요. 구도자들도 마찬가지예요. 돈을 부정하고, 성을 부정하고, 남자와 여자의 사랑을 부정하고. 실상 이 우주에 부정할 것은 아무것도 없는데, 이 세상에 있는 모든 것들은 다 존재할 이유가 있는데, 단지 인간이 자신의 필요나 관념에 의해 그렇게 금을 긋고 있을 뿐이었습니다. 위대하고 자유로워야 할 우리 인간이 조그만 틀 안에 갇혀 산다는 것은 안타까운 일이에요. 저 자신도 돈과 친하지 못했는데, 어릴 때 '돈이 모든 고통의 뿌리다'라는 생각을 갖게 돼서 그랬던 것이지요. 그러다 '돈도 그냥 풍요의 에너지다'라는 관점이 생겨났어요. 삶의 모든 것에 대해 긍정하고 풍요로워진 겁니다.

성해영 멋진 이야기네요. 비전과 함께 인간을 포함한 존재의 더 깊은 측면을 꿰뚫게 된 거네요.

한바다 그때부터 사람들에게는 곧바로 흔들어 깨워내는 작업보다는 심층적 치유가 더 필요하다고 여겨졌어요. 대부분의 사람들이 하위 차크라에 상처가 엄청나게 많이 나 있습니다. 머리에서 좋은 생각을 하더라도 아래의 아나하타, 마니푸라, 성 차크라가 꼬여 있으면 행동이 생각과는 반대로 나타나요. 그래서 치유를 많이 해주게 되었지요. 전체를 보면서 통합시키는 방향으로 가게 된 것이지요. 현대 문명에 대해서도 저항감이 좀 있었는데, 긍정하게 되었어요. 컴퓨터를 진짜 싫어했거든요. 컴퓨터가 있는 방에는 들어가지도 못하고 잠을 아예 자지도 못했으니까요. 그런

제가 컴퓨터도 고맙게 느껴져 형님에게서 컴퓨터 다루는 법까지 배웠어요.

성해영 들을수록 명상가로 태어나신 듯.(웃음) 그때가 언제쯤이었죠?

한바다 30대 중반이었네요. 그때 완전히 풀full로 열리는 경험이 일어난 겁니다. 저는 그것을 새로운 문명에 대한 비전이라 보았어요. 모든 것에 대해 긍정하는 마음이 생겼고, 사회 현상에 대해서도 전체적으로 보는 시각이 열린 겁니다. 에고는 깨어버려야 된다는 이전의 생각이 바뀌고, 에고도 필요하다고 여겨졌지요. 에고도 어느 정도는 성숙해야 넘어갈 수 있으니까요. 더 입체적이고 심층적인 이해가 생긴 겁니다. 그때부터 행복에 대해 많은 이야기를 하게 되었어요. 당시만 해도 행복을 이야기하는 사람은 희귀 종족이었지요. 도를 닦는 이들도 행복을 말하면 뭐가 잘못됐다고 생각하는 분위기가 팽배했어요. 지금도 그런 분들이 있지만. 하지만 명상을 하든지 사회생활을 하든지 간에 행복이라는 경험도 충분히 하고 넘어가야 합니다.

성해영 아. 그 말씀도 전적으로 동의가 됩니다. 에고를 포함해 모든 것은 행복의 씨앗을 내포하고 있다는 관점에서요. 그런데 인사동에서 시작된 대大비전 때문에 그 후로 한동안 마치 행복에 흠뻑 젖어 있는 상태가 지속된 거네요. 그러면서 관계의 중요성을 포함해 여러 가지 통찰들을 계속 받아들이신 거군요. here and now의 의미도 점점 더 깊게 알게 되고요.

한바다 네. 이전에는 빛의 세계로 깨워내는 것이 중점이었다면, 그때부터는 받아들이고 수용하는 쪽으로 갔지요. 3000년간의 문명 구조 전체가 보이고, 상극의 역사 속에서 사람들이 너무 많은 상처를 받은 게 보였던 겁니다. 죽고 죽이는 인류의 긴 역사, 특히  여성들은 더 많은 트라우마를 겪어야 했잖아요. 온전한 상태가 뭔지를 잊어버린 우리 인류는 상처를 어떻게 치유해야 할지 몰라 삶 전체가 고苦를 떠안고 지내야만 하는 형국이 되어버렸다는 사실에 눈을 뜬 겁니다. 그래서 사람들이 찾아오면 그냥 치유를 해주게 되었지요.

그러다가 97년에 광주로 내려간 거예요. 사실 전적으로 우연한 일은 아니었던 게, 저의 의도도 있었거든요. 백제 이후로 내려오는 그곳 사람들의 한을 어루만지면서 치유를 해줘야겠다는 것이었어요. 한국 전체의 발전을 위해 필요하다는 생각이 들었지요. 그로부터 한 해 전에 유럽을 돌아다니다 문득 그게 비전으로 보였던 겁니다. DJ가 대통령이 되는 것이 보였고, 전라도의 한이 치유되면서 동서와 남북도 화합되면서 세계로 뻗어가는 상이 보였어요. 그러니까 어마어마한 사랑의 물결을 타고 내려간 거지요. 재미있는 건 그즈음에 전라도 말이 엄청 달콤하게 들렸다는 겁니다. 말이 하트로 들리는 거예요. 공항에 내리는 순간 광주 전체가 노래를 하는 것 같았지요. 보이지 않는 수많은 존재가 환영을 하는 느낌이 들었어요. 사람들의 마음들도 시공을 넘어 알아졌습니다. 광주 사람들도 바로 알더군요. 만나자마자 사람들의 가슴이 바로 열리고 업장도 나오고 어떤 사람은 최루탄 가스까지 나오고, 별별 일들이 많았어요. 특히 5·18 트라우마가 엄청 나왔어요. 많은 사람들이 깨어났기 때문에 두 달간 더 머물면서 집단적 치유를 하게 되었지요. 그 흐름이 마이트레야Maitreya 프로젝트로 이어져, 2008년에는 한국을 평화의 터로 바꾸는 진신사리 투어전을 실행했습니다.

성해영   그러니까 94년쯤부터 문명 전체를 보는 비전을 경험하면서, 사랑과 깨어남과 같은 개인적인 차원에 초점을 맞추는 명상이 개인뿐만 아니라 개인들이 모여 형성한 사회나 역사, 문명 전체로 확장된 거군요. 선생님의 지향점도 보다 큰 차원으로 확대된 거고요. 97년에 광주에 가신 경험이나, 또 익히 알려져 있지만 2002년 월드컵에서 우리나라가 4강까지 갈 것이라는 비전도 보셨고요. 특히 월드컵을 단순히 스포츠 행사가 아닌 우리나라의 세계사적 의미를 되짚어내는 사건으로 설명하셨는데요.

<u>한바다</u>　고맙습니다.(웃음) 지금도 그렇지만 우리들 마음은 늘 두 개로 나뉘어져 있었어요. 그런 우리가 월드컵을 통해 마음이 하나 되는 합일의 경험을 한 겁니다. 그야말로 대축제였지요. 저

는 그때 사람들이 경험한 행복감이 공유됨으로써 미래에 큰 자산이 될 것으로 봤어요. 제가 90년 중반부터 '행복의 도Happy Tao'를 이야기한 것은 깨달음보다 행복이 시대적으로 더 필요한 메시지라 여겼기 때문입니다. 그래서 2002년 월드컵 때 홈페이지와 매스미디어를 통해 '행복'이라는 키워드를 사람들한테 많이 전했지요. '우리에게는 많은 가능성이 잠재되어 있는데, 이 행복의 체험이 엄청난 씨앗이 될 것이다'라고요.

성해영 실제로 월드컵은 그 이후에 우리 사회가 새로운 흐름 속으로 접어들었다는 걸 보여주는 상징적이고 집단적인 사건이라고 간주해야 할 것 같습니다. 그간 쌓였던 것들이 풀리고 하나가 되어서 거대한 행복을 맛본 집단적 엑스터시였으니까요.

한바다 한 많고 위축된 우리나라 사람들에게 그러한 집단적 승리의 경험이 정말 필요했던 겁니다.

성해영 억압된 에너지들이 솟구쳐 다른 차원으로 표출된 것 같았습니다. 저 역시 이태리와의 축구 경기를 보다가 갑자기 다른 차원에 가 있는 느낌을 받았거든요. 단순히 축구 경기에서 이겼다가 아니라, 다른 차원에 가 있는 느낌이 너무나 생생한 거예요.

일상적인 의식의 차원이 아니라, 집단적으로 다른 차원으로 가 있다는 느낌 말이지요.

한바다 똑같이 느끼셨군요. 쿤달리니 에너지가 집단적 차원에서 상승하면서 이전의 트라우마가 씻겨 나간 것이지요.

성해영 너무나 강력한 집단적 엑스터시 차원에 들어간 거지요. 그때의 강렬함이란 축구 경기에서 한 번 이긴다고 되는 건 아니거든요. 존재의 근본적인 차원과 우리가 집단적으로 접속한 겁니다.

한바다 멋진 표현입니다. 저도 그때 하늘에서 빛이 막 쏟아져 내려오는 걸 봤어요. 교수님 말씀대로 이 일을 통해 근원적 존재 확인이 되고 있다는 걸 알았지요. 그 집단적 행복의 체험이 어찌 보면 한국인 전체가 참가한 의식 변형 세션이었어요.

성해영 모든 이들의 삶은 후반부에 이를수록 전체적인 완결성을 잘 갖춘 한 편의 드라마처럼 엮어진다는 생각을 많이 합니다. 스스로에게나 타인에게 분명한 형태로요. 선생님이 살아온 삶의 이력을 듣다 보니, 대담에서 해주신 여러 말씀이 왜 삶 속에서 우러나올 수밖에 없었는지를 명확하게 느꼈습니다. 특히 선생님이 우리 사회에 대한 비전을 말씀해주시는 부분은 그 어느 때보다 어려운 시기를 겪고 있는 우리들 모두가 더욱 궁금해할 것 같은데요. 21세기 우리 사회의 비전을 대담의 끝에서 짚어보면 어떨까 싶습니다.

한바다 　대내외적인 풍랑 속에서 우리는 사회적으로, 개인적으로 많은 변화를 겪고 있지요. 변화는 언제나 진행형입니다. 그 과정에서 느끼는 어려움과 고통은 개인과 사회의 진화를 위한 성장통일 수 있어요. 우리가 슬기롭게 이 진통을 겪어낸다면 우리는 한 단계 상승할 것입니다. 한 사람 한 사람의 존재성이 꽃피어나는 것이 지극히 아름다운 일이듯, 공동체가 구성원들의 존재성을 꽃피워내는 터전이 될 때 이 사회는 상승할 것입니다.

　자신 안에 삶의 순수한 열망이 있다면 그것에 전적으로 귀의하고 헌신할 일입니다. 가슴속에 꿈이 있다면 자신 속의 신성을 믿고 지금 여기에서 준비하고 땀을 흘릴 일입니다. 꿈이 이루어질 그날을 위해. 부르고 싶은 노래가 있다면 그 어떤 누구와도 비교하지 말고 자신만의 목소리로, 자신만의 신명으로 끝까지 노래를 불러볼 일입니다. 자신의 노래를 사랑해줄 한 사람을 위해. 이루고 싶은 꿈이 있다면 중간에 쓰러지더라도 결코 포기하지 말고 다시 일어나서 '될 때까지' 할 일입니다. 자신의 꿈을 알아줄 한 사람을 위해. 자신을 사랑하는 만큼, 나를 알아줄 한 사람을 존귀하게 여긴다면 분명 삶에서 행운은 찾아올 것입니다.

성해영 끝으로 선생님 스스로 지난 삶을 정리해보신다면 어떤 점이 두드러지게 보이시는지요. 앞으로의 삶의 모습과 연결시켜서 말씀해주셔도 좋고요.

한바다 지금, 성 교수님과 함께 가슴으로 이야기 나누는 이 순간이 가장 행복한 시간이지요.(웃음) 삶의 부름에 기쁘게 답하였을 뿐인데, 어쩐지 듬뿍 선물을 받은 것 같습니다. 안타깝고 힘든 시간도 좀 있었지만, 좋은 분들을 많이 만나 일깨움을 받았으니 모두 고마운 존재들일 따름입니다. 여정이 남았으니 가슴이 설렙니다. 올해는 스승들의 향기가 살아 있는 베트남에서 라오스, 태국을 거쳐 미얀마까지, 그리고 인도의 성지들도 순례해보고 싶습니다. 언젠가는 그리스와 남미의 파워 지대로 가서 또 다른 존재, 또 다른 삶의 흐름도 만나보고 싶군요. 사람들을 깨워내고 이 세상에 평화의 큰 터를 일구는 일은 생이 끝날 때까지 계속되겠지요. 끝까지 경청해주셔서 고맙습니다. 늘 행복하시길 빕니다.

성해영 개인적 삶의 모습을 참으로 솔직하게 말씀해주셔서 고맙습니다. 종교학을 시작하기 전부터 선생님을 꼭 한번 뵙고 싶었습니다. 이렇게 뵙고 종교와 영성에 관한 이야기를 원 없이 나눌 수 있어서 정말 즐거웠습니다. 저 역시 선생님과의 만남을 통해 참으로 큰 기쁨과 삶의 용기를 얻게 되었다는 점을 꼭 덧붙이고 싶습니다. 여행도 잘하시고요. 더 큰 행복과 기쁨이 항상 함께하길 기원합니다. 저도 고맙습니다.(웃음)

닫는 글

다시 하나로 이어지길

 즐겁고 의미 있는 시간이었다. 평생 명상을 벗으로 삼아왔지만 인생길에서 참으로 많은 사람들을 만나 대화를 나누었다. 그중에서도 성해영 교수와의 대화는 가장 창조적인 사건 중 하나로 기억될 것 같다. 바쁘고 소란스런 이 혼란의 시대에, 대담하게도 인류의 가장 궁극적인 욕망과 관심이 무엇인가에 대한 이야기를 실컷 나누었으니 말이다.
 성해영 교수의 저서를 읽은 적이 있는 나는 지인이 소개를 해준다고 했을 때 하트에서 설렘을 느꼈다. 만나보니 이심전심으로 이어지는 내면의 에센스가 나누어져 무척 기뻤다. 더러는 의견이 다른 부분도 있었지만 공명하는 순간이 훨씬 많았다. 고정된 주제 없이 자유롭게 진행된 대화였지만, 서로에 대한 관심이 스스로 그 여정을 유쾌하게 이끌어갔다. 그에 맡겨 가다 보니 우리의 이야기는 비전, 명상과 깨어남의 언어, 신비주의, 종교와 영성으로 자연스럽게 이어졌다. 이 이어짐은 그대로 책의 제목이 되었다. 내게 물음을 많이 해준 성해영 교수의 겸손과 인격에 감사드린다.

나는 인문학의 결론이 명상과 종교에 있다고 믿는다. 인문학은 사람에 대한 관심에서 시작하고 그 끝은 사람에 대한 깊은 앎이다. 나 자신을 이해하지 못하고서 다른 사람을 깊이 이해할 수 있을까?

나 자신에 대한 직접적인 경험과 앎이 명상이다. 종교는 인간인 '나'가 어떻게 궁극적 존재와 다시 이어지는지에 대한 경이로운 물음이다. 우리는 어떠한 존재인가? 우리는 어떻게 살아내야 하는가?

심층 차원에서 우리는 모두 하나로 이어져 있다. 그 이음줄이 끊어진 상태로 살면서 인간은 많은 고통을 겪는다. 사람들이나 자연을 진정으로 만나면 기쁨을 느끼는 것은 다시 하나로 이어지면서 온전함을 회복하기 때문이리라. 우리의 대담이 언어와 생각의 한계를 넘어 독자들 자신을 좀 더 잘 이해하고 타인과의 만남을 설레게 해주는 기회가 되었으면 더없이 기쁘겠다.

  인연의 다리가 되어준 김성진 님께 감사드린다. 이 책이 나오기까지 심혈을 기울여주신 김영사 여러분께 감사드리며, 김영사가 더 많은 독자들과 함께하기를 기원한다.

  이제 모든 존재와 더 깊이 이어질 수 있는 침묵의 공간으로 들어가야겠다. 고요한 밤이다.

2017년 3월

한바다